실전 100문제로 끝내는

ALL KILL 토익스피킹

서유진(클레어) | 시원스쿨어학연구소

시원스쿨 LAB

ALL KILL
토익스피킹

초판 1쇄 발행 2025년 12월 17일

지은이 서유진(클레어), 시원스쿨어학연구소
펴낸곳 (주)에스제이더블유인터내셔널
펴낸이 양홍걸 이시원

홈페이지 www.siwonschool.com
주소 서울시 영등포구 영신로 166 시원스쿨
교재 구입 문의 02)2014-8151
고객센터 02)6409-0878

ISBN 979-11-7550-553-7 13740
Number 1-110808-18189900-02

이 책은 저작권법에 따라 보호받는 저작물이므로 무단복제와 무단전재를 금합니다. 이 책 내용의 전부 또는 일부를 이용하려면 반드시 저작권자와 ㈜에스제이더블유인터내셔널의 서면 동의를 받아야 합니다.

머리말

강사, 통역사 그리고 MC로서 수많은 국제회의와 무대에서 짧은 순간 안에 핵심을 정확히 전달해야 했던 경험들은 제게 한 가지 확신을 주었습니다.

"말하기는 타고난 재능이 아니라,
훈련을 통해 누구나 익힐 수 있는 기술이다."

이 책은 그 확신과, 다년간의 토익스피킹 현장 강의에서 얻은 배움을 바탕으로 만들었습니다. 학습자들이 가장 어려워하는 지점, 가장 많이 물어보는 질문들을 하나하나 분석해 각 유형별로 실전에서 바로 사용할 수 있는 전략과 템플릿을 담았습니다.

취업을 준비하는 분들, 새로운 직장으로 이직을 고민하는 분들이 이 시험을 준비하는 과정에서 지치지 않고, 흔들리지 않으며, 매일 조금씩 성장할 수 있도록 돕는 따뜻한 동반자가 되고 싶은 마음으로 썼습니다. 말하기 시험에서 필요한 것은 자신감이 80%라고 해도 과언이 아닙니다. 이 책을 통해 "나도 할 수 있다"는 감각을 차근차근 쌓아가시길 진심으로 바랍니다.

마지막으로 이 책을 만들 수 있도록 도움을 주신 많은 분들께 감사드립니다.
기획 단계에서부터 지금까지 함께해 주신 홍지영 총괄팀장님, 황지현 대리님,
원고가 실제 강의와 연결될 수 있도록 촬영 전반에 도움 주신 이윤지 주임님,
또 시간을 녹여 멋지게 강의를 완성해주신 PD팀 분들께 깊이 감사드립니다.
그리고 언제나 변함없이 제 삶을 지켜 주시는 아버지께 감사드립니다.

그리고 지금 이 머리말을 읽고 있는 여러분.
새로운 시작을 준비하는 그 마음을 진심으로 응원합니다.

이 책이 여러분의 여정에 작은 힘이 되기를 바랍니다.

클레어

토익스피킹 시험 소개

1 토익스피킹 시험 소개 및 시행 방법

- TOEIC Speaking은 미국 ETS(Educational Testing Service)에서 개발한 영어 말하기 능력 평가 시험으로, 직장과 일상생활에서의 실질적인 영어 의사소통 능력을 측정하기 위해 만들어졌습니다.
- 시험은 ETS 인증 센터에서 컴퓨터 상에서 음성 녹음하는 Computer-based test(CBT)방식으로 진행됩니다.
- 미국, 캐나다 등 북미 지역에 거주하는 원어민들로 구성된 ETS 전문 채점관(Rater)들이 수험자의 답변을 듣고 채점합니다.

2 시험 구성

문제 번호	문제 유형	준비 시간	답변 시간
1-2	문장 소리내어 읽기	45초	45초
3-4	사진 묘사하기	45초	30초
5-7	듣고 질문에 답하기	3초	15/15/30초
8-10	제공된 정보를 사용하여 질문에 답하기	표 읽기 45초 문항별 3초	15/15/30초
11	의견 제시하기	45초	60초

3 시험 진행

* 시험 진행 시간은 시험 시작 시간에 따라 다를 수 있습니다.

4 점수별 등급

점수	등급
200	Advanced High
180-190	Advanced Mid
160-170	Advanced Low
140-150	Intermediate High
130	Intermediate Mid 3
120	Intermediate Mid 2
110	Intermediate Mid 1
90-100	Intermediate Low
60-80	Novice High
0-50	Novice Mid / Low

* 성적표에 점수와 등급이 함께 표기됩니다.

5 시험 접수 및 관련 사항

- 토익스피킹 시험은 공식 홈페이지 www.toeicspeaking.co.kr에서 신청할 수 있습니다.
- 시험 응시료는 84,000원입니다. (2025년 11월 기준)
- 토익스피킹은 컴퓨터 기반 시험으로 마이크를 사용해 답변을 녹음하는 방식입니다.
- 시험은 매주 주말 오전 또는 오후에 진행됩니다. 평일 저녁에 진행되는 경우도 있으므로, 미리 시험 일정을 확인하세요.
- 성적은 응시일로부터 약 5일 후 공식 홈페이지에서 확인할 수 있습니다.
- 성적 유효 기간은 2년입니다.
- 시험 당일에는 반드시 국가 공인 신분증(주민등록증, 여권, 운전면허증)을 지참해야 합니다.
- 토익스피킹 시험은 하루에 1회만 응시할 수 있습니다.

이 책의 구성과 특징

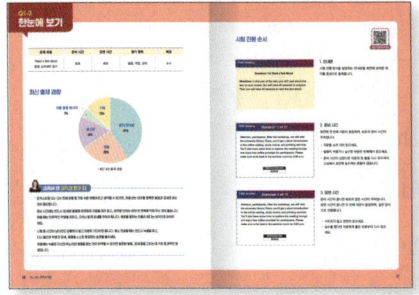

한눈에 보기

문제의 구성, 최근 5년 출제 경향, 고득점 필수 팁과 시험 진행 순서를 살펴봅니다.

필수 이론

문항별로 시험에 꼭 필요한 이론을 학습합니다.

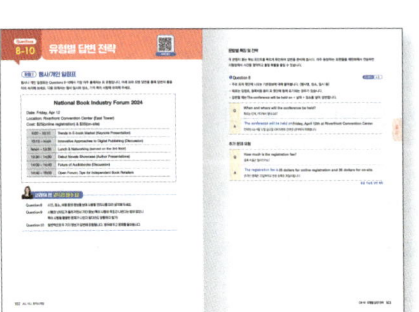

유형/주제별 답변 전략

각 문항별로 시험에 자주 출제되는 유형과 주제를 학습합니다. 답변 전략에서 학습한 내용을 각 유형/주제별 연습 문제에서 적용해봅니다.

실전 문제 100

최신 출제 경향 반영하여 제작한 토익스피킹 문제 100개를 문항별로 집중 학습합니다. 또한 문제 영상을 무료로 제공하여 실제 시험처럼 학습할 수 있습니다.

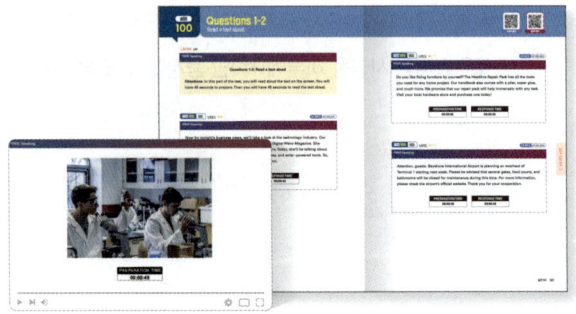

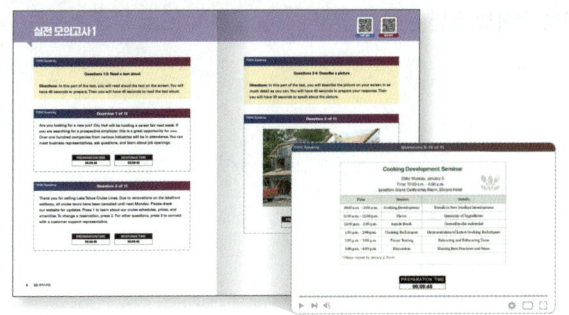

실전 모의고사

최신 출제 경향을 반영한 모의고사 3회분과 실제 시험 같은 문제 영상을 무료로 제공합니다.

* 실전 모의고사 1~3의 문제 및 해설은 시원스쿨랩 (lab.siwonschool.com)에서 확인하실 수 있습니다.

클레어 쌤 고득점 필수 팁 & 올킬 TIP

문항별 고득점을 위한 자세한 팁과 실제 시험에서 활용할 수 있는 토익스피킹 고수 클레어 쌤만의 팁을 아낌없이 제공합니다.

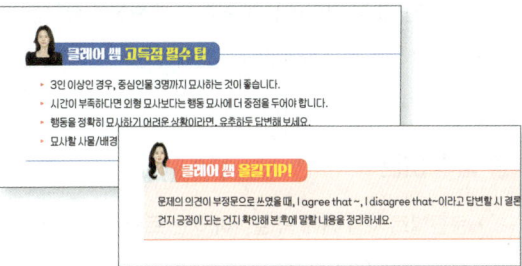

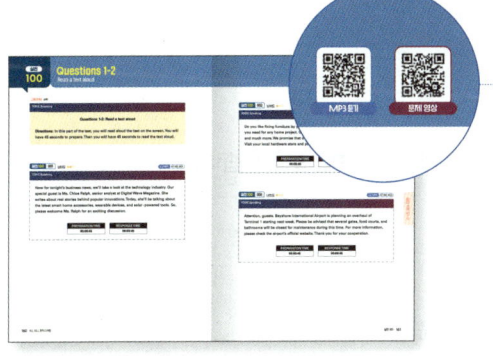

QR

교재의 모든 음원과 영상을 QR코드로 연결할 수 있어 빠르고 간편하게 학습할 수 있습니다.

저자 직강 유료 온라인 강의

- 도서 내 QR코드를 찍으면 유료 강의 바로 재생
- 강의 패키지 구매시 다양한 부가 자료 제공
  고득점 필수 만능 워크북, 시험 20분 전 마무리 전략집, 실전 문제 100 나만의 답변 완성 노트(PDF) 등
- 강의 패키지 구매시 클레어쌤이 직접 관리하는 실시간 카톡 서비스 제공

이 책의 특장점

ALL KILL 토익스피킹에서는 토익스피킹의 핵심 이론 및 유형/주제별 답변 전략 학습부터 실전 문제 100으로 부족한 문항 집중학습이 가능합니다.

이론 학습

1 한눈에 보기

- 실제 시험의 구성과 시험 진행 순서를 우측 상단에서 제공하는 QR코드로 빠르게 파악합니다.
- 최근 5년 출제 경향을 통해 학습 우선 순위를 확인합니다.
- 문항별 고득점 달성에 필요한 클레어 강사 만의 팁을 제공합니다.

2 필수 이론

- 문항별로 시험 전에 꼭 알아야 하는 토익스피킹 필수 이론을 학습합니다.
- 토익스피킹이 처음인 분들도 문항별 필수 이론을 통해 빠르게 토익스피킹 문항별 답변 특징을 학습할 수 있습니다.

3 유형/주제별 답변 전략

- 각 문항에서 나오는 다양한 유형과 주제를 학습합니다.
- 최근 5년 동안의 토익스피킹 시험을 분석하여 자주 나오는 유형/주제 순서로 학습할 수 있습니다.

4 연습 문제 풀이

- 답변 전략에서 학습한 내용을 각 유형/주제별 연습 문제에서 적용해봅니다.
- 직접 문제를 풀고 정답을 확인해보며 학습 정도를 확인해볼 수 있습니다.

실전 학습

1 각 문항별 문제 총 100개 제공
- 실전 문제 100에서 각 문항별 문제를 20세트씩 총 100세트를 제공합니다.
- 최신 출제 트렌드를 반영한 실전 문제 100세트로 빠르고 정확하게 실전에 대비합니다.
- 문항별 문제를 모아두어 취약한 문항만 집중적으로 학습할 수 있습니다.

2 문제 난이도 표시 제공
- 실전 문제 100에서 문제별 난이도를 표시하고 있습니다.
- 본인의 목표 난이도에 맞춰서 필요한 문제만 골라 맞춤 학습 가능합니다.

3 실전 문제 100 문제 영상 무료 제공
- 실제 시험 화면과 유사한 문제 영상을 QR코드로 제공합니다.
- 문제 영상을 통해 문제를 직접 풀어보며 실전 감각을 익힙니다.

4 문항별 세분화된 실전 문제 풀이 유료 강의 제공
- 올킬 토익스피킹 도서의 유료 강의에서 실전 문제 100 풀이를 들을 수 있습니다.
- 문항별로 강좌를 제공하고 있어 취약한 문항만 골라 집중적으로 학습할 수 있어 간편하고 효율적입니다.

5 실전 모의고사 3회 무료 제공
- 교재 구매자에게는 실전 모의고사 3회 PDF를 무료로 제공합니다.
- QR코드로 실제 시험 화면과 유사한 실전 모의고사 영상을 무료로 제공합니다.
- 교재 구매자에게는 실전 모의고사 3회의 저자 직강 해설 강의를 무료로 제공합니다.
- 해설에는 실제 시험에서 응용할 수 있는 클레어 강사 만의 팁을 포함하고 있습니다.

학습 플랜

3일 완성

갑작스럽게 시험은 봐야 하는데 그냥 시험장에 갈 수는 없는 학습자들에게 추천합니다.

DAY 1	**Q1-2** 필수 이론 유형별 답변 전략 틀리기 쉬운 발음 모음	**Q3-4** 필수 이론 유형별 답변 전략 묘사 표현 모음	**Q8-10** 필수 이론 유형별 답변 전략	**실전 100 문제** Q1-2, Q3-4
DAY 2	**Q5-7** 필수 이론 유형별 답변 전략	**Q11** 필수 이론 유형별 답변 전략	**실전 100 문제** Q5-7, Q8-10, Q11	
DAY 3	**실전 모의고사 1** **실전 모의고사 2** **실전 모의고사 3** 전체 표현, 템플릿, 문장 복습			

5일 완성

시험이 얼마 남지 않은 학습자들에게 추천합니다.

DAY 1	DAY 2	DAY 3	DAY 4	DAY 5
Q1-2 필수 이론 유형별 답변 전략 틀리기 쉬운 발음 모음 **Q5-7** 필수 이론 유형별 답변 전략 **실전 100 문제** Q1-2, Q5-7	**Q3-4** 필수 이론 유형별 답변 전략 묘사 표현 모음 **Q11** 필수 이론 유형별 답변 전략 **실전 100 문제** Q3-4, Q11	**Q8-10** 필수 이론 유형별 답변 전략 **Q3-4** 유형별 답변 전략 복습 **실전 100 문제** Q8-10	**Q1-2** 전체 복습 **Q5-7** 전체 복습 **실전 모의고사 1**	**Q11** 전체 복습 **실전 모의고사 2** **실전 모의고사 3**

10일 완성

필수 이론부터 모의고사까지 10일 만에 실전 감각을 익히고 싶은 학습자들에게 추천합니다.

DAY 1	DAY 2	DAY 3	DAY 4	DAY 5
Q1-2 필수 이론 유형별 답변 전략 틀리기 쉬운 발음 모음	**Q3-4** 필수 이론 유형별 답변 전략 묘사 표현 모음	**Q5-7** 필수 이론 유형별 답변 전략	**Q8-10** 필수 이론 유형별 답변 전략	**Q11** 필수 이론 유형별 답변 전략
DAY 6	**DAY 7**	**DAY 8**	**DAY 9**	**DAY 10**
실전 100 문제 Q1-2, Q5-7	**실전 100 문제** Q3-4, Q8-10, Q11	**실전 모의고사 1** 전체 필수 이론 복습	**실전 모의고사 2** 전체 표현, 템플릿 문장 복습	**실전 모의고사 3** 실전 모의고사 1,2 복습

2주 완성

2주 동안 매일 꾸준히 학습하여 토익스피킹 실력을 완성하고 싶은 학습자들에게 추천합니다.

DAY 1	DAY 2	DAY 3	DAY 4	DAY 5	DAY 6	DAY 7
Q1-2 필수 이론 유형별 답변 전략	**Q3-4** 필수 이론 유형별 답변 전략	**Q5-7** 필수 이론 유형별 답변 전략	**Q8-10** 필수 이론 유형별 답변 전략	**Q11** 필수 이론 유형별 답변 전략	**실전 100 문제** Q1-2 **Q1-2** 틀리기 쉬운 발음 모음	**실전 100 문제** Q3-4 **Q3-4** 묘사 표현 모음
DAY 8	**DAY 9**	**DAY 10**	**DAY 11**	**DAY 12**	**DAY 13**	**DAY 14**
실전 100 문제 Q5-7	**실전 100 문제** Q8-10	**실전 100 문제** Q11	필수 이론 복습 **실전 100 문제** 복습	**실전 모의고사 1** 나만의 답변 적기	**실전 모의고사 2** 나만의 답변 적기	**실전 모의고사 3** 나만의 답변 적기

* 학습한 내용을 바탕으로 실전 문제 100을 다시 풀어보며 나만의 답변을 작성해 봅시다.

목차

머리말	3
토익스피킹 시험 소개	4
이 책의 구성과 특징	6
이 책의 특장점	8
학습 플랜	10
목차	12

Questions 1-2

한눈에 보기	16
필수 이론	18
유형별 답변 전략	24
틀리기 쉬운 발음 모음	30

Questions 3-4

한눈에 보기	34
필수 이론	36
유형별 답변 전략	44
묘사 표현 모음	55

Questions 5-7

한눈에 보기	58
필수 이론	60
주제별 답변 전략	72

Questions 8-10

한눈에 보기	92
필수 이론	94
유형별 답변 전략	102

Question 11
한눈에 보기	122
필수 이론	124
주제별 답변 전략	134

실전 100
Q1-2	160
Q3-4	172
Q5-7	184
Q8-10	206
Q11	228

부록
채점관이 좋아하는 토익스피킹 만능문장 200개	242

온라인 제공 실전 모의고사 3회

* 실전 모의고사 1~3의 문제 및 해설은 시원스쿨랩(lab.siwonschool.com)에서 확인하실 수 있습니다.

Questions 1-2

Read a Text Aloud
문장 소리내어 읽기

Q1-2 한눈에 보기

문제 유형	준비 시간	답변 시간	평가 항목	배점
Read a text aloud 문장 소리내어 읽기	45초	45초	발음, 억양, 강세	0-3

최신 출제 경향

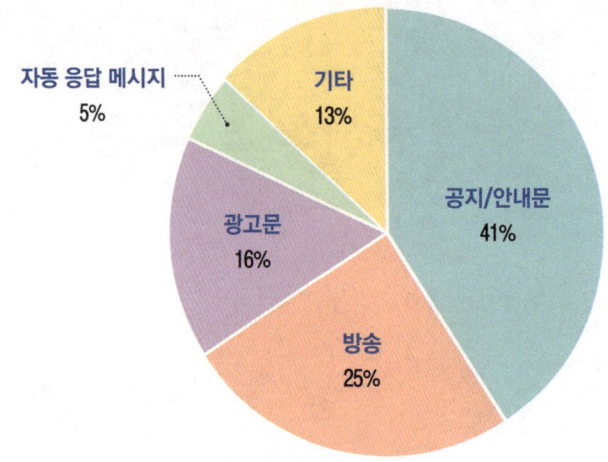

* 최근 5년 출제 경향

 클레어 쌤 고득점 필수 팁

▶ 토익스피킹 Q1-2는 전체 유형 중 가장 쉬운 유형이라고 생각할 수 있지만, 처음 보는 단어를 정확한 발음과 강세로 읽는 것이 중요합니다.

준비 시간에는 반드시 강세와 발음에 유의하며 지문을 미리 읽고, 어려운 단어는 여러 번 반복해 익혀 두는 것이 좋습니다. 읽을 때는 인위적인 억양을 피하고, 자연스럽게 강세를 주어야 합니다. 원문을 말하는 인물이 된다는 생각으로 읽어주세요.

▶ 시험 중 시간이 남더라도 당황하지 말고 차분히 기다리면 됩니다. 평소 연습할 때는 반드시 녹음을 하고, 다시 들으며 억양과 강세, 발음을 스스로 점검하는 습관을 들이세요.

처음에는 녹음된 자신의 목소리와 발음을 듣는 것이 어색할 수 있지만 잘못된 발음, 강세 등을 고치는 데 가장 효과적인 방법입니다.

시험 진행 순서

TOEIC Speaking

Questions 1-2: Read a Text Aloud

Directions: In this part of the test, you will read aloud the text on your screen. You will have 45 seconds to prepare. Then you will have 45 seconds to read the text aloud.

1. 안내문
시험 진행 방식을 설명하는 안내문을 화면에 보여준 뒤 이를 음성으로 들려줍니다.

TOEIC Speaking   Question 1 of 11

Attention, participants. After the workshop, we will visit the university library. There, you'll get a short introduction to the online catalog, study rooms, and printing services. You'll also have some time to explore the reading lounge and enjoy free coffee provided for participants. Please make sure to be back in the seminar room by 3:30 p.m.

PREPARATION TIME
00:00:45

2. 준비 시간
화면에 첫 번째 지문이 등장하며, 45초의 준비 시간이 주어집니다.

- 지문을 소리 내어 읽으세요.
- 발음이 어렵거나 실수한 부분은 반복해서 읽으세요.
- 준비 시간이 남았다면 지문의 첫 줄을 다시 읽으세요. 긴장해서 초반에 실수하는 분들이 많습니다.

TOEIC Speaking   Question 1 of 11

Attention, participants. After the workshop, we will visit the university library. There, you'll get a short introduction to the online catalog, study rooms, and printing services. You'll also have some time to explore the reading lounge and enjoy free coffee provided for participants. Please make sure to be back in the seminar room by 3:30 p.m.

RESPONSE TIME
00:00:45

3. 답변 시간
준비 시간이 끝나면 45초의 답변 시간이 주어집니다. 답변 시간이 끝나면 두 번째 지문이 등장하며, 같은 방식으로 진행됩니다.

- 서두르지 말고 천천히 읽으세요.
- 실수를 했다면 차분하게 틀린 부분부터 다시 읽으세요.

Questions 1-2 필수 이론

Questions 1-2 유형에는 공지/안내문, 방송, 광고문, 자동응답 메시지 등이 있습니다. 그 밖의 유형으로는 소감문, 일기예보, 교통 정보 등이 있습니다. 주어진 준비 시간이 45초로 비교적 넉넉하며, 준비 시간 동안 어떤 부분을 집중해서 연습하고 익혀야 하는지 알아봅시다.

강세

억양과 강세는 자연스러운 영어 발음을 만드는 핵심 요소입니다. 이를 잘 살리면 같은 문장도 더 자신감 있고 정확하게 전달할 수 있습니다. 강세 규칙을 익히고, 실제로 소리 내어 여러 번 연습해 보세요.

1 숫자에 강세를 두어 읽으세요.

Train **845** will arrive at platform **6** in ten minutes.
845번 열차는 10분 후 6번 승강장에 도착합니다.

> **TIP** 숫자는 특히 실수하기 쉬운 부분입니다. 평소보다 천천히 또박또박 읽으세요.

2 고유명사에 강세를 두어 읽으세요.

The meeting with **Microsoft** will start at 3 p.m.
마이크로소프트와의 회의는 오후 3시에 시작합니다.

> **TIP** 고유명사는 발음이 어색하더라도 감점되지 않습니다. 자신감 있게 읽으세요!

3 형용사+명사 혹은 명사+명사가 결합된 단어는 강세를 두어 읽으세요.

형용사+명사	busy street 붐비는 거리 hot coffee 뜨거운 커피	new phone 새 휴대폰 short break 짧은 휴식
명사+명사	football game 축구 경기 book club 독서 모임	train station 기차역 shopping mall 쇼핑몰

4 부정어에 강세를 두어 읽으세요.

The conference was **not** held in the room A.
그 회의는 A실에서 열리지 않았습니다.

> **TIP** 부정어에 강세를 두면 의미 전달이 훨씬 명확해 집니다. 부정어에는 not, no, none, nothing, don't 등이 있습니다.

5 비교급, 최상급에 강세를 두어 읽으세요.

Today will be the hottest day of the year.
오늘이 올해 중에서 가장 더운 날이 될겁니다.

6 수량 한정사 all, each, every는 강세를 두어 읽으세요.

All students must submit the assignment by Friday.
모든 학생들은 금요일까지 과제를 제출해야 합니다.

> **TIP** 수량한정사는 조금 더 길~게 늘려 발음해도 강세 느낌을 낼 수 있습니다.

클레어 쌤 올킬TIP!

문장 내에서 의미상 중요한 단어에 강세를 두면 뉘앙스가 달라질 수 있습니다. 이를 의미상의 강세라고 합니다.

▶ I didn't eat that. 저는 그것을 안 먹었습니다. – I didn't eat that. 저는 그것을 먹지는 않았습니다. (먹지 않고 마셨음)

억양

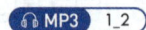

영어에서 억양은 의사 전달의 핵심입니다. 문장을 읽을 때 목소리 높낮이를 조절해 문장의 미완성, 연결, 종결을 표현할 수 있습니다. 시험 대비를 위해 억양 연습은 필수입니다.

1 쉼표(,)에서는 음을 올리고(↗) 문장 끝에서는 내립니다(↘).

In the morning ↗, I usually check my email ↘.
아침에는 보통 이메일을 확인합니다.

> **TIP** 단순 정보 나열 등 특정 문맥에서는 쉼표 뒤 내려읽기도 합니다. 하지만 시험상황에서 해당 상황을 판단하기 쉽지 않으니, 쉼표는 올리기만 기억해주세요!

2 나열 구조에서는 쉼표 끝은 음을 올리고, 마침표에선 음을 내려주세요.

I need pens ↗, notebooks ↗, and bags ↘.
펜, 공책 그리고 가방이 필요해.

3 물음표나 느낌표로 문장이 끝나는 경우, 음을 올려주세요.

Are you looking for the right place to live? ↗
살기 좋은 집을 찾고 계신가요?

Is it the holiday look that you are looking for? ↗
찾고 계신 게 휴가 스타일이신가요?

Attention, Grand South Venue residents! ↗
그랜드 사우스 베뉴 거주민 여러분, 주목해 주세요!

끊어 읽기

끊어 읽기는 문장을 의미 단위로 나눠 읽는 것입니다. 적절한 끊어 읽기는 문장을 더 명확하게 들리게하고, 중요한 정보를 강조할 수 있습니다. 쉼표나 마침표 같은 문장 부호에서 멈추는 것은 기본이고, 의미 단위(구/절)에서도 짧게 멈추면 듣는 사람이 이해하기 훨씬 쉬워집니다.

*구: 두 개 이상의 단어가 모인 덩어리로, 주어와 동사를 포함하지 않는 것
 절: 두 개 이상의 단어가 모인 덩어리로, 주어와 동사를 포함하는 것

1 쉼표, 마침표에서 끊어 읽기

- **쉼표에서는 잠깐씩 끊어주고 마침표에서는 확실히 끊어줍니다.**
  She is kind, / hardworking, / and very smart. //
  그녀는 친절하고, 성실하며, 아주 똑똑합니다.

2 목적어가 길 때는 목적어 앞에서, 짧을 때는 뒤에서 끊어 읽기

- **목적어가 짧을 때**
  Everyone must leave the building / whether they transfer or not. //
  환승과 상관없이 모든 사람은 즉시 건물을 떠나야 합니다.

- **목적어가 길 때**
  There are / many exciting activities to try / at the summer camp. //
  여름 캠프에서 시도해볼 재미있는 활동이 많이 있습니다.

3 주어가 길 때는 주어부 뒤에서 끊어 읽기

All students who registered for the workshop / need to bring their laptops. //
워크숍에 등록한 모든 학생은 노트북을 가져와야 합니다.

4 전치사 앞에서 끊어 읽기

I hope everyone enjoys their weekend / with family and friends. //
모두가 가족과 친구와 함께 주말을 즐기길 바랍니다.

5 구나 절 앞에서 끊어 읽기

I know / that you studied very hard / for the exam. //
네가 시험을 위해 열심히 공부했다는 것을 알고 있어.

6 접속사 앞에서 끊어 읽기

The sky is clear this morning / but it may rain in the evening. //
오늘 아침 하늘은 맑지만, 저녁에는 비가 올 수도 있습니다.

7 관계대명사(that, which, who), 관계부사(when, where, why, how) 앞에서 끊어 읽기

The reason is / that the project deadline has been extended. //
그 이유는 프로젝트 마감일이 연장되었기 때문입니다.

This is the park / where we first met. //
이곳은 우리가 처음 만난 공원입니다.

8 의미 단위로 끊어 읽기

위 규칙들과 관계 없이 의미로 봤을 때 중간에 쉬면 문장의 의미를 전달하는데 방해가 되는 문장의 경우, 의미 단위로 끊어 읽습니다.

Attention passengers! / The train to Busan / will depart in ten minutes. //
승객 여러분! 부산행 열차는 10분 후 출발합니다.

클레어 쌤 올킬TIP!

끊어 읽기 규칙을 모두 지킬 필요는 없지만 끊어 읽기를 염두에 두고 읽는 연습을 해보세요. 연습을 하다보면 모든 규칙을 지키지는 않지만 자연스럽게 의미가 잘 전달될 수 있도록 읽을 수 있습니다.

연음

영어에서는 단어 사이 소리가 이어져 한 흐름처럼 들리는 연음 현상이 자주 나타납니다. 연음은 영어 특유의 리듬감과 자연스러움을 만드는 요소이므로 말하기에서도 반드시 연습해야 합니다. 아래의 6가지 연음 규칙도 정래 연음 유형 중 일부지만, 실전에서 자주 등장하는 것들이니 꼭 연습해 주세요.

1 앞 단어가 자음, 다음 단어가 모음이면 붙여서 자연스럽게 읽으세요.

Please **take it** to the front desk before you leave. [테이킷]
나가기 전에 그것을 안내 데스크로 가져다주세요.

We'll **go on** a short break before the next session. [고온]
다음 세션 전에 잠시 휴식이 있겠습니다.

2 모음끼리 이어질 때 [w]나 [y] 소리를 살짝 넣어 부드럽게 읽으세요.

I **saw it** on display at the shopping mall. [쏘윗]
그건 쇼핑몰 전시장에서 봤습니다.

The **idea of** working abroad sounds exciting. [아이디어—브]
해외에서 일한다는 생각은 신나게 들립니다.

3 비슷한 자음이 이어지면 하나를 생략해서 읽으세요.

The **next train** will arrive in five minutes. [넥스체레인]
다음 기차는 5분 후에 도착합니다.

I **must go** now to prepare for the event. [머스꼬]
이제 행사를 준비하러 가야 합니다.

4 앞의 소리가 뒷 소리와 비슷하게 바꾸어 읽으세요.

Good morning, everyone, and welcome to the seminar. [구몰닝]
여러분, 좋은 아침입니다. 세미나에 오신 걸 환영합니다.

Have a **good night** and see you tomorrow. [군나잇]
좋은 밤 보내세요. 내일 뵙겠습니다.

5 같은 자음이 붙으면 한 번만 길게 이어서 읽으세요.

Don't **forget to** bring your ID card tomorrow. [퍼겟—투]
내일 신분증을 가져오는 것을 잊지 마세요.

Make **good decisions** and do your best. [구—디시전즈]
좋은 결정을 내리고 최선을 다하세요.

Questions 1-2 유형별 답변 전략

유형 1 공지/안내문 출제율 1위

🎧 MP3 1_5

공지/안내문은 토익스피킹 Questions 1-2에서 가장 자주 출제되는 유형입니다. 주로 행사, 오리엔테이션, 워크숍, 세미나, 안내 방송 등에서 사용되며, 참가자들에게 시간, 장소, 절차, 규칙 같은 중요한 정보를 전달하는 데 목적이 있습니다. 빠르게 읽기보다는 정보를 명확하게 전달하는 데 집중해 읽어주세요.

> Attention, participants. After the workshop, we will visit the university library. There, you'll get a short introduction to the online catalog, study rooms, and printing services. You'll also have some time to explore the reading lounge and enjoy free coffee provided for participants. Please make sure to be back in the seminar room by 3:30 p.m.

 클레어 쌤 고득점 필수 팁

아래 제시된 팁을 확인한 뒤, 지문을 다시 읽으며 적용해 보세요.

▶ 안내문이 시작될 때 청중에 관심을 끌고자 하는 표현을 사용한다면, 톤을 경쾌하게 올리며 시작해주세요.
  관심을 요하기 때문에, 혹시 쉼표가 없더라도 충분히 쉬어주며 읽어주세요.

  Attention, / participants. //
  Attention / participants. //

▶ 숫자는 가장 틀리기 쉬운 부분입니다. 강세를 힘주어 또박또박 천천히 읽어주세요.

  3:30 p.m. – three thirty p.m.

MP3 음원을 들으며 아래 예문을 한 문장씩 따라 읽어 보세요.

> Attention,↗/ participants.↘// After the workshop,↗/ we will visit the university library.↘//
> There,↗/ you'll get a short introduction↗/ to the online catalog,↗/ study rooms,↗/ and printing services.↘// You'll also have some time↗/ to explore the reading lounge↗/ and enjoy free coffee↗/ provided for participants.↘// Please make sure↗/ to be back in the seminar room↗/ by 3:30 p.m.↘//

강세, 억양(↗, ↘), 끊어 읽기(/), 연음

정답 및 해설 p.4

연습문제

🎧 MP3 1_6

1. 시간을 재며 아래 지문을 45초 준비, 45초 답변 시간에 맞추어 자연스럽게 읽어 보세요. 읽을 때는 끊어 읽기 팁에 따라 적절히 끊어 읽고, 중요한 정보(숫자, 고유명사, 핵심 명사·동사)에 강세를 주어야 합니다. 발음이 어려운 단어나 긴 표현은 미리 표시해 두고, 준비 시간동안 최소 2-3번 소리 내어 연습하며 입에 익히세요.

> Attention, employees! Due to ongoing construction, the restrooms on the 5th floor will be temporarily closed starting this Monday. Please use the facilities on the 4th floor, the 6th floor, and the basement level. We apologize for the inconvenience, and thank you for your patience and cooperation. We appreciate your understanding during this time.

2. 아래 답변 포인트를 생각해서 읽었는지 확인해보세요.

안내문의 어조	또박또박, 차분한 안내 방송처럼 읽어주세요. (너무 빠르지 않게, 자연스럽게 전달)
강조 포인트	장소 - 5th floor, 4th floor, 6th floor, basement 중요 내용 - construction, inconvenience 감사 표현 - thank you, appreciate
자주 틀리는 발음	inconvenience [인컨'vi 니언쓰], temporarily [템뽀'뤠뤼ly], appreciate [어'프뤼쉬에읻]

3. 스스로 표시한 강세, 억양, 끊어읽기를 비교해보고, MP3 음원을 들으며 한 문장씩 따라 말하며 쉐도잉 해보세요.

> Attention,↗/ employees!↗// Due to ongoing construction, / the restrooms / on the 5th floor / will be temporarily closed / starting this Monday.↘// Please use the facilities on the 4th floor,↗/ the 6th floor,↗/ and the basement level.↘// We apologize for the inconvenience,↗/ and thank you for your patience↗/ and cooperation.↘// We appreciate your understanding / during this time.↘//

강세, 억양(↗, ↘), 끊어 읽기(/), 연음

클레어 쌤 꿀팁TIP!

▶ We apologize for the inconvenience,↗/ and thank you/ for your patience↗/ and cooperation.↘//

patience와 같은 단어들은 강세가 센 단어이지만 뒤에서 곧바로 음을 올려야할 경우, 강세가 약해집니다.
위 내용을 유의해서 자연스럽게 읽어주세요.

유형2 방송

방송 지문은 공지/안내문 다음으로 가장 자주 출제되는 유형입니다. 지문은 뉴스, 날씨예보, 라디오, TV프로그램 등을 다루며 실제 방송처럼 또박또박 읽으면서도 내용을 잘 파악하고 그에 맞춰 억양을 조절해 읽어야 합니다. 아래 지문을 읽어 보세요.

> Now for tonight's entertainment news, we'll take a look at the film industry. Our special guest is Daniel Lee, award-winning director of the movie *Silent Journey*. Today, he'll be talking about his experience at the international film festival, the challenges of independent filmmaking, and his plans for the next project. So, please welcome Mr. Lee for an inspiring conversation.

 클레어 쌤 고득점 필수 팁

아래 제시된 팁을 확인한 뒤, 지문을 다시 읽으며 적용해 보세요.

- 실제 내가 방송의 호스트를 연기하는 것처럼 읽어주세요.
- 인물의 업적을 소개할 땐 더 과장해서 강세를 해줘도 생동감 있고 좋습니다.
- 누군가를 소개하는 방송 멘트의 경우, 마지막 문장을 경쾌하게 올리면서 끝내주세요.
- 나열구조에서 단어의 나열이 아닌, 명사구의 나열일 때, 난이도가 많이 어렵고 실수할 확률이 높습니다. 천천히 여유를 가지고 또박또박 읽어주세요.

MP3 음원을 들으며 아래 예문을 한 문장씩 따라 읽어 보세요.

> Now for tonight's entertainment news,↗/ **we'll take a look at** the film industry.↘// Our **special guest** is Daniel Lee,↗/ **award-winning** director↗/ of the movie/ *Silent Journey*.↘// Today,↗/ **he'll be talking about** his experience↗/ **at the** international film festival,↗/ the challenges of independent filmmaking,↗/ and his plans for the next project.↘// So,↗/ please welcome↗/ Mr. Lee / **for an** inspiring conversation.↗//

강세, 억양(↗, ↘), 끊어 읽기(/), 연음

 클레어 쌤 올킬TIP!

▶ the challenges of independent filmmaking,↗/

지문에서 of와 independent 사이에 줄이 바뀝니다. 하지만 of + 명사 한 덩어리로 붙여서 읽어야 합니다. 따라서 평소 지문을 소리 내어 읽을 때 눈이 뒷 단어들을 미리 읽는 습관을 들여보세요.

정답 및 해설 p.5

연습문제

🎧 MP3 1_8

1 시간을 재며 아래 지문을 45초 준비, 45초 답변 시간에 맞추어 자연스럽게 읽어 보세요. 읽을 때는 끊어 읽기 포인트에 따라 적절히 끊어 읽고, 중요한 정보(숫자, 고유명사, 핵심 명사·동사)에 강세를 주어야 합니다. 발음이 어려운 단어나 긴 표현은 미리 표시해 두고, 준비 시간동안 최소 2-3번 소리 내어 연습하며 입에 익히세요.

> Welcome to today's podcast, where we explore trends shaping modern life. Our guest is Dr. Amy Collins, a well-known researcher in media and culture. She'll be sharing insights on social media habits, online learning platforms, and digital entertainment. These topics affect how we work, how we study, and how we relax every day. So, stay tuned for an engaging and informative conversation.

2 아래 답변 포인트를 생각해서 읽었는지 확인해보세요.

안내문의 어조	• 실제 팟캐스트 진행자처럼 차분하지만 활기 있는 톤으로 읽어야 합니다. • 청취자의 흥미를 끌 수 있도록 도입부는 힘있게 음을 경쾌하게 올리며 시작하세요.
강조 포인트	인물 이름과 직함 – Dr. Amy Collins, researcher 나열 – social media habits, online learning platforms, and digital entertainment
자주 틀리는 발음	researcher [리설쳘], platforms [플랫-form즈], entertainment [엔털테인먼트]

3 스스로 표시한 강세, 억양, 끊어읽기를 비교해보고, MP3 음원을 들으며 한 문장씩 따라 말하며 쉐도잉 해보세요.

> Welcome to today's p**o**dcast,↗/ where we expl**o**re↗/ **trends shaping** modern life.↘// Our g**u**est is Dr. Amy Coll**i**ns,↗/ **a well-known** researcher/ in media and culture.↘// She'll be sh**a**ring / insights on **social media** habits,↗/ **online learning** platforms,↗/ **and digital ent**ert**a**inment.↘// So,/ stay tuned **for an** engaging↗/ and informative conversation.↘//

강세, 억양(↗, ↘), 끊어 읽기(/), 연음

유형 3 광고문

광고문은 TV 프로그램, 라디오 프로그램, 안내 방송 등에 나오는 짧은 광고 형식의 지문으로 출제됩니다. 고객들에게 제품이나 서비스의 장점을 강조하고, 특별 할인, 이벤트, 위치, 연락처 같은 핵심 정보를 전달하는 것이 특징입니다. 광고문을 읽을 때는 활기찬 어조로 읽어주세요.

> Looking for new furniture? Visit Sunrise Furniture this weekend for our exclusive sale. You'll find stylish sofas, elegant dining tables, sophisticated office chairs, and comfortable beds all at affordable prices. Our staff is ready to help you choose the perfect items for your home. Don't miss this chance—come to Sunrise Furniture today!

 클레어 쌤 고득점 필수 팁

아래 제시된 팁을 확인한 뒤, 지문을 다시 읽으며 적용해 보세요.

▶ 처음 연습할 땐 최대한 많은 끊어 읽기 포인트를 지키며 읽어주세요. 그러다 익숙해지면 의미에 집중하며 문장이 너무 끊어지지 않도록 끊어 읽기 포인트를 한두개는 무시하고 넘어가보세요. (끊어읽기 포인트가 많은 경우)

▶ 의미상의 강세를 진행하면 지문이 더 자연스럽게 들립니다.

Visit Sunrise Furniture this weekend for our exclusive sale.
이번 주말에 선라이즈 가구점을 방문하셔서 저희의 특별 세일을 만나보세요.

해당 문장에선 '특별 세일'이 중요 내용이니 강세를 더 세게 진행해 보세요!

MP3 음원을 들으며 아래 예문을 한 문장씩 따라 읽어 보세요.

> Looking for new furniture?↗ / Visit Sunrise Furniture this weekend/ for our exclusive sale.↘// You'll find stylish sofas,↗ / elegant dining tables↗ / and sophisticated office chairs↗ / all at affordable prices.↘// Our staff↗ / is ready to help you choose/ the perfect items↗ / for your home.↘// Don't miss this chance↗ / —come to Sunrise Furniture today!↗//

강세, 억양(↗, ↘), 끊어 읽기(/) , 연음

연습문제

🎧 MP3 1_10

1. 시간을 재며 아래 지문을 45초 준비, 45초 답변 시간에 맞추어 자연스럽게 읽어 보세요. 읽을 때는 끊어 읽기 포인트에 따라 적절히 끊어 읽고, 중요한 정보(숫자, 고유명사, 핵심 명사·동사)에 강세를 주어야 합니다. 발음이 어려운 단어나 긴 표현은 미리 표시해 두고, 준비 시간동안 최소 2-3번 소리 내어 연습하며 입에 익히세요.

> Attention home buyers! Greenfield Realty is proud to present new properties now available in your area. You'll discover cozy studios, spacious apartments, and elegant townhouses designed for every lifestyle. Join us this Saturday for an open house event, where you can meet our expert agents in person. Secure your future today with Greenfield Realty—your trusted partner in real estate.

2. 아래 답변 포인트를 생각해서 읽었는지 확인해보세요.

안내문의 어조	• 광고문답게 활기차고 밝은 톤으로 읽어주세요. • 주의를 끄는 시작 문장은 힘있고 강하게 읽어주세요. 　Attention home buyers!
강조 포인트	이름 – Greenfield Realty 나열 – cozy studios, spacious apartments, and elegant townhouse
자주 틀리는 발음	realty [리얼-티], elegant [엘러건트], spacious [스페이스], property [프라펄티]

3. 스스로 표시한 강세, 억양, 끊어읽기를 비교해보고, MP3 음원을 들으며 한 문장씩 따라 말하며 쉐도잉 해보세요.

> Attention home buyers!↗/ Greenfield Realty is proud to present↗/ new properties now available in your area.↘/ You'll discover↗/ cozy studios,↗/ spacious apartments,↗/ and elegant townhouses/ designed for every lifestyle.↘// Join us this Saturday for an open house event,↗/ where you can meet↗/our expert agents/ in person.↘/ Secure your future today/ with Greenfield Realty/—your trusted partner/ in real estate.↘//

강세, 억양(↗, ↘), 끊어 읽기(/), 연음

클레어 쌤 올킬TIP!

realty와 같이 우리가 흔하게 사용하지 않아서 어려운 단어들이 간혹 나옵니다. 연습시간에 단어들을 꼼꼼하게 연습해주세요.

▶ cuisine [퀴-진]　　amenity [어메너티]　　venue [베-뉴]　　spacious [스페이-셔스]

틀리기 쉬운 발음 모음

Q1-2에 자주 나오는 단어들은 일상에서도 헷갈리기 쉬운 발음이 많습니다. 특히 또박또박 정확한 발음이 필수이니, MP3 음원의 원어민 발음을 참고하며 반복해서 듣고 따라 말해보세요.

acc**o**mmod**a**tion [어커뭐'데이션]	숙소	**i**ntern ['인털ㄴ]	인턴
l**i**mited ['리미리드]	제한된, 한정된	**i**nterview ['인털view]	면접
guarant**ee** [게뤤'티-]	보장하다	**u**pdate [업데잍]	최신 정보
c**o**llege ['커렒ㅈ]	대학	**o**perate ['어퍼뤠잍]	작동하다
pr**o**duct ['프라덕트]	제품	ap**o**logize [어'퓔러자이z]	사과하다
c**o**nference ['컨f뤈ㅆ]	컨퍼런스	anno**u**nce [어'나운ㅆ]	발표하다
unf**o**rtunately [언'for츄널리]	안타깝게도	f**u**nding ['fun딩]	자금 지원
p**a**ssengers ['패슨저rz]	승객	em**e**rgency [이'뭘줜씨-]	비상사태
f**o**reign ['포r륀]	외국의	d**o**llars ['달럴ㅈ]	달러
w**o**rkshop ['월ㄲ샵]	워크숍	**u**pcoming ['업커밍]	곧 있을
inq**u**iry [인'콰어ry]	질문	appr**o**priate [어'pro쁘뤼엍]	적절한
compet**i**tion [컴퍼'티션]	대회	associ**a**tion [어쏘쉬'에이션]	협회
rel**a**xing [re'랙씽]	편안한	**a**fterwards ['애프터r월ㄷ즈]	그 후에
s**e**veral [세'버럴]	몇몇의	restaur**a**nt ['뤠스터롼ㅌ]	식당

service [′써r비ㅅ쓰]	서비스	renovation [뤠너′vㅔ이션]	보수 공사
reception [re′셉션]	접수처	website [′웹싸잍]	웹사이트
personal [′퍼rㅅ널]	개인의	construction [컨ㅅ′뜨뤽션]	공사
article [′알리끌]	기사, 논문	available [어′vㅔ일러블]	이용 가능한
survey [′써r베이]	설문조사	economy [이′커너미]	경제
perform [펄폼]	수행하다	leisure [′리-절]	여가
resource [리소r스]	자원	preparation [′프뤠뻐뤠이션]	준비, 대비
recommend [뤠꺼′멘드]	추천하다	international [인터r′내셔널]	국제적인
weekend [′위껜ㄷ]	주말	airline [에′r라인ㄴ]	항공사
convenient [컨vi니언ㅌ]	편리한	usage [유′씨지]	사용
introductory packets [인ㅌ뤄′덕터위 패′깃ㅊ]	소개 패키지	beverages [′베v뤼지z]	음료
enjoyable [인joy어블]	즐거운	understanding [언덜′스땐-딩]	이해

Questions 3-4

Describe a Picture
사진 묘사하기

Q3-4 한눈에 보기

문제 유형	준비 시간	답변 시간	평가 항목	배점
Describe a picture 사진 묘사하기	각 45초	각 30초	발음, 억양, 강세 문법, 어휘, 일관성	0-3

최신 출제 경향

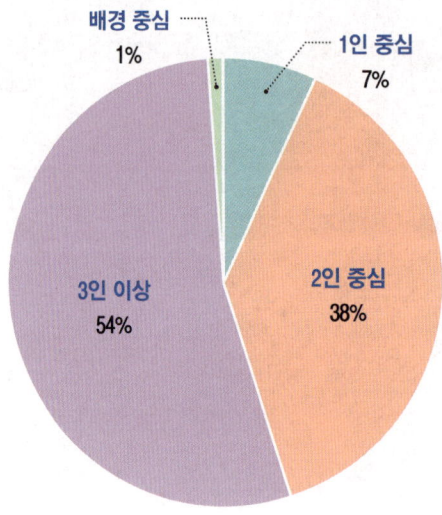

* 최근 5년 출제 경향

 클레어 쌤 고득점 필수 팁

고득점을 받기 위해서는 어휘력과 자세한 묘사가 필요합니다.

▶ The boy is drinking juice with a straw.
　소년이 빨대로 주스를 마시고 있습니다.

▶ He is sipping juice through a straw and holding a sandwich in his other hand.
　그는 빨대로 주스를 마시면서 다른 손에는 샌드위치를 들고 있습니다.

따라서 행동이나 사물의 상태에 대한 다양한 표현을 숙지하는 것은 필수입니다.

시험 진행 순서

TOEIC Speaking

Questions 3-4: Describe a picture

Directions: In this part of the test, you will describe the picture on your screen in as much detail as you can. You will have 45 seconds to prepare your response. Then you will have 30 seconds to speak about the picture.

1. 안내문
시험 진행 방식을 설명하는 안내문을 화면에 보여준 뒤 이를 음성으로 들려줍니다.

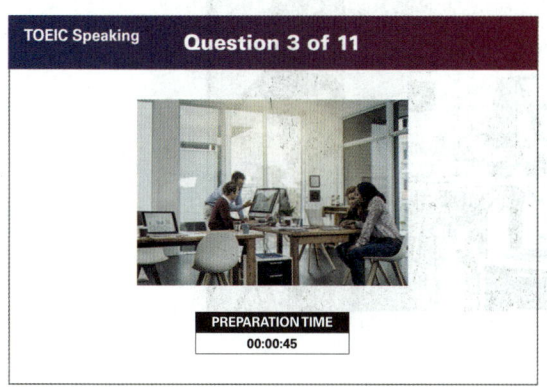

2. 준비 시간
화면에 3번 문제 사진이 등장하며, 45초의 준비 시간이 주어집니다.

- 사진의 장소를 먼저 확인하세요.
- 묘사 순서를 정하고, 선정한 대상을 대표하는 키워드를 미리 생각해 두세요.
  (인물의 동작, 사물의 상태 및 이름)

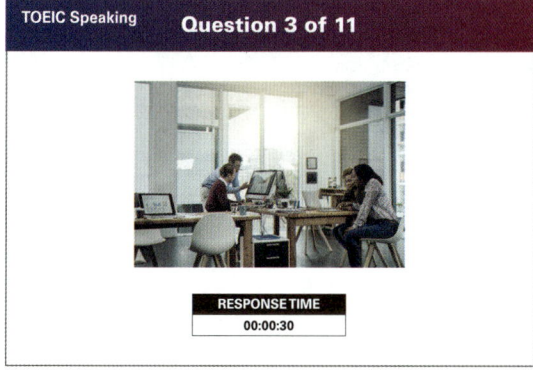

3. 답변 시간
준비 시간이 끝나면 30초의 답변 시간이 주어집니다. 답변 시간이 끝나면 4번 문제 사진이 등장하며, 같은 방식으로 진행됩니다.

Questions 3-4 필수 이론

답변 구성 방식

Questions 3-4번에서는 주어진 사진을 빠르게 파악하고 답변에 사용할 요소들을 골라 문장으로 조합해야 합니다. 준비 시간이 답변 시간보다 길기 때문에, 준비 시간을 알차게 활용하여 사진에서 묘사할 요소들과 말할 순서를 미리 정리해 두는 게 좋습니다. 아래의 답변 구성 방식을 활용하여 전체적인 답변의 틀을 만들어두고 연습해 보세요.

답변 아이디어

주어진 준비 시간 동안 장소, 사진에서 가장 중요해 보이는 인물(들)의 외형 요소와 행동, 사물이나 사진의 분위기를 파악해서 답변으로 만드는 연습을 해보세요. 평소에 아래의 표처럼 답변 아이디어를 정리하는 습관을 들이면, 실제 시험장에서 사진을 보고 메모 없이도 답변 내용과 순서를 잡는 데 도움이 됩니다.

❶ 장소	사무실
❷ 인물 1	오른쪽 여자 꽃무늬 셔츠 입음 동료와 노트북으로 자료 보는 중
❸ 인물 2	왼쪽 남자 파란 셔츠 입음 동료에게 표 설명 중
❹ 사물/배경	컴퓨터, 노트북 등
❺ 마무리	주중 업무시간 풍경

모범 답안 🎧 MP3 2_1

정리한 답변 아이디어를 토대로 답변을 늘려 문장 단위로 작성 답변 틀에 맞추어 내용을 차근차근 채워 나가보세요.

장소	사진의 장소를 설명하세요.	
	I think this is a picture of an office.	
	이 사진은 사무실 사진인 것 같습니다.	
인물 1	사진 오른쪽에 보이는 여자의 외형과 행동을 묘사하세요.	
	On the right side of the picture, a woman wearing a flower-patterned shirt **is** looking at a screen with her colleague.	
	사진의 오른쪽에, 꽃무늬 셔츠를 입은 여자가 그녀의 직장 동료와 모니터를 보고 있습니다.	
인물 2	사진 왼쪽에 보이는 주요 인물 혹은 인물들의 외형과 행동을 묘사하세요. **TIP** 두 명을 묶어서 설명하는 게 부담스럽다면 둘 중 한 명만 설명해도 괜찮습니다.	
	On the left side of the picture, two people wearing formal attire **are** looking at a screen and discussing something.	
	사진의 왼쪽에, 정장을 입은 두 사람이 스크린을 보며 무언가를 논의하고 있습니다.	
사물/배경	사진에서 가장 잘 보이는 아이코닉한 사물 혹은 사진의 배경을 설명하세요.	
	On the desks, there are several computers and a laptop.	
	책상 위에는 여러 대의 컴퓨터와 노트북이 있습니다.	
마무리	전체적으로 답변을 정돈하는 느낌의 문장을 추가해 보세요. **TIP** 설명할 인물이 많은 사진에서 마무리 문장은 필수가 아닙니다.	
	Overall, it seems to be a typical scene on weekdays.	
	전체적으로 사진은 주중의 일반적인 모습처럼 보입니다.	

응용 가능한 답변 패턴

TIP 인물 2를 설명할 때, 사진 왼쪽에 있는 두 남성을 묶어서 설명해도 좋습니다. 두 명을 묶어서 설명할 땐, 둘이 공통적으로 해당되는 외형과 행동을 설명해야 합니다.

▸ **On the left side of the picture, two men wearing** long sleeves **are** talking to each other.
사진의 왼쪽에는 긴 소매 옷을 입은 두 남자가 서로 이야기하고 있습니다.

짧은 준비 시간안에 두 명을 묶어 설명하기 위한 공통점을 찾는 게 부담된다면 둘 중 한 명을 골라 설명하면 됩니다.

▸ **On the left side of the picture, there is** a man wearing a sweater.
He is sitting down and learning something from his colleague.
사진의 왼쪽에는 스웨터를 입은 남자가 있습니다. 그는 앉아서 동료에게 무언가를 배우고 있습니다.

장소 설명

장소 설명하기

🎧 MP3 2_2

사진의 배경을 확인하여 장소를 빠르게 파악하세요.

> I think this is a picture of 장소.
> I think this picture was taken 전치사 + 장소.

I think this is a picture of an office.
이 사진은 사무실의 사진인 것 같습니다.

I think this picture was taken at an office.
이 사진은 사무실에서 촬영된 것 같습니다.

장소 전치사

🎧 MP3 2_3

at은 특정한 장소나 어떤 지점의 위치를 나타낼 때 사용하고, in은 at에 비해서 더 큰 공간이거나, 어떤 특정 공간의 내부를 말할 때 사용합니다. 그리고 on은 맞닿아 있는 상황일 때 사용합니다.

at	at a market 시장에서	at a bus stop 버스정류장에서	at an office 사무실에서
	at a grocery store 식료품 점에서	at a restaurant 식당에서	at a train station 기차역에서
	at a crosswalk 횡단보도에서	at an airport 공항에서	at the seaside 해변가에서
in	in a conference room 회의실에서	in a museum 박물관에서	in a meeting room 회의실에서
	in a gym 헬스장에서	in a cafeteria 식당에서	in a kitchen 부엌에서
on	on a street 길거리에서	on the seashore 바닷가	on the highway 고속도로에서
	on the rooftop 옥상에서	on the coast 해안가에서	on the farm 농장에서

인물 외형과 행동 설명

인물 1 외형과 행동 설명하기 🎧 MP3 2_4

사진에서 가장 중요해 보이는 인물을 선정하고 해당 인물의 외형(옷, 신발, 헤어 스타일, 액세서리 등)을 묘사하세요. 외형 설명의 분량은 1-2문장이 적당합니다.

> 사진 속 인물의 위치, there is a man/woman wearing 액세서리/복장.
> 사진 속 인물의 위치, I see a man/woman with 헤어 스타일. He/She/인물 is/are 행동.

On the right (side of the picture), there is a woman wearing a flower-patterned shirt.
(사진의) 오른쪽에는 꽃무늬 셔츠를 입은 여자가 있습니다.

On the right (side of the picture), I see a woman with black braided hair.
(사진의) 오른쪽에 까맣게 땋은 머리를 한 여자가 보입니다

She is looking at a screen with her colleague.
그녀는 그녀의 동료와 함께 스크린을 보고 있습니다.

TIP 무늬나 패턴이 있는 옷과 액세서리의 경우, 아래의 표현들처럼 사용해 보세요.
- a flower-patterned shirt 꽃무늬 셔츠
- a polka-dotted dress 물방울 무늬 원피스
- a striped tie 줄무늬 넥타이

with를 활용해서 답변할 수도 있습니다.
- a shirt with a flower pattern 꽃무늬가 있는 셔츠
- a shirt with stripes 줄무늬가 있는 셔츠

외형/행동 표현 🎧 MP3 2_5

외형	He is wearing formal clothes. 그는 포멀한 옷을 입고 있다. He is wearing a safety helmet. 그는 안전모를 착용하고 있다. She is wearing a gray top. 그녀는 회색 상의를 입고 있다.	She has a ponytail. 그녀는 묶음 머리를 하고 있다. He has gray hair. 그는 백발이다.
행동	He is standing at the checkout. 그는 계산대에 서있다. He is arranging some items. 그는 물건을 정리하고 있다.	He is pushing a cart. 그는 카트를 밀고 있다. He is giving a presentation. 그는 발표를 하고 있다.

TIP p. 49에서 더 많은 외형과 행동 묘사 표현을 확인할 수 있습니다.

인물 2 외형과 행동 설명하기 🎧 MP3 2_6

2-3인 중심의 사진에서 가장 눈에 띄는 주요 인물 다음으로 중요해 보이는 인물의 외형과 행동을 설명합니다. 3인 중심의 사진의 경우, 세 번째 인물까지 설명하려면 두 번째 인물부터는 외형 설명을 아주 간단하게 줄이거나 아래 문장과 같이 외형+행동 문장을 활용해 보세요.

> 사진 속 인물의 위치, man/woman wearing 액세서리/복장 is/are 동작.

On the left side of the picture, a man wearing a blue shirt is leaning forward and explaining a chart to his colleague.
사진의 왼쪽에, 파란 셔츠를 입은 한 남자가 앞으로 숙이며 그의 동료에게 차트를 설명하고 있습니다.

On the left side of the picture, two people wearing formal attire are looking at a screen and discussing something.
사진의 왼쪽에는 정장을 입은 두 사람이 스크린을 보며 무언가를 논의하고 있습니다.

TIP 말하는 속도가 빠르지 않은 토익스피킹 학습 초기에는 인물 2의 외형은 넘어가고 행동 묘사에만 집중해 주세요.

 클레어 쌤 올킬TIP!

인물의 외형과 행동을 합쳐서 한 문장으로 나타내기도 합니다.

▶ 전체문장   A man is wearing a red shirt, and he is eating an apple.
            남자는 빨간 셔츠를 입고 있고 사과를 먹고 있습니다.

▶ 외형+행동 A man wearing a red shirt is eating an apple.
            빨간 셔츠를 입은 남자는 사과를 먹고 있습니다.

사물/배경 설명

사물/배경 설명하기

🎧 MP3 2_7

추가로 사진에서 보이는 사물이나 배경을 묘사해 주세요.

> 사진 속 사물의 위치, there is/are 사물.
> 사진 속 인물의 위치, I see 사물.
> In the foreground/background, I see 사물/배경.

On the desk, there are piles of documents and a small plant.
책상 위에는 여러 개의 문서 더미와 작은 화분이 있습니다.

On the other desk, I see a laptop open.
다른 책상 위에는 열려 있는 노트북이 보입니다.

In the foreground, I see an empty desk.
앞 배경에 비어 있는 책상 하나가 보입니다.

사물 표현

🎧 MP3 2_8

실내	The products are stacked up on the shelves. 상품들이 선반에 쌓여 있습니다. It is scattered on the ground. 바닥에 흩어져 있습니다. It is hanging on the wall. 벽에 걸려 있습니다.	It is placed on the desk. 책상 위에 놓여져 있습니다. It is displayed in the shop. 가게에 진열되어 있습니다.
실외	Cars are parked along the street. 길가에 차가 주차되어 있습니다. It is surrounded by buildings. 건물들에 둘러싸여 있습니다.	Flowers are planted in the park. 꽃들이 심어져 있습니다. It is crowded with people. 사람들로 붐빕니다.

마무리 문장

🎧 MP3 2_9

마무리 문장은 필수가 아닙니다. 하지만 전반적으로 깔끔하게 답변을 마무리하며 전체적인 답변이 정돈된 느낌을 줍니다. 마무리 문장엔 여러 가지 종류가 있습니다.

> **분위기:** Overall, the picture seems 형용사.
> **날씨/계절:** Overall, the picture seems to have been taken in the 계절.
> Overall, the weather seems 날씨.
> **주중/주말:** Overall, it seems to be a typical scene on **weekends/weekdays**.

Overall, the picture seems lively.
전체적으로 사진은 활기차 보입니다.

Overall, the picture seems to have been taken in the fall.
전체적으로 이 사진은 가을에 찍힌 것처럼 보입니다.

Overall, the weather seems sunny.
전체적으로 날씨는 맑아 보입니다.

Overall, it seems to be a typical scene on weekdays.
전체적으로 사진은 주중의 전형적인 모습처럼 보입니다.

사진의 위치와 동시 동작 표현

사진 속 인물/사물의 위치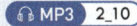

❶ In the middle of the picture 사진의 가운데에

❷ On the left side of the picture 사진의 왼쪽에

❸ On the right side of the picture 사진의 오른쪽에

❹ In the foreground of the picture 사진의 앞쪽에
   At the bottom of the picture 사진의 아래쪽에

❺ In the background of the picture 사진의 뒤쪽에
   At the top of the picture 사진의 위쪽에

접속사 while이나 at the same time 활용

while과 at the same time을 활용해서 두 가지 동작을 한 번에 표현해 보세요.

while	~하는 와중에
at the same time	동시에

He is standing at an entrance while talking to a woman.
그는 입구에 서있는 와중에 여자와 이야기를 하고 있습니다.

He is standing at an entrance and talking to a woman at the same time.
그는 입구에 서있는 동시에 여자에게 이야기를 하고 있습니다.

Questions 3-4 유형별 답변 전략

유형1 3인 이상

3인 이상 유형은 일반적으로 3-6명의 인물이 등장합니다. 인물이 포함된 사진은 장소, 중심인물 2-3명의 특징과 행동 묘사를 중심으로 설명이 진행되어야 합니다. 설명해야 할 인물이 많은 아래 사진과 같은 경우, 마무리 문장은 생략해 주세요.

사진에 3인 이상이 있다면 다음 답변 구성에 따라 답변을 만들어보세요. 답변이 길어진다면 사물/배경은 포함하지 않고 답변을 마무리해도 괜찮습니다.

장소 ▶ 인물 1 ▶ 인물 2 ▶ 인물 3 ▶ 사물/배경

 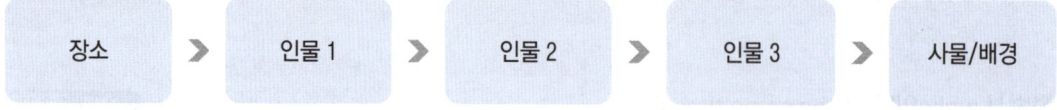

클레어 쌤 고득점 필수 팁

▶ 3인 이상인 경우, 중심인물 3명까지 묘사하는 것이 좋습니다.
▶ 시간이 부족하다면 외형 묘사보다는 행동 묘사에 더 중점을 두어야 합니다.
▶ 행동을 정확히 묘사하기 어려운 상황이라면, 유추하듯 답변해 보세요.
▶ 묘사할 사물/배경이 마땅치 않다면 전반적인 사진의 분위기를 묘사해 보세요.

답변 아이디어 만들기

주어진 45초의 준비 시간 동안 사진 속 장소, 인물의 외형과 행동, 사물/배경을 빠르게 확인하고 특징을 정리하여 답변 아이디어를 정리해 보세요. 평소 연습할 때 답변 아이디어를 작성하는 습관으로 실전에서 준비 시간과 답변을 생각할 시간을 줄일 수 있습니다.

❶ 장소	호텔 로비
❷ 인물 1	가운데 남자 – 서류 작성 중
❸ 인물 2	오른쪽 여자 – 고객 응대 중
❹ 인물 3	왼쪽 여자 – 기다리는 중/일행
❺ 사물/배경	호텔 고급스러움

TIP 배경을 설명하기 위해서는 다양한 형용사 사용이 필수입니다. 분위기를 묘사하는 아래 형용사를 익혀두면 답변에 도움이 많이 됩니다.

bright 밝은   crowded 붐비는   lively 활기찬   busy 바쁜, 분주한

모범 답안

🎧 MP3 2_12

정리한 답변 아이디어를 토대로 답변을 늘려 문장 단위로 작성하는 파트입니다. 답변 패턴을 떠올리며 내용을 차근차근 채워 나가보세요.

장소	전반적인 사진의 배경을 보고 사진의 장소를 설명해 주세요. I think this picture was taken at a hotel lobby. 이 사진은 호텔 로비에서 찍은 것 같습니다.
인물 1	인물 1의 외형(옷, 신발, 헤어스타일, 액세서리)와 행동을 묘사하세요. In the middle of the picture, a man wearing a gray suit is checking into a hotel, reading some forms. 사진의 가운데에는 회색 정장을 입은 남자가 호텔 체크인을 하면서 서류를 보고 있습니다.
인물 2	인물 2의 외형(옷, 신발, 헤어스타일, 액세서리)와 행동을 묘사하세요. On the right side of the picture, a woman is wearing a black uniform and helping a customer. (She seems to be the receptionist.) 사진 오른쪽에는 검은색 유니폼을 입은 여자가 고객을 응대하고 있습니다. (그녀는 안내원처럼 보입니다.)

인물 3	인물 3의 행동을 묘사하세요.	
	On the left, the other woman is standing by her companion, waiting with her suitcase.	
	왼쪽에는 다른 여자가 일행 옆에 서서 캐리어를 들고 기다리고 있습니다.	
사물/배경	추가로 사진에서 보이는 사물/배경을 묘사해 주세요. 묘사할 사물이나 배경이 무언가 설명할 만큼 특별하지 않은 경우, 전반적인 사진의 분위기를 설명해 주세요.	
	The hotel seems very fancy.	
	호텔은 아주 고급스러워 보입니다.	

응용 가능한 답변 패턴

 클레어 쌤 올킬TIP!

3~4번 문제에서 부정대명사의 사용은 중요합니다.
부정대명사: 특정하지 않은 사람이나 사물을 대신하는 대명사

▶ 대상 2개 중 하나 : one, 나머지 하나는 the other

  I have 2 bags. One is black and the other is pink.
  저는 가방이 두 개 있습니다. 하나는 검은색이고 다른 하나는 분홍색입니다.

▶ 대상 3개 중 하나 : one, 남은 2개 중 하나 another / 남은 하나 the other

  I have 3 sisters. One is a student, another is a teacher, and the other is a designer.
  저는 여동생이 세 명 있습니다. 한 명은 학생이고, 다른 한 명은 교사이며, 나머지 한 명은 디자이너입니다.

▶ 대상 3개 이상 중 하나 : one, 나머지 모두 the others

  I have many friends. One is tall and the others are short.
  저는 친구가 많습니다. 한 명은 키가 크고 다른 친구들은 키가 작습니다.

연습문제

🎧 MP3 2_13

아래의 순서대로 답변을 연습해 보세요.

1 아래 사진을 보고 학습한 답변 전략을 응용해서 사진을 묘사해 보세요.

2 우리말 해석을 참고해서 아래 빈칸을 채워보며 답변을 만들어 보세요.

장소	I think this picture was _____. 이 사진은 도서관에서 찍힌 것 같습니다.
인물 1	_____, a man in a _____ _____ is sitting on a bean bag while _____ _____. He seems to be _____. 사진의 가운데에는 파란색 셔츠와 안경을 쓴 남자가 빈 백 의자에 앉아 어린이들에게 책을 읽어주고 있습니다. 그는 선생님처럼 보입니다.
인물 2	_____, a girl _____ is _____ _____. (She is _____ close _____.) 왼쪽에는 노란색 원피스를 입은 소녀가 앉아서 선생님의 이야기를 듣고 있습니다. (그녀는 선생님 가까이에 앉아 있습니다.)
인물 3	_____, _____ are showing their backs _____ _____ and _____. 오른쪽에는 두 어린이가 카메라에 등을 보이고 선생님을 향해 미소를 짓고 있습니다.
사물/배경	_____, there are _____ filled with _____. 배경에는 다양한 책으로 가득 찬 책장이 많이 있습니다.

📘 정답 및 해설 p.7

유형 2 2인 중심

2인 중심 사진은 장소, 중심인물 두 명의 특징과 행동 묘사를 중심으로 설명이 진행되어야 합니다. 답변 시간이 남는다면 사진에 보이는 사물에 대해 추가 설명을 덧붙여도 됩니다. 아래 답변 방법을 익혀보세요.

 클레어 쌤 고득점 필수 팁

- 2인 중심 사진의 경우, 2명 모두 외형+행동 묘사를 진행하는 게 좋습니다.
- 위치를 표현할 단어가 떠오르지 않는다면 ~근처와 같은 방식으로 설명해도 괜찮습니다.
- 사진의 인물들의 관계가 명확하다면, 언급하셔도 좋습니다. (예 엄마와 아들)
- 묘사할 만한 사물이 있다면 반드시 사물 묘사를 진행하세요.

장소 ▷ 인물 1 ▷ 인물 2 ▷ 사물/배경 ▷ 마무리

답변 아이디어 만들기

주어진 45초의 준비 시간 동안 사진 속 장소, 인물의 외형과 행동, 사물의 빠르게 확인하고 특징을 정리하여 답변 아이디어를 정리해 보세요. 평소 연습할 때 답변 아이디어를 작성하는 습관으로 실전에서 준비 시간과 답변을 생각할 시간을 줄일 수 있습니다.

❶ 장소		차고지
❷ 인물 1		왼쪽 여자 청바지 장바구니 들고 트렁크 닫는 중
❸ 인물 2		오른쪽 남자아이 반바지, 짝다리 등 보이며 검은색 전기차 충전 중
❹ 사물/배경		벽에 빨간 자전거, 흰 물병
❺ 마무리		주말

모범 답안

🎧 MP3 2_14

정리한 답변 아이디어를 토대로 답변을 늘려 문장 단위로 작성하는 파트입니다. 답변 패턴을 떠올리며 내용을 차근차근 채워 나가보세요.

장소	전반적인 사진의 배경을 보고 사진의 장소를 설명해 주세요. **This picture was taken in** a garage. 이 사진은 차고에서 찍혔습니다.
인물 1	인물 1의 외형(옷, 신발, 헤어 스타일, 액세서리 등)과 행동을 묘사하세요. **In the middle of the picture, a woman** in jeans **is** trying to close the trunk of a car while holding a bag full of groceries. **It seems like** she just came back from grocery shopping. 사진 가운데에는 청바지를 입은 여자가 장바구니를 들고 자동차 트렁크를 닫으려 하고 있습니다. 그녀는 방금 장을 보고 돌아온 것처럼 보입니다.
인물 2	인물 2의 외형(옷, 신발, 헤어스타일, 액세서리 등)과 행동을 묘사하세요. **On the right**, a boy wearing shorts is showing his back to the camera. **He is** leaning on one leg by a black van while charging it. 오른쪽에는 반바지를 입은 소년이 카메라에 등을 보이고 있습니다. 그는 검은 밴 쪽에서 짝다리로 서서 밴을 충전하고 있습니다.
사물/배경	추가로 사진에서 보이는 사물/배경을 묘사해 주세요. **In the background**, a red bicycle with a white water bottle attached to it is hanging on the wall. 배경에는 흰 물통이 달린 빨간 자전거가 벽에 걸려 있습니다.
마무리	전체적으로 답변을 정돈하는 느낌의 문장을 추가해 보세요. **TIP** 설명할 인물이 많은 사진에서 마무리 문장은 필수가 아닙니다. **Overall, it seems to be a typical scene on** weekends. 전체적으로 사진은 주말의 일반적인 모습처럼 보입니다.

응용 가능한 답변 패턴

 클레어 쌤 올킬TIP!

▶ 최대한 줄일 수 있는 부분에서 시간을 줄여서 행동 묘사로 채웁시다.
▶ 쇼핑백이나 가방을 자세히 묘사할 땐 a bag full of + 명사를 활용해 보세요.
▶ 시간을 재면서 연습해보고 자신의 속도에 맞추어 답변의 양을 조정해 보세요.

연습문제

🎧 MP3 2_15

아래의 순서대로 답변을 연습해 보세요.

1\. 아래 사진을 보고 학습한 답변 전략을 응용해서 사진을 묘사해 보세요.

2\. 우리말 해석을 참고해서 아래 빈칸을 채워보며 답변을 만들어 보세요.

장소	This picture _____. 이 사진은 집 근처에서 찍혔습니다.
인물 1	_____, a woman is wearing _____ and a _____ _____. She _____ and _____ somewhere _____. She seems to be the supervisor _____. 왼쪽에는 여자가 안전모와 안전 조끼를 입고 있습니다. 그녀는 문서를 들고 펜으로 무언가를 가리키고 있습니다. 그녀는 공사 현장의 관리자처럼 보입니다.
인물 2	_____, a man _____ overalls _____ by the woman and _____. He _____ trainee. 가운데에는 흰색 작업복을 입은 남자가 여자의 옆에 서서 이야기를 듣고 있습니다. 그는 교육을 받는 사람처럼 보입니다.
사물/배경	_____, there is _____ with _____ tied to it. And _____, there are _____. 오른쪽에는 두 개의 밧줄이 묶여 있는 나무 사다리가 있습니다. 배경에는 사용한 페인트 통 두 개가 놓여 있습니다.
마무리	Overall, _____. 전체적으로 이 사진은 일반적인 근무하는 날의 모습처럼 보입니다.

정답 및 해설 p.8

유형 3 1인 중심

1인 중심 사진은 3인 이상 유형과 마찬가지로 장소, 인물의 외형, 행동 묘사를 진행하지만 2-3명을 설명할 양이 모두 한 명에게 적용된다고 생각하면 됩니다. 최대한 자세하게 설명하는 것이 중요합니다. 아래 답변 방법을 익혀보세요.

 클레어 쌤 고득점 필수 팁

- 1인 중심의 사진은 외형/행동 묘사의 비중을 1문장 정도 더 늘려도 괜찮습니다.
- 행동 묘사에 최대한 많이 치중하되 주변 사물과 배경 묘사의 양을 많이 늘려주세요.
- 사진에 상징적인 사물이 나와 있는데 설명하지 않고 넘어가면 해당 단어를 모른다는 인상을 줄 수 있습니다.
- 사진에서 비중을 많이 차지하는 사물은 영어 단어가 생각나지 않아도 둘러서라도 꼭 설명하기!

장소 > 인물 > 사물 > 배경/분위기 > 마무리

답변 아이디어 만들기

주어진 45초의 준비 시간 동안 사진 속 장소, 인물의 외형과 행동, 사물의 빠르게 확인하고 특징을 정리하여 답변 아이디어를 정리해 보세요. 평소 답변 아이디어를 작성하는 연습을 통해 실전에서 준비 시간과 답변을 생각할 시간을 줄일 수 있습니다.

❶ 장소	미술실 / 화실
❷ 인물	주황색 셔츠, 앞치마 팔레트&붓, 앉아서 페인팅
❸ 사물	책상 – 페인트 튜브, 물컵, 붓, 팔레트
❹ 배경/분위기	이젤 / 그림들 자연광 좋음
❺ 마무리	평온함

모범 답안

🎧 MP3 2_16

정리한 답변 아이디어를 토대로 답변을 늘려 문장 단위로 작성하는 파트입니다. 답변 패턴을 떠올리며 내용을 차근차근 채워 나가보세요.

장소	사진의 배경을 보고 사진의 장소를 설명해 주세요. This picture was taken in an art room. 이 사진은 미술실에서 찍혔습니다.
인물	인물의 외형과 행동을 묘사하세요. In the middle, there is a woman wearing an orange shirt and a green apron. She is sitting down and holding a palette with various colors on it. She is concentrating hard and painting with a paint brush. 가운데에는 주황색 셔츠와 초록색 앞치마를 입은 여자가 있습니다. 그녀는 앉아서 여러 색이 담긴 팔레트를 들고 있습니다. 진지하게 집중하며 붓으로 그림을 그리고 있습니다.
사물	눈에 띄는 사물과 주변 사물들을 설명해 주세요. Behind her, there are many easels with paintings on them. The same green aprons are hanging on the easels. 그녀 뒤에는 그림이 걸린 많은 이젤이 있습니다. 같은 초록색 앞치마들이 이젤에 걸려 있습니다.

배경/분위기	배경에 보이는 사물이나 바탕을 설명해 주세요. **In the background, there are** many colorful paintings hanging on the wall. I like the natural lighting in the picture. 배경에는 다채로운 그림들이 벽에 걸려 있습니다. 저는 이 사진의 자연스러운 채광이 마음에 듭니다.
마무리	전체적으로 답변을 정돈하는 느낌의 문장을 추가해 보세요. **TIP** 설명할 인물이 많은 사진에서 마무리 문장은 필수가 아닙니다. **Overall, this picture seems** peaceful. 전체적으로 사진은 평온해 보입니다.

응용 가능한 답변 패턴

 클레어 쌤 올킬TIP!

사진에서 색상이 확실하지 않을 때는 색깔-ish를 사용해서 답변해 보세요.

▶ 예 grayish, yellowish, redish

사물을 설명할 때 형용사를 붙여서 최대한 자세하게 설명해 보세요.

▶ 예 there is a toolbox. 공구 상자가 있습니다. → there is an open toolbox. 열려져 있는 공구 상자가 있습니다.

연습문제

아래의 순서대로 답변을 연습해 보세요.

1. 아래 사진을 보고 학습한 답변 전략을 응용해서 사진을 묘사해 보세요.

2. 우리말 해석을 참고해서 아래 빈칸을 채워보며 답변을 만들어 보세요.

장소	This picture _____. 이 사진은 거실에서 찍혔습니다.
인물	_____, _____ is _____ ___ the same color. He _____ his _____. He _____ _____ toward the wall _____ _____. It seems like he _____. 가운데에는 남자가 회색 반바지와 같은 색깔의 모자를 쓰고 있습니다. 그는 러닝화를 신고 있습니다. 그는 흰색 책장을 벽 쪽으로 옮기며 물건들을 정리하고 있습니다. 그는 막 이사를 온 것처럼 보입니다.
사물	_____, I can see a _____ ___. And _____ in the back. 오른쪽에는 많은 박스들이 놓인 회색을 띤 소파를 볼 수 있습니다. 뒤에는 램프 두 개가 있습니다.
배경 /분위기	_____, there is _____ ____ and some _____. 사진의 앞쪽에는 열린 공구 상자와 나무 판들이 놓여 있습니다.
마무리	Overall, _____. 전체적으로 사진은 매우 분주해 보입니다.

묘사 표현 모음

외형 묘사

🎧 MP3 2_18

의상

He is wearing formal clothes.	그는 포멀한 옷을 입고 있습니다.
He is wearing casual clothes.	그는 캐주얼한 옷을 입고 있습니다.
He is wearing a safety helmet.	그는 안전모를 착용하고 있습니다.
He is wearing an apron.	그는 앞치마를 하고 있습니다.
He is wearing a striped shirt.	그는 줄무늬 셔츠를 입고 있습니다.
He is wearing shorts.	그는 반바지를 입고 있습니다.
He is wearing jeans.	그는 청바지를 입고 있습니다.
He is wearing overalls.	그는 멜빵바지를 입고 있습니다.
He is wearing a reflective safety vest.	그는 형광 안전조끼를 입고 있습니다.
He is wearing a flower-patterned jacket.	그는 꽃무늬 자켓을 입고 있습니다.
He is wearing trainers.	그는 운동화를 신고 있습니다.
He is wearing flip-flops.	그는 쪼리를 신고 있습니다.
He rolled up his sleeves.	그는 옷소매를 걷었습니다.
He is wearing a sleeveless shirt.	그는 민소매 셔츠를 입고 있습니다.

헤어 스타일

He has blond hair./ He is blond.	그는 금발머리입니다.
He has brown hair./ He is brunette.	그는 갈색머리입니다.
He has gray hair.	그는 백발입니다.
She has a ponytail.	그녀는 묶음 머리를 하고 있습니다.
She tied up her hair.	그녀는 머리를 묶었습니다.

Questions
5-7

Respond to Questions
듣고 질문에 답하기

Q5-7 한눈에 보기

문제 유형	준비 시간	답변 시간	평가 항목	배점
Respond to questions 듣고 질문에 답하기	각 3초	5번, 6번: 15초 7번: 30초	발음, 억양, 강세 문법, 어휘, 일관성, 내용의 관련성, 내용의 완성도	0-3

최신 출제 경향

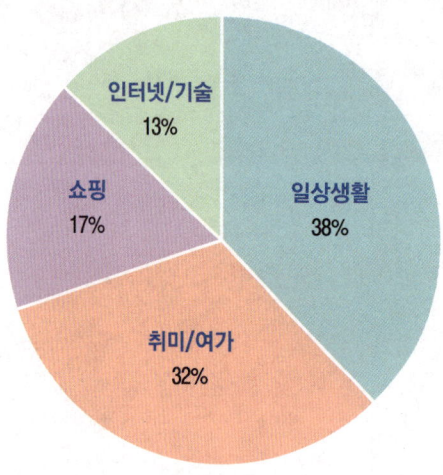

* 최근 5년 출제 경향

 클레어 쌤 고득점 필수 팁

▸ Q5-7은 답변이 말이 되는게 중요합니다. 문법이 틀리지 않기 위해서는 질문을 최대한 많이 활용해 답변하는 게 좋습니다.

▸ 부정적인 답변은 피하는 게 좋습니다. 특히 5번에 대한 질문에 부정적으로 답변하면, 뒤이어서 같은 주제 내에서 출제되는 6번과 7번에 대한 답변이 어색해질 수 있고, 논리적으로 맞지 않게 될 수 있습니다.

시험 진행 순서

TOEIC Speaking

Questions 5-7: Respond to questions

Directions: In this part of the test, you will answer three questions. You will have three seconds to prepare after you hear each question. You will have 15 seconds to respond to Questions 5 and 6 and 30 seconds to respond to Question 7.

1. 안내문
5-7번 문제 진행 방식을 설명하는 안내문을 보여주고, 이를 음성으로 들려줍니다.

TOEIC Speaking

Imagine a marketing company is doing a survey in your town. You are participating in an interview about vacation.

2. 상황 설명
대화가 이루어지고 있는 현재 상황을 설명해줍니다.

TOEIC Speaking   Question 5 of 11

Imagine a marketing company is doing a survey in your town. You are participating in an interview about vacation.

How often do you go on vacation, and who do you usually go with?

| PREPARATION TIME | RESPONSE TIME |
| 00:00:03 | 00:00:15 |

3. 답변 시간
- 5번 문제를 읽어준 뒤, 3초의 준비 시간과 15초의 답변 시간이 주어집니다.
- 6번 문제를 읽어준 뒤, 3초의 준비 시간과 15초의 답변 시간이 주어집니다.
- 7번 문제를 읽어준 뒤, 3초의 준비 시간과 30초의 답변 시간이 주어집니다.

Questions 5-7 필수 이론

Questions 5-7 중 5번과 6번 답변은 질문 문장을 그대로 이용해서 만들 수 있습니다. 7번 문제는 11번 문제와 마찬가지로 의견, 이유, 마무리의 구조로 짜임새 있는 답변을 해야 합니다. 5-7번의 답변을 만드는 방법을 학습하고 실전에 적용해 봅시다.

의문문 문장 활용하여 답변하기

의문사 + be 동사

의문사 + be 동사 형태의 문장은 be 동사와 주어(구)의 자리를 바꾸어 줍니다.

아래 예시를 참고해 질문에 답해보세요.

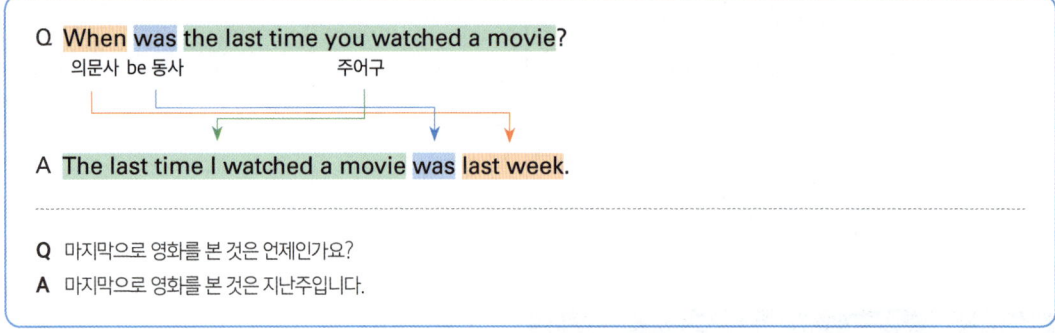

Q 마지막으로 영화를 본 것은 언제인가요?
A 마지막으로 영화를 본 것은 지난주입니다.

- 의문사 When과 be 동사 was를 활용해 답변하세요.
- 질문의 you는 I로 바꾸어 답변하세요.

의문사 + 일반동사

의문사 + 일반동사 문장은 답변을 만들 때 구조가 다릅니다.

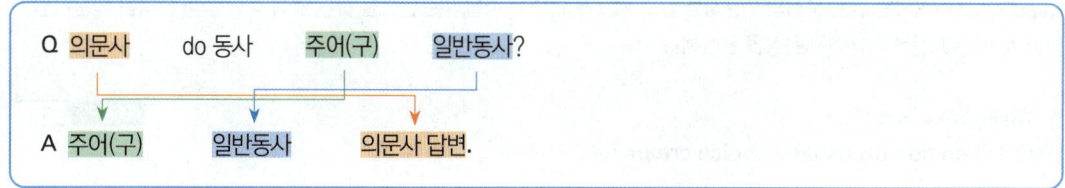

아래 예시를 참고해 질문에 답해보세요.

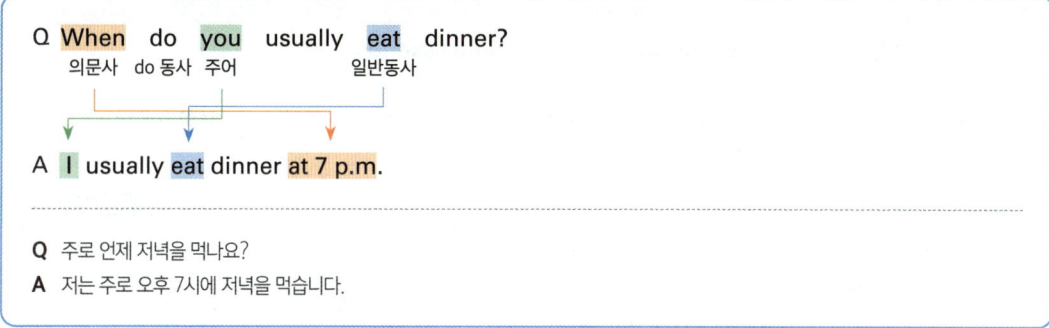

Q 주로 언제 저녁을 먹나요?
A 저는 주로 오후 7시에 저녁을 먹습니다.

- 의문사 Where과 일반동사 buy를 활용해 답변하세요.
- 질문의 your은 my로 바꾸어 답변하세요.

- 주어(구): 주어는 문장에서 무엇이, 누가에 해당하는 말로, 서술의 주체를 나타냅니다.
  주어 자리에 둘 이상의 단어가 모이면 이를 주어구라고 합니다.
- 일반동사: 일반동사는 be 동사와 조동사를 제외한 주어의 동작·상태를 나타내는 동사로,
  현재시제에서 3인칭 단수일 때만 -s/-es를 붙입니다.

🎯 의문사 별 답변 익히기

Questions 5-7에서는 질문 문장의 의문사를 듣고 빠르게 답변을 떠올리는 연습을 하는 것이 중요합니다. 다음 의문사별 답할 수 있는 표현을 사용해서 문장을 완성해 보세요.

- **When, What time** 언제 🎧 MP3 3_1

    Q When do you usually eat ice cream? 주로 언제 아이스크림을 먹나요? (일상, 습관)

    When was the last time you bought a toy for a child? 마지막으로 아이를 위해 장난감을 산 게 언제인가요? (과거)

    A I usually eat ice cream _____. /
    The last time I bought a toy for a child was _____.

일상, 습관	in the afternoon 오후에	on weekends 주말에	
과거	yesterday 어제	about two days ago 약 이틀 전에	last month 지난달에

- **Where** 어디에 🎧 MP3 3_2

    Q Where do you usually study? 어디에서 주로 공부를 하나요?

    A I usually study _____.

    at home 집에서   in a library 도서관에서   at work 직장에서   in a café 카페에서

- **How** 어떻게 🎧 MP3 3_3

    Q How do you usually go to work? 주로 직장에 어떻게 가나요?

    A I usually go to work _____.

    by bus 버스로   by subway 지하철로   on foot 걸어서   by scooter 스쿠터로

- **How often, How many times** 얼마나 자주 🎧 MP3 3_4

    Q How often do you eat out? 외식을 얼마나 자주 가나요?

    A I usually eat out _____.

    almost every day 거의 매일   once a day 하루에 한 번
    twice a day 하루에 두 번   three times a week 일주일에 세 번

- **How long, How many hours/days/months/years** 얼마나 오래, 몇 시간/일/달/해 동안 🎧 MP3 3_5

    Q How long do you watch TV in the evening? 저녁에 얼마나 오래 TV를 보나요?

    A I usually watch TV _____.

    for about 30 minutes 약 30분 정도   for 2 hours 두 시간 동안   for a few hours 몇 시간 동안

연습문제

MP3 3_6

Question 5-7에서는 질문 문장의 의문사를 듣고 빠르게 답변을 떠올리는 연습을 하는 것이 중요합니다. 다음 의문사별 답할 수 있는 표현을 사용해서 문장을 완성해 보세요.

1. Where did you buy your bag?
   어디서 가방을 구입했나요?
   _____ (department store)
   저는 백화점에서 가방을 구입했습니다.

2. How do you go usually to a candy shop?
   사탕 가게에 보통 어떻게 가나요?
   _____ (foot)
   저는 보통 걸어서 사탕 가게에 갑니다.

3. How often do you play sports?
   얼마나 자주 운동을 하나요?
   _____ (twice)
   저는 일주일에 두 번 운동을 합니다.

4. What was the last song you listened to?
   마지막으로 들은 노래는 무엇인가요?
   _____ (Jump!Jump!)
   마지막으로 들은 노래는 점프!점프!입니다.

5. When was the last time you went to the cinema?
   마지막으로 영화관에 간 것은 언제인가요?
   _____ (last month)
   마지막으로 영화관에 간 것은 지난달입니다.

6. How long did you take a walk?
   산책하는 데 얼마나 걸리나요?
   _____ (take)
   저는 산책하는 데 39분이 걸립니다.

정답 및 해설 p.10

답변 만들기

Question 5, 6

5번, 6번 문제는 일반적으로 일상에 관한 질문이 의문문으로 나옵니다. 일반적으로 두 가지를 답변해야 하는 문제들이 나옵니다. 쉬운 어휘와 문장으로 답변해도 충분히 좋은 점수를 가져갈 수 있는 문제들입니다.

❶ 의문사로 시작하는 질문 (두 가지 질문 타입)

의문사로 시작해 질문이 시작되는 질문 유형입니다. 대부분 두 가지 질문 타입 형태로, 한 문장에서 두 가지 질문을 함께 묻는 경우이며 일반적으로 의문사 의문문이 and로 연결된 구조입니다.

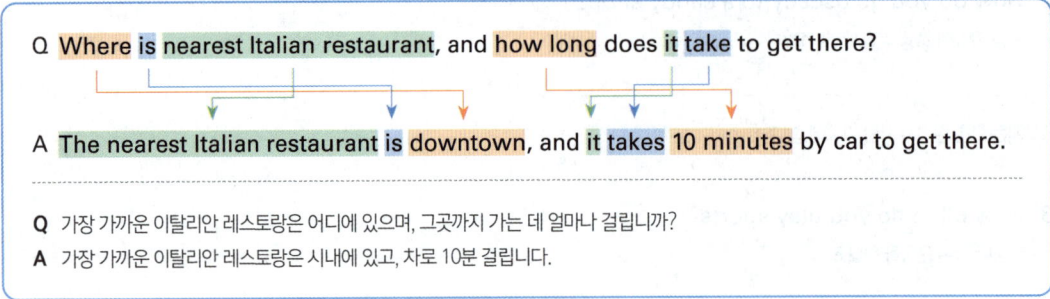

Q Where is nearest Italian restaurant, and how long does it take to get there?
A The nearest Italian restaurant is downtown, and it takes 10 minutes by car to get there.

Q 가장 가까운 이탈리안 레스토랑은 어디에 있으며, 그곳까지 가는 데 얼마나 걸립니까?
A 가장 가까운 이탈리안 레스토랑은 시내에 있고, 차로 10분 걸립니다.

핵심 체크

🎧 MP3 3_7

위 이론 설명을 참고해서 문제에 답변해 보세요. 문제 아래 해석에 알맞게 빈칸에 답을 적어보세요.

1. How often do you exercise, and what kind of exercise do you usually do?
   운동은 얼마나 자주 하나요? 그리고 주로 어떤 운동을 하나요?
   ▶ _____, _____.
   저는 일주일에 세 번 정도 운동을 하고, 주로 요가를 합니다.

2. Where do you usually eat lunch, and who do you often eat with?
   점심은 주로 어디서 먹나요? 그리고 주로 누구와 함께 먹나요?
   ▶ _____,
   _____.
   저는 보통 회사 근처 식당에서 점심을 먹고, 동료들과 함께 먹습니다.

3. When was the last time you traveled abroad, and which country did you visit?
   마지막으로 해외여행을 간 건 언제인가요? 그리고 어느 나라를 방문했나요?
   ▶ _____,
   _____.
   제가 마지막으로 해외여행을 간 것은 작년 여름이고, 일본을 방문했습니다.

정답 및 해설 p.11

❷ be 동사로 시작하는 질문

be 동사를 활용한 질문도 질문을 응용해서 답변할 수 있습니다.

> Q Are you more likely to read books on paper or on a tablet? Why?
>
>
>
> A I am more likely to read books on a tablet.
>   Because it is convenient and easy to carry around.
>
> ---
>
> Q 종이책으로 읽는 편인가요, 아니면 태블릿으로 읽는 편인가요? 그 이유는 무엇인가요?
> A 네, 저는 태블릿으로 책을 읽는 것을 선호합니다. 왜냐하면 편리하고 가지고 다니기 쉽기 때문입니다.

핵심 체크

🎧 MP3 3_8

위 이론 설명을 참고해서 문제에 답변해 보세요. 문제 아래 해석에 알맞게 빈칸에 답을 적어보세요.

1 Are you good at cooking? Why or why not?
   요리를 잘하나요? 그 이유는 무엇인가요?

   ▶ (Yes,) _____,
   _____.
   저는 요리를 잘합니다. 왜냐하면 집에서 자주 연습하고 새로운 레시피를 시도하기 때문입니다.

2 Are you interested in traveling abroad? Why or why not?
   해외여행에 관심이 있나요? 그 이유는 무엇인가요?

   ▶ (Yes,) _____,
   _____.
   저는 해외여행에 관심이 있습니다. 왜냐하면 다양한 문화를 경험하고 싶기 때문입니다.

3 Are you interested in learning how to play an instrument? Why or why not?
   악기 연주를 배우는 데 관심이 있나요? 그 이유는 무엇인가요?

   ▶ (Yes,) _____,
   because _____.
   저는 악기를 배우는 데 관심이 있습니다. 왜냐하면 음악을 좋아하고 직접 노래를 연주하고 싶기 때문입니다.

정답 및 해설 p.11

❸ 조동사로 시작하는 질문

Q **Do you enjoy cooking at home**? Why or why not?

A (Yes,) **I enjoy cooking at home** because it saves money.

Q 집에서 요리하는 것을 즐기나요? 그 이유는 무엇인가요?
A 네, 저는 집에서 요리하는 것을 즐깁니다. 왜냐하면 돈을 절약할 수 있기 때문입니다.

핵심 체크

🎧 MP3 3_9

위 이론 설명을 참고해서 문제에 답변해 보세요. 문제 아래 해석에 알맞게 빈칸에 답을 적어보세요.

1 Do you like listening to music while studying? Why or why not?
공부할 때 음악 듣는 것을 좋아하나요? 그 이유는 무엇인가요?

▶ (Yes,) _____

because _____.

네, 저는 공부할 때 음악을 듣는 것을 좋아합니다. 왜냐하면 집중하는 데 도움이 되기 때문입니다.

2 Would you like to study abroad in the future? Why or why not?
미래에 유학을 가고 싶나요? 그 이유는 무엇인가요?

▶ (Yes,) _____

because _____.

네, 저는 유학을 가고 싶습니다. 왜냐하면 새로운 문화를 배우고 싶기 때문입니다.

3 Do you find it more enjoyable to exercise at the gym or outdoors? Why?
헬스장에서 운동하는 게 더 즐겁다고 생각하나요, 아니면 야외에서 운동하는 게 더 즐겁다고 생각하나요? 그 이유는 무엇인가요?

▶ _____.

Because _____.

저는 야외에서 운동하는 게 더 즐겁다고 생각합니다. 왜냐하면 신선한 공기와 자연을 즐길 수 있기 때문입니다.

정답 및 해설 p.12

❹ 선택의문문을 포함한 질문

두 가지 선택 중 한 가지를 선택하도록 하는 질문 유형입니다. 답변할 때엔 반드시 한 가지 선택지를 명시해서 대답해야 합니다.

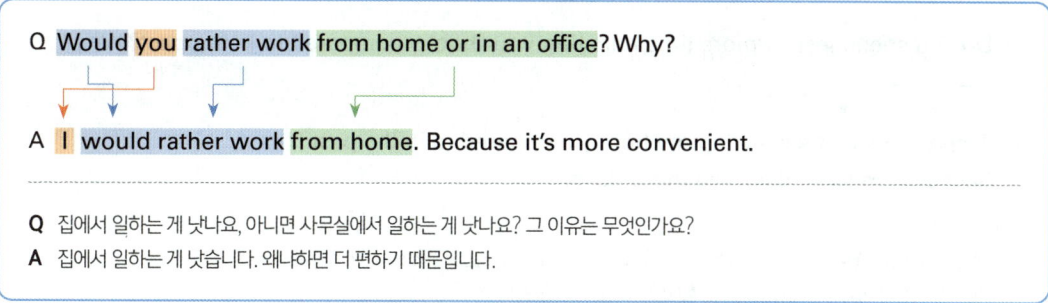

Q 집에서 일하는 게 낫나요, 아니면 사무실에서 일하는 게 낫나요? 그 이유는 무엇인가요?
A 집에서 일하는 게 낫습니다. 왜냐하면 더 편하기 때문입니다.

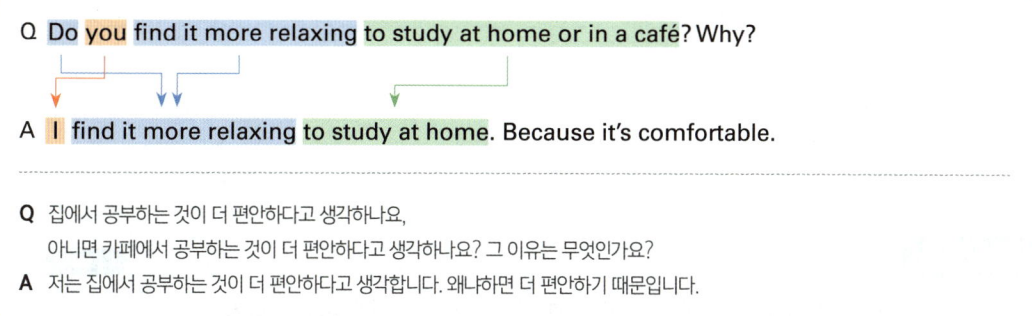

Q 집에서 공부하는 것이 더 편안하다고 생각하나요,
  아니면 카페에서 공부하는 것이 더 편안하다고 생각하나요? 그 이유는 무엇인가요?
A 저는 집에서 공부하는 것이 더 편안하다고 생각합니다. 왜냐하면 더 편안하기 때문입니다.

핵심 체크

🎧 MP3 3_10

위 이론 설명을 참고해서 문제에 답변해 보세요. 문제 아래 해석에 알맞게 빈칸에 답을 적어보세요.

1. **Would you rather travel by train or by plane? Why?**
   기차로 여행하는 걸 더 선호하나요, 아니면 비행기로 여행하는 걸 더 선호하나요? 그 이유는 무엇인가요?

   ▶ _____ because _____.

   저는 기차 여행을 더 선호합니다. 왜냐하면 스트레스가 덜하고 경치가 더 아름답기 때문입니다.

2. **Would you rather eat out at a restaurant or cook at home? Why?**
   식당에서 외식하는 걸 더 선호하나요, 아니면 집에서 요리하는 걸 더 선호하나요? 그 이유는 무엇인가요?

   ▶ _____ because _____.

   저는 집에서 요리하는 것을 더 선호합니다. 왜냐하면 더 건강하고 돈을 절약할 수 있기 때문입니다.

3. **Do you usually eat breakfast? Why or why not?**
   아침 식사를 보통 하나요? 그 이유는 무엇인가요?

   ▶ _____ because _____.

   네, 저는 보통 아침 식사를 합니다. 왜냐하면 하루를 시작하는 데 에너지를 주기 때문입니다.

정답 및 해설 p.12

❺ 과거와 비교하는 질문

과거와 비교해서 무엇을 더 하거나 덜 하는지에 대해 묻는 질문도 출제됩니다. 아래 예문을 보며 어떻게 답해야 하는지 답변 구성을 확인해 봅시다.

> Q **Do you spend less or more time** enjoying your hobby compared to in the past? Why?
>
> A **I spend less time** enjoying my hobby compared to in the past.
> Because I'm sleep deprived these days.
>
> Q 예전과 비교해서 좋아하는 취미에 더 많은 시간을 쓰나요, 아니면 더 적은 시간을 쓰나요? 그 이유는 무엇인가요?
> A 네, 저는 예전과 비교해서 제가 좋아하는 취미에 더 적은 시간을 씁니다.
> 왜냐하면 요즘 수면이 부족하기 때문입니다.

핵심 체크

🎧 MP3 3_11

위 이론 설명을 참고해서 문제에 답변해 보세요. 문제 아래 해석에 알맞게 빈칸에 답을 적어보세요.

1. Do you spend less or more time exercising compared to the past? Why?
   예전과 비교해서 운동에 더 적은 시간을 쓰나요, 아니면 더 많은 시간을 쓰나요? 그 이유는 무엇인가요?

   ▶ _____

   because _____.

   저는 예전과 비교해서 운동에 더 적은 시간을 쓰는데 직장 때문에 바쁘기 때문입니다.

2. Do you spend less or more time watching TV compared to the past? Why?
   예전과 비교해서 TV를 더 적게 보나요, 아니면 더 많이 보나요? 그 이유는 무엇인가요?

   ▶ _____

   because _____.

   저는 예전과 비교해서 TV를 더 적게 보는데 대신 보통 유튜브를 보기 때문입니다.

3. Do you spend less or more time sleeping compared to the past? Why?
   예전과 비교해서 잠을 더 적게 자나요, 아니면 더 많이 자나요? 그 이유는 무엇인가요?

   ▶ _____

   because _____.

   저는 예전과 비교해서 잠을 더 적게 자는데 공부하느라 늦게까지 깨어 있기 때문입니다.

정답 및 해설 p.13

Question 7

비교적 간단한 답변이 가능한 5번, 6번과 달리 7번은 답변 시간이 더 긴 만큼 답변을 더 짜임새 있게 진행해야 합니다. 토익 스피킹 시험 중 가장 답변 시간이 긴 11번 문제의 축소된 형태라고 생각하면 좋습니다. 문제의 유형은 크게 선택형과 비선택형으로 나뉩니다. 아래의 답변 순서를 참고해서 답변을 구성하세요.

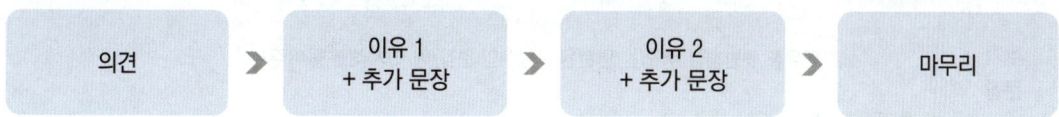

❶ 선택형

선택형 문제에서는 두 가지 혹은 세 가지 보기 중에서 하나를 선택한 뒤, 그 주장에 대한 근거를 뒷받침하는 게 중요합니다. 7번 문제의 주제는 앞서 나온 5번, 6번 문제와 동일한 주제로 나오며, 11번 문제와 비교했을 때 문제 난이도가 낮고 답변은 11번 문제 답변의 절반 길이입니다.

> When choosing a restaurant, which of the following is the most important factor to you? Why?
> • The taste of the food   • The location   • The price
>
> 식당을 고를 때, 다음 중 가장 중요한 요소는 무엇인가요? 그 이유는 무엇인가요?
> • 음식 맛   • 위치   • 가격

의견	문제를 활용해 의견을 언급하세요.
	When choosing a restaurant, the most important factor to me is the taste of the food. 식당을 고를 때, 제가 가장 중요하게 생각하는 요소는 음식의 맛입니다.

이유 1 + 추가 문장	이유 1	의견에 대한 첫 번째 이유를 설명하세요.
		First of all, taste makes the dining experience enjoyable regardless of the price or location. 첫째, 맛이 있으면 가격이나 위치와 상관없이 즐거운 식사가 됩니다.
	추가 문장	이유를 뒷받침할 수 있는 연관된 구체적인 예시나 사례를 들어주세요.
		Even if I have to pay a little more, I don't mind as long as the food is delicious. 비용을 조금 더 내더라도 음식이 맛있으면 상관없습니다.

	이유 2	의견에 대한 두 번째 이유를 설명하세요.
이유 2 + 추가 문장		Second, good food is directly related to health. 둘째, 좋은 음식은 건강과 직결됩니다.
	추가 문장	이유를 뒷받침할 수 있는 연관된 구체적인 문장/예시/사례를 들어주세요.
		If the dishes are fresh and tasty, it usually means the ingredients are high quality. 요리가 신선하고 맛있다는 것은 보통 재료의 질이 좋다는 의미입니다.
마무리		마무리는 문제를 활용한 의견 문장을 사용해 주세요.
		Therefore, I think the most important factor is the taste of the food. 따라서, 제가 가장 중요하게 생각하는 요소는 음식의 맛입니다.

❷ 비선택형

🎧 MP3 3_13

비선택형 문제는 선택형 문제와 달리 특별히 보기나 선택지 없이 자유롭게 본인의 의견을 말하는 유형입니다. 특정한 상황을 가정하거나 장단점을 물어보는 질문이 주로 나옵니다. 그리고 선택형과 마찬가지로 그 주장에 대한 뒷받침 문장들로 답변을 짜임새 있게 구성해야 합니다.

> What do you think would be some advantages of reading books regularly?
> 정기적으로 책을 읽는 것의 장점은 무엇이라고 생각하나요?

	의견	문제를 활용해 의견을 언급하세요.
		There are many advantages of reading books regularly. 정기적으로 책을 읽는 것에는 많은 장점이 있다고 생각합니다.
이유 1 + 추가 문장	이유 1	의견에 대한 첫 번째 이유를 설명하세요.
		First of all, it reduces stress and provides relaxation. 첫째, 스트레스를 줄이고 휴식을 제공합니다.
	추가 문장	이유를 뒷받침할 수 있는 연관된 구체적인 예시나 사례를 들어주세요.
		For example, when I read a book, I can escape from my daily worries and focus on the story. 예를 들어, 책을 읽을 때는 일상의 걱정을 잠시 잊고 이야기에 집중할 수 있습니다.

이유 2 + 추가 문장	이유 2	의견에 대한 두 번째 이유를 설명하세요.
		Second, reading books broadens my knowledge. 둘째, 독서는 제 식견을 넓혀줍니다.
	추가 문장	이유를 뒷받침할 수 있는 연관된 구체적인 예시나 사례를 들어주세요.
		It introduces me to new ideas, cultures, and perspectives. 새로운 아이디어, 문화, 그리고 관점을 배울 수 있습니다.
마무리		마무리는 문제를 활용한 의견 문장을 사용해 주세요.
		Therefore, there are many advantages of reading books regularly. 따라서, 정기적으로 책을 읽는 것에는 많은 장점이 있다고 생각합니다.

 클레어 쌤 올킬TIP!

장단점 문제의 경우, 의견 문장 자리에 There are many advantages/disadvantages of~ (많은 장/단점이 있습니다)를 넣어 답변을 시작합니다.

Questions 5-7 주제별 답변 전략

주제 1 일상

일상생활 관련 주제는 Questions 5-7에서 가장 많이 출제됩니다. 주로 휴가, 여행, 친구, 거주지, 청소, 학업, 직업에 관련된 문제가 나옵니다. 주로 일상생활에서 밀접하게 연관된 것들이 나오지만 한 번도 생각해 보지 못했던 주제의 문제가 나올 수도 있습니다. 따라서 최대한 다양한 주제로 답변을 연습해 보세요.

빈출 문제 예시

휴가/여행
- 얼마나 자주 휴가를 가는지, 누구와 함께 가는지
- 여름에 가는 휴가 vs. 겨울에 가는 휴가
- 해외여행 갈 때 자동차 렌트 vs. 대중교통 이용

친구
- 친구와 만나면 뭐 하는지, 얼마나 자주 만나는지?
- 어렸을 때는 친구와 뭐 했는지?
- 먼 곳에 사는 친구와 연락하는 가장 좋은 방법은 전화 통화이다. 동의/비동의?

거주지
- 어디에 사는지, 얼마나 오래 살았는지
- 동네에서 놀 때 어디에 가는지, 얼마나 자주 가는지
- 거주지를 고를 때, 가장 중요한 사항은 무엇인가요?
  – 조용함 – 가까운 대중교통 – 식당과의 거리

청소
- 집 청소는 주로 누가하고 얼마나 자주 하는지
- 친구가 집에 오기 전에 청소를 하는 이유
- 집 청소하는데 어디를 가장 중요하게 하나? 이유는?

학업
- 수업을 들을 때 스스로 공부하는 것과 다른 학생들과 공부하는 것 중 무엇을 더 선호하는지
- 낮에 숙제를 끝내는 것과 밤에 끝내는 것 중 무엇을 더 선호하는지
- 공부 습관 중에서 가장 중요한 것은 무엇인지
  – 효율적인 시간 사용
  – 깔끔하고 빈틈없는 필기
  – 유의미한 목표 만들기

직업
- 첫 직업 무엇인지, 얼마나 오래 일했는지
- 낮과 밤 중 언제 일하는 게 좋은지
- 바쁜 도시에서 일하는 게 조용한 외곽에서 일하는 것보다 좋은 점은 무엇인지

 클레어 쌤 고득점 필수 팁

5-7번의 주제는 한 가지 주제를 바탕으로 출제 됩니다. 따라서 부정적으로 답변을 해서 답변을 만들어 나갈 수 있는 방향성을 막는 것보다는, 긍정적으로 답변하는 게 더 유리합니다.

▶ 예 How often do you go on vacation, and who do you usually go with?
　　얼마나 자주 휴가를 가며, 보통 누구와 함께 가나요?
　　I don't go on vacation. 전 휴가를 가지 않습니다. (✗)

5번의 답변을 위와 같이 답하면 6-7번에 대한 답변을 하는 게 어색하게 들릴 수 있습니다. 긍정적인 방향으로 답변을 만들어 다음 문제에서 답변할 수 있습니다.

Question 5

🎧 MP3 3_14

Q How often do you go on vacation, and who do you usually go with?
얼마나 자주 휴가를 가며, 보통 누구와 함께 가나요?

A I go on vacation once or twice a year, and I usually go with my family.
저는 1년에 한두 번 휴가를 가고, 보통 가족과 함께 갑니다.

Q Who usually cleans the house, and how often do you clean your house?
집 청소는 주로 누가 하고, 얼마나 자주하나요?

A My dad usually cleans the house, and we clean our house once a week.
저희 아빠가 주로 청소를 하시고, 저희는 일주일에 한 번 집을 청소합니다.

Q Where do you live, and how long have you lived there?
어디에 살고 있고, 얼마나 오래 살았나요?

A I live in Chicago, and I have lived there for about five years.
저는 시카고에 살고 있고, 약 5년 정도 살고 있습니다.

Question 6

🎧 MP3 3_15

Q Would you rather go on a vacation in the summer or in the winter? Why?
여름에 휴가를 가는 것을 더 선호하나요, 아니면 겨울에 휴가를 가는 것을 더 선호하나요? 그 이유는 무엇인가요?

A I would rather go on a vacation during the summer because I can enjoy outdoor activities like swimming.
저는 여름에 휴가를 가는 것을 더 선호합니다. 왜냐하면 수영 같은 야외 활동을 즐길 수 있기 때문입니다.

Q Why do you clean your house before your friends come over?
친구가 집에 오기 전에 왜 청소를 하나요?

A I clean my house before my friends come over because I want it to look neat and tidy.
친구가 오기 전에 집이 깔끔해 보이게 하고 싶어서 청소를 합니다.

Question 7

❶ 선택형

🎧 MP3 3_16

- 선택형 문제로, 두 가지 옵션 중 내가 학습한 템플릿을 활용하기 좋은 옵션으로 선택해 답변하세요. 사실대로 대답할 필요 없이, 답변을 만들기 쉬운 쪽으로 선택하세요.

> 🔊 **If you travel to another country, would you rent a car there or just use public transportation? Why?**
> 만약 다른 나라로 여행을 간다면, 그곳에서 차를 빌리시겠습니까, 아니면 대중교통을 이용하시겠습니까? 그 이유는 무엇인가요?

의견		If I travel to another country, I would use public transportation. 다른 나라를 여행한다면 저는 대중교통을 이용하겠습니다.
이유 1 + 추가 문장	이유 1	**First**, public transportation is usually more affordable. 첫째, 대중교통은 보통 더 저렴합니다.
	추가 문장	I don't have to worry about expensive rental fees. 비싼 렌터카 요금을 걱정할 필요가 없습니다.
이유 2 + 추가 문장	이유 2	**Second**, public transportation allows me to experience the local culture more closely. 둘째, 대중교통을 이용하면 현지 문화를 더 가까이 경험할 수 있습니다.
	추가 문장	**For example**, I can meet local people on buses and learn about their daily lives. 예를 들어, 버스에서 현지 사람들을 만나고 그들의 일상에 대해 배울 수 있습니다.
마무리		**Therefore**, I would use public transportation. 따라서, 저는 대중교통을 이용하겠습니다.

응용 가능한 답변 패턴

❷ 비선택형   🎧 MP3 3_17

> 🔊 If there is a lecture about organizing your room, would you listen to the lecture? Why or why not?
> 방 정리에 관한 강의가 있다면, 그 강의를 들을 건가요? 그 이유는 무엇인가요?

의견		If there is a lecture about organizing my room, I would listen to the lecture. 방 정리에 대한 강의가 있다면, 저는 그 강의를 들을 것입니다.
이유 1 + 추가 문장	이유 1	First, it can help me make my life more efficient. 첫째, 생활을 더 효율적으로 만드는 것을 도울 수 있습니다.
	추가 문장	For example, when my room is clean, I can find things easily and save time. 예를 들어, 방이 깨끗하면 물건을 쉽게 찾을 수 있고 시간을 절약할 수 있습니다.
이유 2 + 추가 문장	이유 2	Second, cleaning helps me relax and focus better. 둘째, 청소는 마음을 편안하게 하고 더 잘 집중하도록 돕습니다.
	추가 문장	When my space is organized, I feel calm and motivated to work. 공간이 정리되어 있으면 마음이 차분해지고 일할 동기부여가 생깁니다.
마무리		Therefore, I would listen to the lecture. 따라서, 저는 그 강의를 들을 것입니다.

응용 가능한 답변 패턴

 클레어 쌤 올킬TIP!

▶ 5-7번 준비 시간은 3초로 준비 시간 내에 무언가를 메모하는 것은 불가능합니다. 평소 연습할 때 메모에 의존해서는 안 됩니다. 메모를 하다가 자칫 답변 시간의 앞부분을 놓쳐 급하게 답변을 시작하게 되어 당황할 수 있습니다.

▶ 평소 학습할 때, 답변 템플릿과 마찬가지로 각 주제별 선호도와 의견을 미리 연습하면서 정해두면 좋습니다.

연습문제

앞서 학습한 답변 전략을 응용해 답변해 보세요. 우리말 해석을 참고해 빈칸을 채워보며 자신만의 답변을 완성시켜 보세요.

> Imagine that you are talking on the telephone with a new neighbor who likes to travel. You are talking about short trips to nearby places.
> 여행을 좋아하는 새로운 이웃과 전화 통화 중이라고 가정해 보세요. 당신은 근처로 단기 여행을 가는 것에 대한 이야기를 나누고 있습니다.

Question 5

🔊 How often do you usually take short trips, and who do you usually travel with?
보통 얼마나 자주 단기 여행을 하시나요, 그리고 주로 누구와 함께 여행을 가시나요?

🎤 I usually _____, and _____.
저는 보통 한 달에 한 번 단기 여행을 가고, 주로 가족과 함께 여행합니다.

Question 6

🔊 What is your favorite place in the area to take a short trip, and how far away is it?
단기 여행을 가기 위해 이 지역에서 가장 좋아하는 장소는 어디인가요, 그리고 얼마나 떨어져 있나요?

🎤 My favorite place is _____, and it is about _____.
제가 가장 좋아하는 곳은 해변 공원이고, 차로 약 40분 정도 걸립니다.

클레어 쌤 올킬TIP!

It is 시간 away (by 교통수단) / It takes 시간 (by 교통수단)

▶ 예 How far away is it? 얼마나 멀리 있나요?
   It is 20 minutes away by bus. 버스로 20분 거리입니다.
   = It takes 20 minutes by bus. 버스로 20분 걸립니다.

두 문장 모두 같은 의미이지만 버스로 20분 거리라는 의미와 버스로 20분 걸린다는 미세한 의미 차이가 있습니다.

Question 7

🔊 Do you prefer to visit natural sites like parks, or cultural sites like museums? Why?
공원 같은 자연 명소를 방문하는 것을 선호하시나요, 아니면 박물관 같은 문화 명소를 선호하시나요? 그 이유는 무엇인가요?

의견		I _____ natural sites like parks. 저는 공원 같은 자연 명소를 방문하는 것을 선호합니다.
이유 1 + 추가 문장	이유 1	_____, natural sites _____. 첫째, 자연 명소는 저를 편안하게 해주고 스트레스를 줄여줍니다.
	추가 문장	When I _____, I can _____ _____. 자연에서 걸으면 머리가 맑아지고 기분이 상쾌해집니다.
이유 2 + 추가 문장	이유 2	_____, parks are great places for _____ _____. 둘째, 공원은 조깅이나 자전거 타기 같은 신체 활동을 하기에 좋은 장소입니다.
	추가 문장	These activities _____. 이런 활동들은 제 건강을 지켜줍니다.
마무리		Therefore, _____. 따라서, 저는 공원 같은 자연 명소를 방문하는 것을 선호합니다.

주제 2 취미/여가

취미/여가 주제 또한 자주 출제되는 주제입니다. 취미와 관련된 장소나 활동 그리고 여가시간에 관련된 장소, 비용, 사람 등에 관한 문제가 출제됩니다. 일상과 마찬가지로 우리와 밀접한 관련이 있는 주제들로, 비교적 템플릿 적용이나 개인 의견 등을 추가하기 수월한 주제입니다. 아래 문제를 보고 어떻게 답변할지 구상해 보세요.

빈출 문제 예시

공원
- 보통 공원에 언제 가고, 누구와 함께 가는지
- 공원에 언제 가는 게 좋은지
- 공원에 스포츠 시설이 있는 걸 선호하는지

여행
- 마지막으로 해외여행을 언제 갔고, 어디로 갔는지
- 여행 관련 조언을 누구에게 받을지 친구 vs.가이드
- 처음으로 가는 도시를 여행하면, 어떤 것을 가장 먼저 알아볼 것인지?
  - 버스 및 기차 이용
  - 최고의 현지 식당
  - 방문해야 할 주요 문화 유적지

게임
- 스마트폰으로 게임하는 것을 좋아하는지, 어떤 게임을 했는지
- 스마트폰으로 게임을 한다면 소리를 켜고 할 것인지 끄고 할 것인지
- 스마트폰으로 게임을 한다면 가장 중요한 요소는 무엇인지
  - 게임을 배우는 것이 얼마나 간단한지
  - 그래픽이 얼마나 좋은지
  - 게임을 하는 데 걸린 시간

운동
- 일주일에 몇 번 운동하는지, 이유는 무엇인지
- 좋아하는 운동은 무엇이며 이유는 무엇인지
- 운동을 배울 때 선호하는 방법은 무엇인지
  - 직접 가서 트레이닝센터에서 교육받기
  - 온라인으로 배우기
  - 친구한테 배우기

축제
- 최근에 언제 축제에 참여했고, 무슨 축제였는지
- 축제에서 예술 작품을 구매한 적이 있는지
- 동네에서 축제 했을 때의 장점은 무엇인지

식물
- 마지막으로 식물을 산 것은 언제이고, 어떤 종류인지
- 주변에서 식물을 구입할 수 있는 최고의 장소는 어디이고, 방문해 본 적이 있는지
- 식물을 내부와 외부 중 어디에서 키우는 것을 좋아하는지

 클레어 쌤 고득점 필수 팁

7번 문제와 같이 좋은 활동을 3가지 보기로 주고 고르라고 할 것 같지만, 위와 같은 문제도 나옵니다. 답변에 특정 활동을 넣어서 답변해야 하기 때문에 11번 문제를 위해 학습해 둔 직장 관련 템플릿을 응용하셔도 좋습니다.

- **People can create close bonds.** 사람들은 가까운 유대를 형성할 수 있습니다.
- **It lightens up the mood.** 분위기를 밝게 만듭니다.
- **It creates a positive working environment.** 긍정적인 근무 환경을 만듭니다.

Question 5

Q How often do you have social gatherings with your colleagues and for how long do you have these gatherings?
동료들과 얼마나 자주 모임을 하고, 이런 모임은 보통 얼마나 오래 지속되나요?

A I have social gatherings with my colleagues once a month, and I have these gatherings for about three hours.
저는 동료들과 모임을 한 달에 한 번 하고, 약 세 시간 정도 모임을 가집니다.

Q When do you usually go to the park, and who do you go with?
보통 공원에 언제 가고, 누구와 함께 가나요?

A I usually go to the park on weekends with my friends.
저는 보통 주말에 친구들과 함께 공원에 갑니다.

Q How many times a week do you exercise, and why?
일주일에 몇 번 운동을 하며, 그 이유는 무엇인가요?

A I exercise about three times a week because I want to stay healthy.
저는 건강을 유지하기 위해 일주일에 세 번 정도 운동을 합니다.

Question 6

Q When was the last social gathering you participated in, and where did it take place?
마지막으로 참여한 모임은 언제였고, 어디에서 열렸나요?

A The last social gathering I participated in was two weeks ago, and it took place at a restaurant near my office.
제가 마지막으로 참여한 모임은 2주 전이었고, 제 사무실 근처의 한 식당에서 진행했습니다.

Q When is the best time to go to the park, and why?
공원에 언제 가는 게 가장 좋고, 그 이유는 무엇인가요?

A The best time to go to the park is in the morning because it is cool and quiet.
저는 아침이 가장 좋다고 생각해요. 시원하고 조용하거든요.

Q What is your favorite sport, and why?
가장 좋아하는 운동은 무엇이고, 그 이유는 무엇인가요?

A My favorite sport is badminton because it is fun and easy to play.
제가 가장 좋아하는 운동은 배드민턴이에요. 재미있고 하기 쉽기 때문이에요.

클레어 쌤 올킬TIP!

장소를 물어볼 때, 상호명을 말하기 어렵다면 상호명을 국가명으로 대체해서 답변하는 것도 좋습니다.

▸ The last social gathering was 2 weeks ago, and it took place at a Korean restaurant.
마지막 모임은 2주 전이었고, 한식당에서 진행했습니다.

Question 7

❶ 선택형

🔊 When learning hobbies, which of the following would you learn? Why?
  • How to modify clothes   • How to organize clothes   • How to design clothes

취미를 배운다면 다음 중 어떤 것을 배우고 싶나요? 그 이유는 무엇인가요?
  • 옷을 새롭게 바꾸는 방법   • 옷을 정리하는 방법   • 옷을 디자인하는 방법

의견		When learning hobbies, I would like to learn how to modify clothes. 취미를 배운다면 저는 옷을 새롭게 바꾸는 방법을 배우고 싶습니다.
이유 1 + 추가 문장	이유 1	First, it makes me more creative. 첫째, 옷을 새롭게 바꾸는 것은 제가 더 창의적이도록 만듭니다.
	추가 문장	I can turn old clothes into something new and fashionable. 오래된 옷을 새롭고 멋진 옷으로 바꿀 수 있습니다.
이유 2 + 추가 문장	이유 2	Second, it's eco-friendly. 둘째, 환경 친화적입니다.
	추가 문장	I can reuse clothes in a creative way. And this is better for the planet. 저는 창의적인 방법으로 옷을 다시 사용할 수 있습니다. 이것은 지구를 위해서도 더 좋습니다.
마무리		Therefore, I would choose to learn how to modify clothes. 따라서, 저는 옷을 새롭게 바꾸는 방법을 배우고 싶습니다.

응용 가능한 답변 패턴

❷ 비선택형

🎧 MP3 3_22

- 본인이 평소에 답변에 많이 인용하는 답변 패턴/예시를 활용해 보세요.
- 직장에서의 모임과 관련된 질문이니, 직장 템플릿을 응용해 보세요.

What would be the best activity to do when you have gatherings later on? Why?
앞으로 모임을 가질 때 가장 좋은 활동은 무엇이라고 생각하나요? 그 이유는 무엇인가요?

의견		The best activity to do when I have gatherings later on is a group dinner. 앞으로 모임을 가질 때 가장 좋은 활동은 단체 저녁 식사라고 생각합니다.
이유 1 + 추가 문장	이유 1	**First**, a dinner allows everyone to talk comfortably. 첫째, 저녁 식사는 모두가 편안하게 대화를 나눌 수 있도록 해줍니다.
	추가 문장	**For example**, during dinner, colleagues can share personal stories. 예를 들어, 저녁 식사 시간에 동료들은 개인적인 이야기를 나눌 수 있습니다.
이유 2 + 추가 문장	이유 2	**Second**, a group dinner doesn't take much preparation. 둘째, 단체 저녁 식사는 많은 준비가 필요하지 않습니다.
	추가 문장	If the plan is simple, more people will be willing to join. 계획이 단순하면 더 많은 사람들이 참여하려고 할 것입니다.
마무리		**Therefore**, the best activity to do when I have gatherings later on is a group dinner. 따라서, 앞으로 모임을 가질 때 가장 좋은 활동은 단체 저녁 식사라고 생각합니다.

응용 가능한 답변 패턴

클레어 쌤 올킬TIP!

위와 같이 group dinner라는 단체 모임에 관한 문제가 나왔을 때, 직장 동료들과의 모임에 관해 답변한다면, 아래 답변 패턴을 활용할 수 있습니다.

▶ 📢 First, a dinner allows everyone to talk comfortably.
For example, during dinner, colleagues can share a personal stories **and build teamwork**.
첫째, 저녁 식사는 모두가 편안하게 대화를 나눌 수 있도록 해줍니다. 예를 들어, 저녁 식사 시간에 동료들은 개인적인 이야기를 나눌 수 있고 팀워크를 다질 수 있습니다.

연습문제

앞서 학습한 답변 전략을 응용해 답변해 보세요. 우리말 해석을 참고해 빈칸을 채워보며 자신만의 답변을 완성시켜 보세요.

> Imagine that a British company is doing research for an article. They want to collect information about free time.
> 영국의 한 회사가 기사를 위해 조사를 하고 있다고 상상해 보세요. 그들은 여가 시간에 대한 정보를 수집하려고 합니다.

Question 5

🔊 **When do you usually have free time? What do you do?**
보통 언제 여가 시간이 있나요? 무엇을 하나요?

🎤 I usually _____, and _____
_____.
저는 보통 저녁에 여가 시간이 있고, 영화를 보거나 책을 읽으며 보냅니다.

Question 6

🔊 **Where do you go to relieve stress in your free time? Why?**
여가 시간에 스트레스를 풀기 위해 어디에 가나요? 그 이유는 무엇인가요?

🎤 I usually _____ because _____
_____.
저는 보통 스트레스를 풀기 위해 공원에 갑니다. 자연 속을 걷는 것이 저를 차분하고 상쾌하게 만들어주기 때문입니다.

Question 7

🔊 What do you recommend doing when people get stressed out at school or workplace? Why?
사람들이 학교나 직장에서 스트레스를 받을 때 무엇을 하라고 추천하겠습니까? 그 이유는 무엇인가요?

의견		I recommend doing light exercises _____ _____. 저는 사람들이 직장에서 스트레스를 받을 때 가벼운 운동을 하라고 추천합니다.
이유 1 + 추가 문장	이유 1	First, exercise _____. 첫째, 운동은 몸의 에너지를 발산하게 합니다.
	추가 문장	For example, after_____ _____. 예를 들어, 잠깐 걷기만 해도 사람들은 보통 더 편안합니다.
이유 2 + 추가 문장	이유 2	Second, light exercise is _____. 둘째, 가벼운 운동은 어디서든 쉽게 할 수 있습니다.
	추가 문장	This makes _____ _____. 이것은 스트레스를 관리하는 간단하면서도 효과적인 방법이 됩니다.
마무리		Therefore, _____ _____. 따라서, 저는 사람들이 스트레스를 받을 때 가벼운 운동을 하라고 추천합니다.

주제 3 쇼핑

일상 주제와 비슷하게 쇼핑 주제가 있습니다. 물건을 사고, 사서 선물하고 하는 등의 내용을 바탕으로 합니다. 사실대로 답변할 필요 없이, 최대한 내가 학습한 문장과 표현을 바탕으로 답변을 구성해 보세요.

빈출 문제 예시

사탕
- 가장 좋아하는 사탕 종류는 무엇이고, 얼마나 자주 먹는지
- 사탕을 어디서 구매하는지
- 과거보다 사탕 많이 먹는지 적게 먹는지

가구
- 마지막으로 가구점에 간 것이 언제인지
- 가구를 고를 때 친구나 가족의 도움을 받는 편인지
- 집에 가구 한 점을 구매한다면, 어떤 것을 고를 것인지

옷
- 마지막으로 새 옷을 산 것은 언제이고, 누구와 함께 갔는지
- 3개월 이내에 새로운 옷을 구매할 계획이 있는지
- 당신의 옷 중, 어느 것을 가장 좋아하는지

빵
- 식사 후에 디저트를 먹는 것을 좋아하는지
- 현재 거주지가 새로운 빵집을 하기에 좋은 위치인지
- 당신이 집에서 손님들에게 디저트를 대접한다고 했을 때, 디저트 직접 만들기 또는 빵집에서 구매하기 중 무엇을 선호하는지? 이유는?

간식
- 간식을 얼마나 자주 사고, 보통 어디에서 사는지
- 언제 주로 간식을 먹는지 이른 오후 vs. 늦은 저녁
- 간식을 고를 때, 어떤 요소가 중요한지
  - 편의성 - 맛 - 영양소

장난감
- 어린이를 위해서 마지막으로 장난감을 구입한 것이 언제이고, 누구를 줬는지
- 어린이들을 위해 장난감 구경하는 것을 좋아하는지
- 어린이 장난감은 어디에 목적을 둬야 한다고 생각하는지? 학습 vs. 재미

 클레어 쌤 고득점 필수 팁

5번과 같이 '무엇을 주로 사나요?'와 같은 평이한 질문이 나왔을 때 답변을 어렵게 구성하지 않아도 됩니다. 점수 배점이 높지 않은 문제로, 가볍고 간단하게, 문법 오류만 없도록 주의해서 답변하면 됩니다.

위 7번 질문과 같이, 답변에 가장 많이 사용되는 가격 관련 답변을 할 수 없는 질문들도 나옵니다. 따라서 여러 종류의 답변 방향을 학습해 두는 것이 좋습니다.
예) design, comfort, weight 등

Question 5

🎧 MP3 3_24

Q What time of day do you usually go shopping and what do you usually buy?
하루 중 보통 언제 쇼핑을 하고, 무엇을 주로 사나요?

A I usually go shopping in the afternoon, and I usually buy clothes and shoes.
저는 보통 오후에 쇼핑을 하고, 주로 옷과 신발을 삽니다.

Q What kind of candy do you like the most, and how often do you eat it?
가장 좋아하는 사탕 종류는 무엇이고, 얼마나 자주 먹나요?

A I like strawberry candy the most, and I eat it once or twice a week.
저는 딸기맛 사탕을 가장 좋아하고, 일주일에 한두 번 먹습니다.

Q When was the last time you went to a furniture store, and what did you buy?
마지막으로 가구점에 간 것은 언제이고, 무엇을 구매했나요?

A The last time I went to a furniture store was last month and I bought a new chair.
마지막으로 가구점에 간 것은 지난달이고, 새 의자를 구매했습니다.

Question 6

🎧 MP3 3_25

Q Do you plan to buy a new pair of shoes in the next six months? Why or why not?
앞으로 6개월 이내에 새 신발을 구매할 계획이 있나요? 그 이유는 무엇인가요?

A Yes, I plan to buy a new pair of shoes in the next six months because my current ones are getting old and uncomfortable.
네, 현재 신발이 낡고 불편해지고 있어서 6개월 안에 새 신발을 구매할 계획입니다.

Q Where do you usually buy candy?
사탕은 보통 어디에서 사나요?

A I usually buy candy at a nearby convenience store.
저는 보통 근처 편의점에서 사탕을 삽니다.

Q Do you usually get help from your friends or family when choosing furniture?
가구를 고를 때 친구나 가족의 도움을 받는 편인가요?

A Yes, I usually get help from my family when I choose furniture.
네, 저는 가구를 고를 때 보통 가족의 조언을 듣습니다.

Question 7

❶ 선택형

 MP3 3_26

 Do you prefer shopping alone or shopping with friends? Why?
혼자 쇼핑하는 것과 친구들과 함께 쇼핑하는 것 중 무엇을 더 선호하나요? 그 이유는 무엇인가요?

의견		I prefer shopping alone. 저는 혼자 쇼핑하는 것을 선호합니다.
이유 1 + 추가 문장	이유 1	First, I can take my time and focus. 첫째, 시간을 여유롭게 쓰고 집중할 수 있습니다.
	추가 문장	When I go shopping with friends, I often get distracted. 친구들과 함께 쇼핑하면 자주 산만해집니다.
이유 2 + 추가 문장	이유 2	Second, it feels more relaxing. 둘째, 혼자 쇼핑하면 훨씬 더 편안합니다.
	추가 문장	It's because I can listen to music and walk at my own pace. 음악을 들으면서 제 속도에 맞게 걸을 수 있기 때문입니다.
마무리		Therefore, I prefer shopping alone. 따라서, 저는 혼자 쇼핑하는 것을 선호합니다.

응용 가능한 답변 패턴

❷ 비선택형

- 가장 많이 고려하는 요소와 관련된 문제입니다. 하지만 가장 답변에 많이 활용되는 가격을 제외하고 말해야 합니다. 가격 관련 답변을 주력으로 해서 준비했더라도 당황하지 말고 다른 답변 방향을 활용해 보세요.

> Besides price, what do you consider the most when buying a new pair of shoes? Why?
> 가격 외에 새 신발을 살 때 가장 중요하게 고려하는 것은 무엇인가요? 그 이유는 무엇인가요?

의견		I consider comfort the most when buying new shoes. 저는 새 신발을 살 때 편안함을 가장 중요하게 생각합니다.
이유 1 + 추가 문장	이유 1	First, comfortable shoes help me walk or stand for a long time without pain. 첫째, 편안한 신발은 오래 걷거나 서 있어도 발이 아프지 않게 도와줍니다.
	추가 문장	For example, when I go shopping or travel, I need shoes that don't hurt my feet. 예를 들어, 쇼핑을 하거나 여행을 갈 때 발이 아프지 않은 신발이 필요합니다.
이유 2 + 추가 문장	이유 2	Second, comfortable shoes also help me focus better on my daily activities. 둘째, 편안한 신발은 일상 활동에 더 잘 집중할 수 있도록 도와줍니다.
	추가 문장	If my shoes are uncomfortable, I get distracted and tired easily. 신발이 불편하면 쉽게 피곤해지고 집중하기 어렵습니다.
마무리		Therefore, I consider comfort the most when buying new shoes. 따라서, 저는 새 신발을 살 때 편안함을 가장 중요하게 생각합니다.

응용 가능한 답변 패턴

연습문제

앞서 학습한 답변 전략을 응용해 답변해 보세요. 우리말 해석을 참고해 빈칸을 채워보며 자신만의 답변을 완성시켜 보세요.

> Imagine that a marketing firm is doing research in your country. You are participating in an interview about online shopping.
> 마케팅 회사가 당신의 나라에서 조사를 하고 있다고 상상해 보세요. 당신은 온라인 쇼핑에 관한 인터뷰에 참여하고 있습니다.

Question 5

🔊 How often do you shop online and when do you shop online?
얼마나 자주 온라인 쇼핑을 하고 언제 쇼핑을 하나요?

🎤 _____, and _____
_____.
저는 한 달에 한두 번 온라인 쇼핑을 하고 주로 퇴근 후 저녁 시간에 온라인 쇼핑을 합니다.

Question 6

🔊 What do you usually buy online and what would you never buy online?
온라인에서 보통 무엇을 사고 절대 사지 않는 것은 무엇인가요?

🎤 _____. And _____
_____.
저는 보통 온라인에서 옷을 삽니다. 그리고 온라인에서 신선 식품은 절대 사지 않습니다.

클레어 쌤 올킬TIP!

위 6번 답변처럼, 두 가지 질문에 모두 답을 했는데도 답변이 조금 짧다고 느껴진다면 선택에 따라 추가 문장을 넣어줘도 괜찮습니다.

▶ I can't risk the fresh food going bad.
신선한 음식이 상하는 위험을 감수할 수가 없어.

Question 7

🔊 **What are some advantages of online shopping?**
온라인 쇼핑의 장점은 무엇인가요?

의견		There are _____. 온라인 쇼핑에는 많은 장점이 있습니다.
이유 1 + 추가 문장	이유 1	First, _____. 첫째, 온라인 쇼핑은 편리합니다.
	추가 문장	For example, _____. 예를 들어, 늦은 밤에 물건을 살 수 있습니다.
이유 2 + 추가 문장	이유 2	Second, _____. 둘째, 온라인에는 다양한 상품이 있습니다.
	추가 문장	This gives me _____ _____. 이건 저에게 더 많은 선택지와 더 나은 가격을 제공합니다.
마무리		Therefore, these are _____. 따라서, 이것들이 온라인 쇼핑의 장점입니다.

정답 및 해설 p.18

Questions
8-10

Respond to Questions Using Information Provided
제공된 정보를 사용하여 질문에 답하기

Q8-10 한눈에 보기

문제 유형	준비 시간	답변 시간	평가 항목	배점
Respond to questions using information provided 제공된 정보를 사용하여 질문에 답하기	정보 확인: 45초 준비 시간: 각 3초	8번,9번: 15초 10번: 30초	발음, 억양, 강세, 문법, 어휘, 일관성, 내용의 관련성, 내용의 완성도	0-3

최신 출제 경향

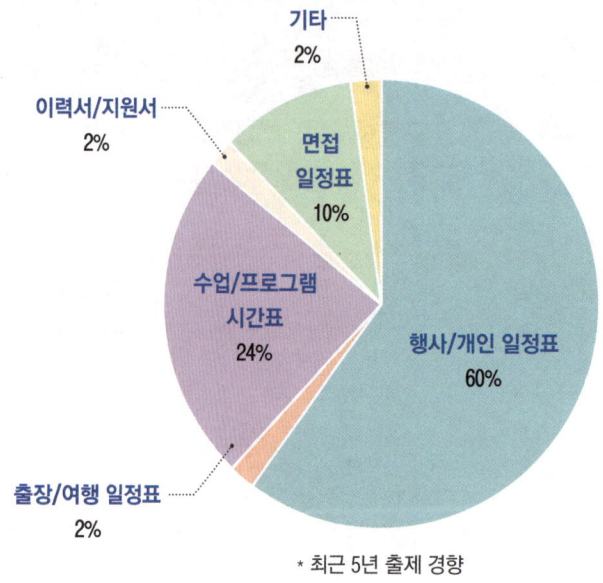

* 최근 5년 출제 경향

 클레어 쌤 고득점 필수 팁

▶ **준비 시간을 효과적으로 활용하세요!**
표를 미리 보며 어떤 문제가 나올지 준비하는 Q8-10의 경우, 시험장이 매우 조용할겁니다. 그럼에도 주눅들지 않고 작은 목소리를 소리 내어 연습하고 준비하는 것을 적극 추천합니다.

▶ **메모를 최소화하자!**
Q11을 제외하고는 답변 시간 대비 준비 시간이 많이 촉박합니다. 준비 시간에 메모를 최소화하면서 준비하는 습관을 들이는 것이 효과적입니다.

시험 진행 순서

1. 안내문

8-10번 문제 진행 방식을 설명하는 안내문을 보여주고, 이를 음성으로 들려줍니다.

TOEIC Speaking

Questions 8-10: Respond to questions using information provided

Directions: In this part of the test, you will answer three questions based on the information provided. You will have 45 seconds to read the information before the questions begin. You will have three seconds to prepare and 15 seconds to respond to Questions 8 and 9. You will hear Question 10 two times. You will have three seconds to prepare and 30 seconds to respond to Question 10.

2. 표 읽기

화면에 표가 표시되며, 표를 읽는 데 45초가 주어집니다.

TIP 표는 화면에 계속 표기됩니다.

TOEIC Speaking

Oakwood Co. Executive Board Schedule (Mar-Apr 2025)
Executive Meeting Room (Building A – Huston St.)

Dates	Time	Topic
Mar. 7	9:00 a.m.	Amending Corporate Objectives for 2025
Mar. 9	9:45 a.m.	Budget Overview (Jan. 2025 – Mar. 2025)
Mar. 17	8:30 a.m.	Comprehensive Review: Assets & Status
Mar. 2 → Mar. 31	5:30 p.m.	Induction Program for New Members
Apr. 8	8:30 a.m.	International Trade Operations Update
Apr. 14	7:45 p.m.	Election of New Board Representatives

* Participants in the election process must arrive 60 minutes before the scheduled hour.
* Registration fee : $150 (for new members only)

PREPARATION TIME 00:00:45

3. 나레이션 및 문제

- 상황을 설명하는 내레이션이 끝나면 8번 문제를 한 번 들려줍니다. 그 후 3초의 준비 시간과 15초의 답변 시간이 주어집니다.
- 9번 문제를 한 번 들려준 뒤, 3초의 준비 시간과 15초의 답변 시간이 주어집니다.
- 10번 문제를 두 번 들려준 뒤, 3초의 준비 시간과 30초의 답변 시간이 주어집니다.

TOEIC Speaking — **Question 8 of 11**

Oakwood Co. Executive Board Schedule (Mar-Apr 2025)
Executive Meeting Room (Building A – Huston St.)

Dates	Time	Topic
Mar. 7	9:00 a.m.	Amending Corporate Objectives for 2025
Mar. 9	9:45 a.m.	Budget Overview (Jan. 2025 – Mar. 2025)
Mar. 17	8:30 a.m.	Comprehensive Review: Assets & Status
Mar. 2 → Mar. 31	5:30 p.m.	Induction Program for New Members
Apr. 8	8:30 a.m.	International Trade Operations Update
Apr. 14	7:45 p.m.	Election of New Board Representatives

* Participants in the election process must arrive 60 minutes before the scheduled hour.
* Registration fee : $150 (for new members only)

PREPARATION TIME 00:00:03   **RESPONSE TIME 00:00:15**

Questions 8-10 필수 이론

Questions 8-10의 표 유형에는 행사/개인 일정표, 출장/여행 일정표, 수업/프로그램 시간표, 면접 일정표 등이 있습니다. 준비 시간 45초 동안 표의 어떤 부분을 중점으로 봐야 하는지를 살펴봅시다.

Oakwood Co. Executive Board Schedule (Mar-Apr 2025)
Executive Meeting Room (Building A – Huston St.)

Dates	Time	Topic
Mar. 7	9:00 a.m.	Amending Corporate Objectives for 2025
Mar. 9	9:45 a.m.	Budget Overview (Jan. 2025 – Mar. 2025)
Mar. 17	8:30 a.m.	Comprehensive Review: Assets & Status
Mar. 2 → Mar. 31	5:30 p.m.	Induction Program for New Members
Apr. 8	8:30 a.m.	International Trade Operations Update
Apr. 14	7:45 p.m.	Election of New Board Representatives

*Participants in the election process must arrive 60 minutes before the scheduled hour.
*Registration fee: $150 (for new members only)

❶ 제목/장소/날짜
❷ 일정/시간/주제 등 주요항목
❸ 기타 정보/특이 사항

❶ 제목/장소/날짜
주로 회사명, 행사명 등이 나오며 장소나 날짜, 시간 등이 나오는 경우도 있습니다. 8번에서 자주 다루는 내용들이니 꼭 준비 시간 45초 동안에 소리 내어 읽어보세요.

❷ 일정/시간/주제 등 주요항목
주요항목은 칼럼 2-3개로 나뉘어져 있는 경우가 대부분이지만 때론 내용이 더 빽빽하게 나오는 경우도 있습니다. 반드시 준비 시간 내에 모든 내용을 숙지해 주세요.
주요 항목 중 취소되거나 미뤄진 일정에 줄이 그어져 있는 경우가 있습니다. 9번이나 10번 문제로 출제될 확률이 높습니다. 미뤄진 일정의 경우, 언제로 미뤄졌는지 그 날짜가 적혀 있는 경우도 있습니다. 변경된 날짜도 유의해서 봐야 합니다.

❸ 기타 정보/특이 사항
주로 관련 내용을 활용해 변경된 시간이나 일정에 관해 물어봅니다. 준비 시간에 미리 내용을 숙지해서 질문이 나왔을 때 당황하지 않도록 합니다.
준비 시간 45초 동안 취소된 일정, 미뤄진 일정, 점심 제공 여부, 입장료 정보 등 특이 사항들을 보며 답변에 사용할 동사와 올바른 전치사를 유의해서 연습합니다.

답변 만들기

Question 8

- 8번 문제에서는 주로 개최 날짜, 장소, 시간 등을 물어봅니다.
- 파란 글씨로 표시된 답변 패턴을 활용해 준비 시간을 단축시켜 보세요.
- 특히 전치사와 동사를 유심히 보며 학습해 보세요.

❶ 날짜를 물어볼 때

Q 언제 개최될 예정인가요?

Oakwood Co. Executive Board Schedule (Mar-Apr 2025)

A It will be held in/on 날짜 / It will take place in/on 날짜

It will be held in March and April, 2025.
2025년 3월과 4월에 개최될 예정입니다.

It will take place in March and April, 2025.
2025년 3월과 4월에 개최될 예정입니다.

TIP 날짜가 나오는 경우, 서수를 주의해야 합니다.

범위	서수	
1~3	first, second, third	예 1st, 2nd, 3rd
4~10	-th 접미사 추가	예 fourth, fifth, sixth
11~20	-th 또는 teen + -th	예 eleventh, twelfth
21 이상	일의 자리 숫자 규칙 적용	예 thirty-first, twenty-second

❷ 장소를 물어볼 때

Q 어디에서 개최될 예정인가요?

> **Oakwood Co. Executive Board Schedule (Mar-Apr 2025)**
> Executive Meeting Room (Building A – Huston St.)

A It will be held at / in 장소

It will be held in executive meeting room.
임원 회의실에서 개최될 예정입니다.

❸ 비용을 물어볼 때

Q 참가비는 얼마인가요?

> *Registration fee: $150 (for new members only)

A It is 가격 / It costs 가격

It's 150 dollars. (for new members only)
(신입 회원들만) 150달러입니다.

It costs 150 dollars. (for new members only)
(신입 회원들만) 150달러입니다.

TIP $(달러) 표기를 읽을 땐 숫자 뒤에 dollar/dollars로 읽으면 됩니다.
▸ It's $150. = It's one hundred and fifty dollars. 150달러입니다.

Question 9　　🎧 MP3 4_2

> - 9번 문제에서는 주로 취소되었거나 변경된 일정 혹은 기타 정보를 물어봅니다.
> - 출장/여행 일정표의 경우, 특정시간을 언급하며 따로 개인일정을 수행해도 되냐는 질문이 나오는 경우도 있습니다.
> - 파란 글씨로 표시된 답변 패턴을 활용해 준비 시간을 단축시켜 보세요.

❶ 변경된 정보를 물어볼 때

Q 3월 2일에 예정되어 있나요?

Mar. 2 → Mar. 31	5:30 p.m.	Induction Program for New Members

A I'm afraid you might be mistaken. It has changed from 변경 전 정보 to 변경 후 정보.

I'm afraid you might be mistaken. It has changed from March 2nd to March 31st.
죄송합니다만, 잘못 알고 계신 것 같습니다. 3월 2일에서 3월 31일로 변경되었습니다.

❷ 취소된 정보를 물어볼 때

Q (취소된 정보)는 오후 6시에 예정되어 있나요?

Apr. 8	8:30 a.m.	~~International Trade Operations Update~~ Canceled

A I'm afraid you might be mistaken. 취소된 정보 has been canceled

I'm afraid you might be mistaken. "International Trade Operations Update" has been canceled.
죄송합니다만, 잘못 알고 계신 것 같습니다. "국제 무역 운영 최신 동향"이 취소되었습니다.

❸ 기타 정보를 물어볼 때

Q 저는 선거 참여자입니다. 예정된 시간에 맞춰서 도착하면 되나요?

> *Participants in the election process must arrive 60 minutes before the scheduled hour.

A I'm afraid 기타 정보.

I'm afraid you might be mistaken. You must arrive 60 minutes before the scheduled hour.
죄송합니다만, 잘못 알고 계신 것 같습니다. 예정된 시간보다 60분 전에 도착하셔야 합니다.

> **TIP** 일반적으로 표에서 특이 사항은 여러 개가 나오지 않습니다. 예를 들어, 위와 같이 스케줄 취소 내용이 표에 있는 경우, 스케줄이 미뤄졌다는 내용이 동시에 나오지 않습니다.

Question 10

- 10번 문제에서는 주로 특정 주제와 관련된 것에 대한 내용을 물어봅니다.
- 주로 표에서 2~3개 요소의 특징을 설명해야 하는 문제가 출제됩니다.
- 답변 만들기 연습을 통해 자주 나오는 질문 유형에 알맞은 답변을 만들어 보고, 파란 글씨로 표시된 내용을 숙지해서 실전에서 응용해 보세요.

❶ 시간 순서

Q. 4월 이후부터 참석이 가능합니다. 제가 참석할 수 있는 일정을 모두 알려주세요.

Dates	Time	Topic
Apr. 8	8:30 a.m.	International Trade Operations Update
Apr. 14	7:45 p.m.	Election of New Board Representatives

A [Of course.] ▶ [First, 첫 번째 정보] ▶ [Second, 두 번째 정보]

Of course. The details you requested are as follows: First, on April 8th, at 8:30 a.m., you have "International Trade Operations Update."
물론이죠. 요청하신 세부 사항은 다음과 같습니다. 첫째, 4월 8일 오전 8시 30분에 "국제 무역 운영 최신 동향"이 있습니다.

Second, on April 14th, at 7:45 p.m., you have "Election of New Board Representatives."
둘째, 4월 14일 오후 7시 45분에 "새로운 이사회 대표 선출"이 있습니다.

TIP 표에 주어진 정보의 순서대로 답변을 만들면 불필요한 실수를 줄일 수 있습니다.

❷ 조건 순서

Q. 2025년 비즈니스 예산이나 자산에 관련된 모든 일정을 알려주세요.

Dates	Time	Topic
Mar. 9	9:45 a.m.	Budget Overview (Jan. 2025 – Mar. 2025)
Mar. 17	8:30 a.m.	Comprehensive Review: Assets & Status

A [Of course.
First, 첫 번째 정보] ▶ [Second, 두 번째 정보] ▶ [(After that,
세 번째 정보)]

Of course. The details you requested are as follows: First, on March 9th, 9:45 a.m., you have "Budget Overview (Jan. 2025 – Mar. 2025)."
물론이죠. 요청하신 세부 사항은 다음과 같습니다. 첫째, 3월 9일 오전 9시45분에 "2025년 기업 목표"가 예정되어 있습니다.

Second, on March 17th at 8:30 a.m., you have "Comprehensive Review: Assets & Status."
둘째, 3월 17일 오전 8시30분에 "자산 및 현황 종합 검토"가 예정되어 있습니다.

전치사 표현 모음

Q8-10에서는 표에 제시된 키워드를 전치사와 함께 자연스럽게 연결하는 것이 중요합니다. 특히 토익스피킹에서는 정확한 전치사 사용이 답변의 완성도를 높여줍니다.

• in 🎧 MP3 4_4

넓은 공간이나 지역, 실내 장소를 나타낼 때 사용하며 도시, 국가 등을 포함합니다.

in + 실내 장소	in Conference Room B B회의실에서 in room 101 101호에서 in the lobby 로비에서
in + 도시, 국가	in Seoul 서울에서 in Korea 한국에서

• at 🎧 MP3 4_5

특정 장소, 주소, 시각을 나타낼 때 사용됩니다.

at + 특정 장소	at City Hall 시청에서 at California University 캘리포니아 대학에서 at Hilton Hotel 힐튼 호텔에서
at + 번지수	at 55 Park Avenue 55 파크가에서
at + 시각	at 10 a.m. 오전 10시에 at midnight 자정에

• on 🎧 MP3 4_6

정한 날이나 요일, 교통수단, 주제를 말할 때 사용됩니다.

on + 날짜, 요일	on the 5th 5일에 on July 4th 7월 4일에 on Monday(s) 월요일에(마다)
on + 교통수단	on Turkish Airlines 터키 항공으로 on the bus 버스로 on the train 기차로
on + 주제	a speech on "Global Marketing Strategies" "글로벌 마케팅 전략"과 관련된 연설

• 기타 전치사 🎧 MP3 4_7

with + 사람/도구	You have a meeting with the sales manager. 당신은 영업 부장과 회의가 있습니다.
about + 주제	The conference is about New AI Era. 컨퍼런스는 새로운 AI 시대에 대한 내용입니다.
for + 목적/대상	First session is for new employees. 첫번째 세션은 신입 사원들을 위한 것입니다.
to + 대상	You will give a presentation to all the participants. 당신은 모든 참가자들에게 발표를 할 겁니다.

연습문제

Q8-10에서 유의해야 할 전치사를 활용해서 답변 연습을 해보세요. 우리말 해석을 참고해서 빈칸을 채워보며 답변을 만들어 보세요.

The SMEs Fair
Human Resources Conference (February 12-13 / The Plaza Hotel)

Monday, February 12	
9:30 ~ 10:00	Keynote speech: The Purpose of Human Resources (Jerry Falls)
10:00 ~ 11:30	Hands-on Activity: Employee Training
1:00 ~ 2:00	Lecture: Legal Issues in Personal Information
2:00 ~ 3:00	Panel Discussion: The Future of HR (All speakers)
Tuesday, February 13	
9:30 ~ 10:30	Keynote speech: The 3 Conditions of Successful Management
10:30 ~ 11:30	Group Discussion: The Essence of Hiring Reports
1:00 ~ 2:30	Training: New AI-Based HR Management

> Hello, this is Noa Kim. I am scheduled to attend the Human Resources Conference next week, but I have not yet received the schedule. May I ask you a few questions regarding the schedule?
>
> 안녕하세요, 저는 노아 김입니다. 다음 주에 인사 컨퍼런스에 참석할 예정인데 아직 일정표를 받지 못했습니다. 일정에 대해 몇 가지 질문을 드려도 될까요?

1 What is the date of the event?
   행사 날짜는 언제인가요?

   It will be held _____ February 12th to 13th.
   행사는 2월 12일에서 13일까지 열립니다.

2 What time will the conference begin?
   행사는 몇 시에 시작하나요?

   It will begin _____ 9:30 a.m.
   행사는 오전 9시 30분에 시작합니다.

3 Where does the conference take place?
   행사는 어디에서 열리나요?

   It will take place _____ the The Plaza Hotel.
   더 플라자 호텔에서 열릴 예정입니다.

4 What date does the lecture on legal issues in personal information take place, and what time does it begin?
   개인정보에 관한 법적 문제에 관한 강연은 며칠에 진행되며, 몇 시에 시작하나요?

   It will take place _____ Monday, February 12th, and it will begin _____ 1 p.m.
   2월 12일 월요일에 진행될 예정이며, 오후 1시에 시작합니다.

정답 및 해설 p.21

Questions 8-10 유형별 답변 전략

유형1 행사/개인 일정표

행사나 개인 일정표는 Questions 8-10에서 가장 자주 출제되는 표 유형입니다. 아래 표와 모범 답변을 통해 답변의 틀을 미리 숙지해 보세요. 다음 표에서는 행사 일시와 장소, 가격 특이 사항에 유의해 주세요.

National Book Industry Forum 2024

Date: Friday, Apr 12
Location: Riverfront Convention Center (East Tower)
Cost: $25(online registration) & $35(on-site)

9:00 – 10:10	Trends in E-book Market (Keynote Presentation)
10:15 – noon	Innovative Approaches to Digital Publishing (Discussion)
Noon – 13:30	Lunch & Networking (served on the 3rd floor)
13:30 – 14:00	Debut Novels Showcase (Author Presentations)
14:00 – 14:40	Future of Audiobooks (Discussion)
14:40 – 16:00	Open Forum: Tips for Independent Book Retailers

 클레어 쌤 고득점 필수 팁

Question 8   시간, 장소, 비용 등의 정보를 보며 사용할 전치사를 미리 생각해 두세요.
Question 9   시험의 난이도가 올라가면서 기타 정보/특이 사항이 무조건 나온다는 법이 없으니 특이 사항을 활용한 문제가 나오지 않더라도 당황하지 않기!
Question 10   일반적으로 두 가지 정보가 답변에 포함됩니다. 염두에 두고 문제를 들어봅시다.

문항별 특징 및 전략

각 문항이 묻는 핵심 포인트를 빠르게 확인하여 답변을 준비해 봅시다. 자주 등장하는 표현들을 패턴화해서 연습하면 시험장에서 시간을 절약하고 틀릴 확률을 줄일 수 있습니다.

❶ Question 8

🎧 MP3 4_9

- 주로 표의 윗단에 나오는 기본정보에 대해 물어봅시다. (행사명, 장소, 일시 등)
- 때로는 입장료, 등록비용 등이 표 윗단에 함께 표기되는 경우가 있습니다.
- 답변할 때는 The conference will be held on + 날짜 + 장소를 넣어 답변합니다.

Q	When and where will the conference be held? 회의는 언제, 어디에서 열리나요?
A	The conference will be held on Friday, April 12th at Riverfront Convention Center. 컨퍼런스는 4월 12일 금요일 리버프론트 컨벤션 센터에서 개최됩니다.

추가 문제 유형

Q	How much is the registration fee? 등록 비용은 얼마인가요?
A	The registration fee is 25 dollars for online registration and 35 dollars for on-site. 온라인 등록은 25달러이고 현장 등록은 35달러입니다.

응용 가능한 답변 패턴

❷ Question 9

🎧 MP3 4_10

- 질문은 종종 부가의문문(~, right? / ~, correct?)의 형태로 끝납니다.
- 질문자가 잘못 알고 있다는 점을 먼저 집어주고, 이어서 정확한 정보를 알려주는 것이 핵심입니다.
- 내용을 정정할 때는 I'm afraid you might be mistaken.을 활용하면 자연스럽습니다.

Q	I remember that in last year's forum, they didn't provide lunch. It's same for this year, right? 제가 기억하기에 작년 포럼에서는 점심을 제공하지 않았어요. 올해도 같죠, 그렇죠?
A	**I'm afraid you might be mistaken.** Lunch will be served on the 3rd floor. 죄송합니다만, 잘못 알고 계신 것 같습니다. 점심은 3층에서 제공됩니다.

추가 문제 유형

Q	I'm the presenter for the showcase. I heard that I will be giving presentation before lunch. Am I correct? 제가 쇼케이스의 발표자입니다. 발표가 점심 전이라고 들었어요. 맞나요?
A	**I'm afraid you might be mistaken.** "Debut Novels Showcase" is scheduled at 1:30 p.m. (after lunch.) 죄송합니다만, 잘못 알고 계신 것 같습니다. "신인 소설 발표회"는 (점심 후) 1시 30분에 예정되어 있습니다.

응용 가능한 답변 패턴

TIP 때로는 올바른 정보를 말하고 맞는지 물어보는 경우가 있습니다. 그런 경우 당황하지 말고 다음과 같이 답변하면 됩니다.

Yes, the information is correct. Hope there is no confusion.
네, 그 정보가 맞습니다. 혼선이 없으시길 바랍니다.

❸ Question 10

🎧 MP3 4_11

- 두 가지 이상의 항목을 비교하거나 나열하도록 요구하는 문제가 자주 출제됩니다.
- 표에 제시된 정보를 순서대로 정리해서 말하면 답변이 명확해집니다.
- 답변할 때는 Of course. The details you requested are as follows: First, ~ / Second, ~와 같은 구조를 활용하면 체계적으로 답변할 수 있습니다.

Q	I'd love to participate in discussions. Can you tell me any programs related to discussions? 저는 토론 참여를 좋아합니다. 토론 관련 프로그램을 알려주시겠어요?
A	Of course. The details you requested are as follows: First, from 10:15 to noon, there is "Innovative Approaches to Digital Publishing". Second, from 2 p.m. to 2:30 p.m., there is "Future of Audiobooks". That's all. 물론이죠. 요청하신 세부 사항은 다음과 같습니다. 첫 번째로, 10시 15분에서 오후 12시까지 "디지털 출판의 혁신적인 접근"이 있습니다. 두 번째로, 2시부터 2시 30분까지 "오디오북의 미래"가 있습니다. 이상입니다.

추가 문제 유형

Q	I must leave early at 2 p.m., because of personal issues. What programs will I miss? 제가 개인 일로 조금 일찍 2시에 가봐야 합니다. 제가 어떤 프로그램들을 놓치게 되나요?
A	Of course. The details you requested are as follows: First, from 2 p.m. to 2:40 p.m., you will miss "Future of Audiobooks (Discussion)." Second, from 2:40 p.m. to 4 p.m., you will miss "Open Forum: Tips for Independent Book Retailers." That's all. 물론이죠. 요청하신 세부 사항은 다음과 같습니다. 첫 번째로, 2시부터 2시 40분까지 "오디오북의 미래"를 못 들으실 겁니다. 두 번째로, 2시 40분부터 4시까지 "공개 포럼: 독점 서점 운영자를 위한 조언"이 있습니다. 이상입니다.

응용 가능한 답변 패턴

클레어 쌤 올킬TIP!

답변을 마치고 나면 답변 시간이 남는게 일반적입니다. 시간이 너무 많이 남았다고 당황하지 말고 쿠셔닝 문장들을 사용해 봅시다.

- ▶ That's all. 이상입니다.
- ▶ Hope this information was useful. 해당 정보가 유용하기를 바랍니다.

＊쿠셔닝 문장은 점수에 영향을 미치는 영역이 아닙니다. 추가 암기가 부담된다면 쿠셔닝 없이 넘어가세요!

다음 표를 확인하고 위에서 학습한 답변 방법을 응용해 연습해 보세요. 우리말 해석을 참고해서 아래 빈칸을 채워보며 자신만의 답변을 만들어 보세요.

Riverside Community Culture Festival
Sponsored by the Riverside Cultural Association
Saturday, September 10

Time	Topic	Location
9:30 – 10:00 A.M.	Opening Ceremony (Director Kim)	Riverside Hall
10:00 – 10:30 A.M.	Folk Dance Performance	Greenfield Park
10:30 – 11:00 A.M.	Art Exhibition Tour	Greenfield Park
1:00 – 1:30 P.M.	Workshop: Traditional Craft Making	Maple Square
1:30 – 3:00 P.M.	Live Music Show (Riverside Youth Band)	Oak Plaza
3:00 – 5:00 P.M.	Guided Tour of Riverside Landmarks*	Riverside Hall

* $8 / person

> Hi, I would like to ask a few questions about the festival schedule. Could you answer some of my questions?
> 안녕하세요, 저는 축제 일정에 대해 몇 가지 질문을 드리고 싶습니다. 제 질문에 답변해 주실 수 있나요?

Question 8

🔊 What is the date of the event, and what time will it begin?
행사 날짜는 언제이며, 몇 시에 시작하나요?

🎤 The event is on _____, and _____.
with an _____ led by _____ in _____.
행사는 9월 10일 토요일에 열리며, 오전 9시 30분에 리버사이드 홀에서 김 감독님의 개막식으로 시작됩니다.

Question 9

🔊 I heard that all programs in the festivals are free. Right?
페스티벌의 모든 프로그램은 무료라고 들었어요. 맞나요?

🎤 _____. The "Guided Tour of Riverside Landmarks" is _____.

죄송합니다만, 잘못 알고 계신 것 같습니다. "리버사이드 랜드마크 가이드 투어"는 인당 8달러입니다.

Question 10

🔊 I live right across the street from Greenfield Park. I think I'll be attending the event at the park only. Can you tell me all the programs taking place there?
제가 그린필드 공원 바로 맞은편에 살아요. 그래서 공원에서 하는 행사만 참여할 예정입니다. 공원에서 진행되는 프로그램을 다 알려 주시겠어요?

🎤 Of course. _____: First, _____ _____, there is _____. Second, _____ _____, there is _____. Hope this information was useful.

물론이죠. 요청하신 세부 사항은 다음과 같습니다. 첫 번째로, 10시부터 10시 30분까지 "전통 무용 공연"이 있습니다. 두 번째로, 오전 10시 30분부터 11시까지는 "미술 전시회 투어"가 있습니다. 이 정보가 도움이 되었길 바랍니다.

유형 2 수업/프로그램 시간표

이 유형에서는 수업이나 프로그램 관련한 문제가 주로 출제됩니다. 일정표에는 보통 요일, 시간, 장소, 강사명 등이 포함되며, 경우에 따라 강사명이 생략된 형태로 나올 수도 있습니다. 또한, 특이 사항이나 참가 조건이 별도로 제시될 수 있으므로 준비 시간 동안 꼼꼼하게 확인하고 읽어두는 것이 중요합니다. 아래와 같이 특이 사항이 여러 개 나올 수 있으니 준비 시간에 꼼꼼하게 보고 읽어주세요.

Morning Yoga

Sep. 14 (8:00 a.m. ~ 12:00 p.m.) / Studio Room A

Time	Activity
8:00	Arrival & Registration
8:30	Introduction
9:00	Session 1: Gentle Stretch & Breathing
10:00	Session 2: Balance and Core Strength
11:00	Herbal Tea & Refreshments Break
11:30	Session 3: Flexibility & Deep Relaxation
12:00	Guided Meditation & Closing Q&A

*All sessions led by Prof. Maya Lee, Certified Yoga Instructor.
*Participation is limited to certified Yoga Instructors.

클레어 쌤 고득점 필수 팁

Question 8   주어진 표 안에서만 답변하는 게 중요합니다.

Question 9   특이 사항의 내용이 문법적으로 온전한 문장인지 미리 확인하세요.
be 동사가 제외된 ~했음과 같은 문장을 답변에 그대로 복붙할 경우, 문법 오류가 됩니다.

Question 10   두 가지를 언급할 만큼 프로그램들 간의 공통점이 없어도 A&B에 대해 알려주세요와 같은 문제가 출제될 수 있습니다.
예상과 다른 표를 보고 당황하지 않기!

문항별 특징 및 전략

각 문항별 특징을 확인하고, 추가 문제 유형도 확인해서 유형별 표에서 출제될 수 있는 문제를 미리 파악하고 실전에 대비하세요.

❶ Question 8

MP3 4_13

- 주로 표의 윗단에 나오는 정보에 대해 주로 물어봅니다.
- 언제, 어디서 수업이 진행되는지, 강사는 누구인지 자주 물어봅니다.

Q	**When and where will be classes be held?** 수업은 언제, 어디에서 하나요?
A	**The classes will be held on** September 14th from 8 a.m. to 12 p.m. in Studio Room A. 수업은 9월 14일 8시부터 12시까지 스튜디오 룸 A에서 진행될 예정입니다.

추가 문제 유형

Q	**When will the programs start and end?** 프로그램들은 언제 시작해서 언제 끝나요?
A	**The programs will start at** 8 a.m. **and end at** 12 p.m. 프로그램들은 8시에 시작해서 12시에 끝납니다.

응용 가능한 답변 패턴

❷ Question 9

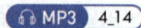

- 질문은 부가 의문문(~, right? / ~, correct?)으로 끝나는 경우가 많습니다. 그렇지 않더라도 차분히 표에 있는 정보를 근거로 답변하면 됩니다.
- 상대방이 잘못 이해한 부분이 있다면, 먼저 정정한 뒤 올바른 정보를 알려주는 방식이 자연스럽습니다. 오해하고 있다는 점을 먼저 지적할 때는 너무 단호하거나 단답형 답변을 하지 않도록 주의하세요.
- 답변할 때는 I'm afraid you might be mistaken. 또는 I'm afraid there seems to be a misunderstanding. 과 같은 정정 표현을 활용해 주면 좋습니다.

Q	I'm a beginner in yoga. I found out that there are classes for beginners, right? 저는 요가 초보자입니다. 초보자용 수업도 있다고 알고 있는데 맞나요?
A	**I'm afraid you might be mistaken.** Participation is limited to certified Yoga Instructors. 죄송합니다만, 잘못 알고 계신 것 같습니다. 참여는 공인 요가 강사 자격이 있는 분들만 가능합니다.

추가 문제 유형

Q	I'm planning to participate in all programs. I especially liked that Professor Williams is leading the Morning Yoga, correct? 저는 모든 프로그램에 참여할 계획입니다. 특히 윌리엄스 교수가 모닝 요가를 진행한다는 점이 마음에 들었는데, 맞나요?
A	**I'm afraid you might be mistaken.** All sessions are led by professor Maya Lee, Certified Yoga Instructor. 죄송합니다만, 잘못 알고 계신 것 같습니다. 모든 세션은 공인 요가 강사인 마야 리 교수님이 진행합니다.

응용 가능한 답변 패턴

❸ Question 10

🎧 MP3 4_15

- 해당 유형의 10번 문제에서는 주로 두 가지 항목을 찾아 비교하거나 나열하는 문제가 출제됩니다.
- 표에서 관련된 정보를 미리 파악해 두면 답변이 훨씬 수월해집니다. 표를 보고 공통점이 있는 두 항목을 미리 숙지해 두세요. 답변에 활용될 확률이 높습니다.
- 답변할 때는 Of course. The details you requested are as follows: First, ~ / Second, ~ 와 같은 답변 구조를 활용해봅시다.

Q	I'm a certified Yoga instructor. But I find myself weak in balance and flexibility. Can you tell me all the classes that I should take? 저는 공인 요가 강사입니다. 하지만 균형감과 유연성이 부족하다고 느낍니다. 제가 들어야 할 모든 수업을 알려주시겠어요?
A	Of course. The details you requested are as follows: First, at 9 a.m., you can take "Session 1: Gentle Stretch and Breathing". Second, at 11:30 a.m., you can take "Session 3: Flexibility and Deep Relaxation". Hope this information was useful. 물론이죠. 요청하신 세부 사항은 다음과 같습니다. 첫째로, 오전 9시에 "세션 1: 부드러운 스트레칭 및 호흡" 수업을 들을 수 있습니다. 둘째로, 오전 11시 30분에 "세션 3: 유연성 및 깊은 휴식" 수업을 들을 수 있습니다. 이 정보가 도움이 되었길 바랍니다.

추가 문제 유형

Q	I have a short webinar meeting from 11:30 a.m. to 12 p.m. What programs will I miss? 제가 11시 30분부터 12시까지 짧은 웨비나 회의가 있습니다. 제가 어떤 프로그램을 놓치게 되나요?
A	Of course. The details you requested are as follows: First, at 11:30 a.m., you will miss "Session 3: Flexibility and Deep Relaxation". Second, at 12 p.m., you will miss "Guided Meditation and Closing Q&A". That's all. 물론이죠. 요청하신 세부 사항은 다음과 같습니다. 첫째로, 오전 11시 30분에 "세션 3: 유연성 및 깊은 휴식"을 못 들으실겁니다. 둘째로, 오후 12시에 "가이드 명상 및 마무리 질의응답"를 못 들으실겁니다. 이상입니다.

응용 가능한 답변 패턴

다음 표를 확인하고 위에서 학습한 답변 방법을 응용해 연습해 보세요. 우리말 해석을 참고해서 아래 빈칸을 채워보며 자신만의 답변을 만들어 보세요.

Verona Hills Literature & Art Center
Autumn Creative Programs
September - December (10 a.m. ~ 12 p.m.), Room 405

Class	Day	Instructor
Creative Writing for Beginners	Mondays	Dr. Samuel Lee, Novelist
Watercolor Painting Basics	Mondays & Wednesdays	Anna Choi, Artist
Poetry Reading & Discussion	Tuesdays	Michael Kim, Poet
Storytelling Through Visual Art	Thursdays	Sophie Han, Illustrator
Advanced Fiction Writing Techniques	Fridays	David Park, Author
Art Critique & Feedback Workshop	Saturdays	Rachel Lee, Art Critic

*Registration fee: $70/course
*$20 discount for all Verona Hills residents

> Hello, my name is Kadison. I'm interested in the Autumn Creative Programs. Before I register, I'd like to check some details. Could you answer some of my questions?
> 안녕하세요, 제 이름은 케디슨입니다. 저는 가을 창의 프로그램들에 관심이 있습니다. 등록하기 전에 몇 가지 정보를 확인하고 싶은데, 제 질문에 답변해주실 수 있나요?

Question 8

🔊 **When does the Autumn Creative Programs take place?**
가을 창의력 프로그램은 언제 진행되나요?

🎤 The programs will _____ September and December _____ 10 a.m. _____ 12 p.m. in room 405.

프로그램은 405호실에서 9월과 12월, 오전 10시부터 오후 12시까지 진행됩니다.

Question 9

🔊 **I'm a Verona Hills resident. Are there any ways I can get a discount for the autumn programs?**
저는 베로나힐즈 입주민입니다. 가을 프로그램을 할인 받을 수 있는 방법이 있을까요?

🎤 Sure. There is a _____.
So, your registration fee would be _____.

물론입니다. 베로나 힐즈 거주자 전원에게는 20달러 할인이 있습니다.
그래서 등록비는 강좌당 50달러가 됩니다.

Question 10

🔊 **I'm very interested in writing my own novels. Are there any classes that might help me?**
저는 소설을 쓰는 데 관심이 많습니다. 저에게 도움이 될만한 수업이 있을까요?

🎤 Of course. The details you requested are as follows: First, _____ _____ for _____ _____ led by _____, _____ _____. Second, _____ _____ on _____, the Author.

물론입니다. 요청하신 세부 사항은 다음과 같습니다. 첫째로, 매주 월요일에는 소설가인 사무엘 리 박사가 진행하는 "초보자를 위한 창작 글쓰기" 수업이 있습니다. 둘째로, 매주 금요일에는 작가 데이비드 박이 진행하는 "고급 소설 작문 기법" 수업이 있습니다.

p.25

유형 3 면접 일정표

다른 유형에 비해 문법에 더 신경을 많이 써야 하는 유형입니다. 준비 시간에 차근차근 사용할 전치사를 정리하고 말해보세요. 다음 표에서는 특이 사항이나 반복적으로 등장하는 직위/회사가 있는지 확인하세요.

Bright Design Studio
Job Interview

Tuesday, June 6 – Meeting Room 203A

Time	Applicant	Desired Position	Current Company
10:00	Olivia Florence	Graphic Designer	Visionary Designs
11:00	Daniel Fields	Assistant Art Director	Creative Minds Agency
12:00	Sophie Mark	Senior Illustrator	Bluebird Graphics
1:00	Lunch		
2:00	~~Liam Lee~~	~~Senior Art Director~~	~~Pixel & Frame Studios~~ Canceled
3:00	Hannah Greg	Layout Designer	Bluebird Graphics

*Waiting room is located in 103A.

클레어 쌤 고득점 필수 팁

Question 8   불필요한 추측이나 표에 없는 정보는 말하지 않기!

Question 9   올바른 전치사만큼이나 정보의 정확성도 중요합니다! 변경 사항들을 주의 깊게 보세요.

Question 10 interview와 schedule을 동사로도 활용할 수 있다는걸 기억하세요!
You will interview 사람. / An interview with 사람 is scheduled at 시간.

문항별 특징 및 전략

각 문항의 특징을 먼저 파악하고, 추가로 나올 수 있는 문제 유형까지 확인하세요. 이렇게 유형별 출제 가능성을 미리 염두에 두고 시험을 준비하면 보다 효과적으로 대비할 수 있습니다. 실제 시험 상황에서는 긴장감에 평소 준비한 대로 답변을 못하는 경우도 있습니다. 그렇기에 더욱 철저하게 답변을 체계적으로 준비해야 준비 시간과 답변 시간을 효율적으로 쓸 수 있습니다.

❶ Question 8

🎧 MP3 4_17

- 표에서 가장 기본적인 면접 날짜, 시간, 장소 관련 정보를 확인하는 문제가 자주 나옵니다.
- 특히 질문에 언제(when), 어디서(where), 누구(who)를 대상으로 면접을 보는지에 대해 질문이 나오니 의문사를 키워드로 잘 들어주세요.
- 최대한 생각할 시간과 실수를 줄이기 위해 표에 표기된 정보의 순서대로 답변하는 습관을 들이면 좋습니다.
- 답변할 때는 The interview is at 시간 and you will interview 누구 for 직군 from 다니고 있는 회사 패턴을 사용합니다.

Q	When and where does the job interview happen? 면접은 언제, 어디서 진행되나요?
A	The job interviews will take place on Tuesday, June 6th, in Meeting Room 203A. 면접은 6월 6일 화요일에 회의실 203A에서 진행됩니다.

추가 문제 유형

Q	When is the first interview? And who will I interview? 첫 번째 인터뷰는 언제인가요? 제가 누구를 인터뷰할 예정인가요?
A	The first interview is at 10 a.m. and you will interview Olivia Florence for Graphic Designer from Visionary Designs. 첫 번째 면접은 오전 10시에 있으며, 비저너리 디자인즈 소속의 올리비아 플로렌스를 그래픽 디자이너 직책으로 인터뷰할 예정입니다.

응용 가능한 답변 패턴

❷ Question 9

- 질문은 잘못된 정보를 포함하고 끝에 Am I right? / Is this correct? 와 같은 질문으로 문장이 끝나는 경우가 많습니다.
- 때때로 표에 수정된 내용이 포함되어 있어, 이를 근거로 답변해야 하는 문제가 나오기도 합니다.
- 일정이 취소된 경우에는 Oh, actually, it has been canceled.와 같은 표현을 사용해 자연스럽게 정정하면 좋습니다.
- 답변이 너무 짧게 끝날 것 같으면 We'll keep you updated.나 Hope this information was helpful. 같은 마무리 문장을 덧붙이면 좋습니다. (필수는 아닙니다.)

TIP 다른 유형에서 사용하던 I'm afraid you might be mistaken.을 사용해도 무방합니다.

Q	I heard that I will be interviewing a candidate from Pixel & Frame Studios. Is that right? 제가 픽셀 앤 프레임 스튜디오 출신 지원자를 면접 볼 예정이라고 들었습니다. 맞죠?
A	Oh, actually, it has been canceled. We'll keep you updated. 오, 실은 취소됐습니다. 변경 사항이 있으면 계속 알려드리겠습니다.

추가 문제 유형

Q	One of the applicants was asking me if there was any waiting room for the candidates. I reckon there aren't any waiting rooms, correct? 지원자 중 한 명이 후보자들을 위한 대기실이 있는지 저에게 물었습니다. 제 생각에는 대기실이 없는 것 같은데, 맞나요?
A	I'm afraid you might be mistaken. Waiting room is located in 103A. 죄송합니다만, 잘못 알고 계신 것 같습니다. 대기실은 103A에 위치해 있습니다.

응용 가능한 답변 패턴

❸ Question 10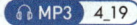

- 공통점이 있는 두 항목을 찾아 설명하는 유형이 주로 출제됩니다.
- 따라서 반복되는 내용을 주의 깊게 봐주세요. 직군, 현재 다니는 회사 같은 공통점들이 주로 나옵니다.
- 답변할 때는 Of course. The details you requested are as follows: First, at 시간, there is an interview with 지원자 for 직군 from 현재 회사와 같은 구조를 활용하면 논리적이고 명확하게 들립니다.

Q	Can you tell me all the candidates applying for Designer position? 디자이너 직책에 지원한 모든 지원자를 알려주시겠어요?
A	Of course. The details you requested are as follows: First, at 10 a.m., there is an interview with Olivia Florence for Graphic Designer position from Visionary Designs. Second, at 3 p.m., there is an interview with Hannah Greg for Layout Designer position from Bluebird Graphics. 물론입니다. 요청하신 세부 사항은 다음과 같습니다. 첫째로, 오전 10시에 비저너리 디자인즈 소속의 올리비아 플로렌스가 그래픽 디자이너 직책 면접을 봅니다. 둘째로, 오후 3시에 블루버드 그래픽스 소속의 해나 그렉이 레이아웃 디자이너 직책 면접을 봅니다.

추가 문제 유형

Q	I used to work at Bluebird Graphics. Are there any applicants from Bluebird Graphics? 제가 예전에 블루버드 그래픽스에서 근무했습니다. 혹시 블루버드 그래픽스 출신 지원자가 있나요?
A	Of course. The details you requested are as follows: First, at 12 p.m., there is an interview with Sophie Mark for Senior Illustrator position from Bluebird Graphics. Second, at 3 p.m., there is an interview with Hannah Greg for Layout Designer position from Bluebird Graphics. That's all. 물론입니다. 요청하신 세부 사항은 다음과 같습니다. 첫 번째는, 오후 12시에 블루버드 그래픽스 소속의 소피 마크가 시니어 삽화가 직책 면접을 봅니다. 둘째는, 오후 3시에 블루버드 그래픽스 소속의 해나 그렉이 레이아웃 디자이너 직책 면접을 봅니다. 이상입니다.

응용 가능한 답변 패턴

클레어 쌤 올킬TIP!

답변 시간이 30초 이상일 때는 서론-본론-결론으로 답변을 구성하세요!

- ▶ 서론 – Of course. The details you requested are as follows:
- ▶ 본론 – First, ~. / Second, ~.
- ▶ 결론 – That's all. / Hope this information was useful.

연습문제

다음 표를 확인하고 위에서 학습한 답변 방법을 응용해 연습해 보세요. 우리말 해석을 참고해서 아래 빈칸을 채워보며 자신만의 답변을 만들어 보세요.

NovaTech Solutions
Interview Schedule
Wednesday, August 16 – Conference Room B2

Time	Applicant	Position Applied For	Interviewer	Current Company
9:00 A.M.	Kevin Adams	Sales Manager	Susan Miller, Sales Director	Apex Trading Co.
9:45 A.M.	Grace Thompson	HR Coordinator	Daniel Harris, HR Manager	PeopleFirst Consulting
10:30 A.M.	Matthew Carter	Software Engineer	Eric Johnson, CTO	CodeWave Technologies
11:15 A.M.	— Break —			
11:30 A.M.	Rachel Moore	Marketing Specialist	Olivia Scott, Marketing Lead	BrightVision Media
12:15 P.M.	James Walker	Data Analyst	Eric Johnson, CTO	Insight Analytics
1:00 P.M.	Hannah Lewis	Customer Service Supervisor	Susan Miller, Sales Director	Global Connect Solutions

Note: All candidates must check in at the reception desk 20 minutes before their scheduled time.

Hello, this is Jason Park. I would like to get more information about the interview schedule before attending. May I ask you a few questions regarding the interview?

안녕하세요, 저는 제이슨 박입니다. 참석하기 전에 면접 일정에 대해 더 많은 정보를 알고 싶습니다. 면접에 관해 몇 가지 질문을 드려도 될까요?

Question 8

🔊 I was wondering when is the first interview? And who are we expecting to interview?
첫 번째 면접이 언제인지 궁금합니다. 그리고 누구를 면접 볼 예정인가요?

🎤 The first interview is _____ and the applicant _____ for the _____ position.
첫 번째 면접은 오전 9시에 있으며, 지원자는 케빈 애덤스로 영업 관리자 직책에 지원했습니다.

Question 9

🔊 I was told that all candidates must check in 60 minutes prior to their scheduled time. Is this correct?
모든 지원자는 예정된 시간 60분 전에 접수해야 한다고 들었습니다. 맞나요?

🎤 I'm afraid you might be mistaken. _____
_____.
잘못 알고 계신 것 같습니다. 모든 지원자는 예정된 시간 20분 전에 안내 데스크에서 접수해야 합니다.

Question 10

🔊 I'm Susan Miller, one of the interviewers. And I was told that I would be interviewing candidates on August 16th. Can you give me all the details?
저는 수잔 밀러입니다. 제가 8월 16일에 지원자들을 면접 보게 될 거라고 들었습니다. 모든 세부 사항을 알려주시겠어요?

🎤 Of course. The details you requested are as follows: First, _____, you will interview _____. He's currently at _____. Second, _____
_____.
_____ Global Connect Solutions.
물론입니다. 요청하신 세부 사항은 다음과 같습니다. 첫 번째로, 오전 9시에 케빈 애덤스를 영업 관리자 직책으로 면접을 보게 됩니다. 그는 현재 에이펙스 트레이딩 컴퍼니에서 근무하고 있습니다. 두 번째로, 오후 1시에 해나 루이스를 고객 서비스 감독 직책으로 면접을 보게 됩니다. 그녀는 현재 글로벌 커넥트 솔루션즈에서 근무하고 있습니다.

정답 및 해설 p.27

Question 11

Express an Opinion
의견 제시하기

Q11 한눈에 보기

문제 유형	준비 시간	답변 시간	평가 항목	배점
Express an opinion 의견 제시하기	45초	60초	발음, 억양, 강세 문법, 어휘, 일관성, 내용의 관련성, 내용의 완성도	0–5

최신 출제 경향

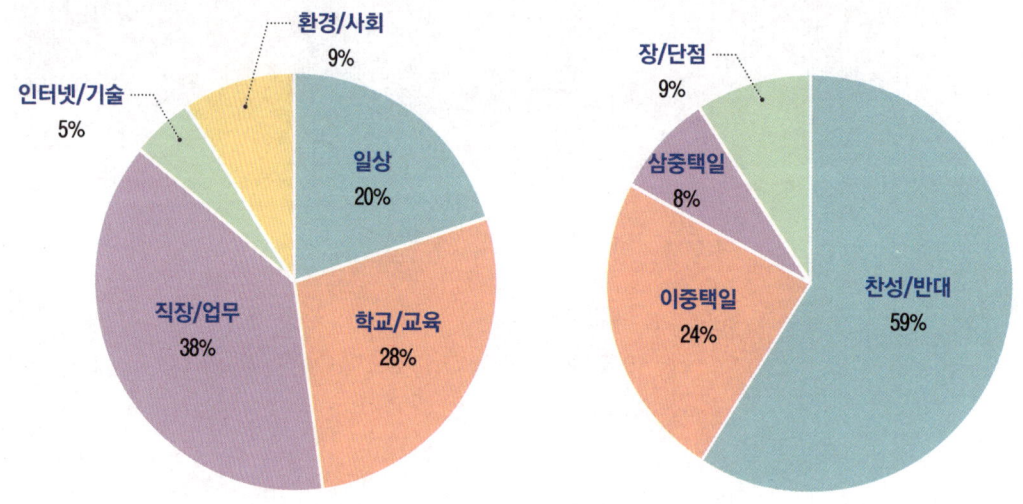

* 최근 5년 출제 경향

 클레어 쌤 고득점 필수 팁

▶ 11번 문제는 다른 파트보다 점수 배점이 높은 만큼, 답변 시간도 더 깁니다. 모든 걸 11번에 쏟아 붓는다는 느낌으로 답변해 주시면 됩니다.
▶ 문제의 난이도가 점점 어려워지는 만큼, 더 논리적으로 체계적으로 답변을 완성할 수 있어야 합니다.
▶ 답변에 사용되는 어휘의 난이도를 높이면 답변의 완성도도 함께 올라가니, 한 표현을 기억할 때 그와 비슷한 표현이나 유의어도 함께 기억하면 표현의 활용도를 높일 수 있습니다.

시험 진행 순서

1. 안내문
11번 문제 진행 방식을 설명하는 안내문을 보여주고, 이를 음성으로 들려줍니다.

2. 준비 시간
화면에 문제가 표시되며, 이를 읽어줍니다. 그 후 45초의 준비 시간이 주어집니다.

> **TIP** ▶ 문제는 사라지지 않습니다.
> ▶ 답변 아이디어의 주요 키워드를 한글 또는 영어로 적어 두세요.

3. 답변 시간
그 후 답변 시간이 60초 주어집니다.

Question 11 필수 이론

Question 11 유형은 크게 찬성/반대, 선택형, 장/단점이 있습니다. 주제로는 일상, 학교/교육, 직장/업무, 인터넷/기술, 환경/사회 등이 있지만 점점 난이도가 어려워지는 추세입니다. 7번과 비슷하다고 생각을 하실 수 있지만, 60초 동안 답변을 구성하는 것이 쉽지 않을 수 있습니다. 더욱 더 꼼꼼하게 답변의 구조를 짜고, 표현을 선택해 사용해야 명확한 답변을 구성할 수 있습니다. 아래 문제 유형과 예시를 참고하여 답변 구성을 학습해 보세요.

문제 유형 파악하기

찬성/반대형 문제

찬성/반대형 문제에는 주어진 지문에 동의하는지, 동의하지 않는지를 물어보는 질문이 출제됩니다. 찬성과 반대 중 꼭 찬성만 선택하라는 것은 아닙니다. 학습한 문장 패턴과 표현을 가장 많이 활용할 수 있는 쪽을 선택해 답변을 짜임새 있게 구성하면 됩니다.

- 더 많이 말할 수 있는 선택지를 선택합니다.
- 개인적 경험을 예시로 말할 때는 내용이 주제와 부합하고 논리적으로 들려야 합니다.
- 답변 시간을 너무 남기지 않도록 주의합니다. 답변의 양을 늘리고 문장의 퀄리티를 높이는 건 고득점 전략 중 하나입니다.

> Do you agree or disagree with the following statement?
> *The best way to motivate employees is to provide a company gym.*
> 당신은 다음 의견에 동의하나요, 아니면 반대하나요?
> *직원을 동기부여하는 최고의 방법은 회사 체육관을 제공해 주는 것이다.*

선택형 문제

선택형 문제는 한 가지 주제를 두고 2-3개의 선택지를 제공합니다. 반드시 한 가지 선택지만 골라 답변해야 합니다. 여러 가지 선택지를 고를 경우, 논리적 흐름이 방해가 될 수 있습니다.

- 선택지를 고를 때는, 내가 이해가 가면서 답변을 만들지 가장 편한 선택지를 고르세요.
- 답변을 만들어 나가기가 어렵다면, 내가 고르지 않은 선택지들을 사용해 고르지 않은 이유에 대해 말하며 내가 선택한 선택지와 비교하듯 이야기해도 괜찮습니다.

❶ 두 가지 중 하나 선택하는 문제

Which do you think is more valuable as a teammate: a teammate with good problem-solving skills or a teammate with good organization skills?
당신은 어떤 동료가 더 소중한 동료라고 생각하나요? 문제 해결 능력이 뛰어난 동료인가요, 아니면 조직력이 뛰어난 동료인가요?

❷ 세 가지 중 하나 선택하는 문제

If a school organized a day trip for high school students, which of the following would be most beneficial?
• Touring a local university　　• Visiting an art museum　　• Visiting a historical site
학교에서 고등학생들을 위해 당일치기 여행을 기획한다면, 다음 중 어떤 것이 가장 유익하다고 생각하나요?
　• 지역 대학 견학하기　　• 미술관 방문하기　　• 역사적인 장소 방문하기

장/단점 문제

🎧 MP3 5_3

특정 주제를 제공하고 장단점을 물어보는 문제 유형입니다. 한 가지 관점을 정해서 문제가 나오기에 충분히 당황스러울 수 있는 문제 유형입니다.

> • 문제 내에서 선택지가 없이 답변을 만들어 나가야 합니다. 따라서 다양한 주제의 문제를 접해보는 게 중요합니다.
> • 장점이나 단점 중 하나를 물어보는 문제가 나오기에, 장단점을 모두 답변에 포함시켜서는 안됩니다. 문제에서 벗어난 답변이 될 수 있습니다.

❶ 장점을 묻는 문제

What are the advantages of having a meeting in person rather than having a meeting by video conference?
화상 회의로 회의를 하는 것보다 직접 만나서 회의를 하는 것의 장점은 무엇인가요?

❷ 단점을 묻는 문제

What are the disadvantages of having a conference in person compared to telecon?
전화 회의와 비교했을 때 대면 회의를 하는 것의 단점은 무엇인가요?

답변 구성하기

> What are the disadvantages to working with new team members?
> 새로운 팀원들과 함께 일하는 것의 단점은 무엇인가요?

답변 아이디어

아래는 시험장에서 나눠주는 스크래치 페이퍼의 미니 버전입니다. 아래 공간에 노트테이킹 연습을 해보세요. 간단하게 아이디어를 정리해 답변을 빠르고 짜임새 있게 구상하는 연습을 해보세요.

Scratch Paper

Time ↑↑

잘 몰라

unproductive

Team work ☹

Work efficiency ☹

 클레어 쌤 고득점 필수 팁

아래 팁을 참고해서 위 질문에 대한 답변을 추가로 다시 구상해 보세요.

▸ 빠른 시간안에 답변을 구상해야 하기 때문에, 기호나 키워드 위주로 작성하세요. 스스로 알아볼 수 있기만 하면 됩니다.

스트레스가 적다 = stress ↓
안 좋다, 나쁘다, 싫다 = ☹
좋다, 빠르다, 도움된다 = ☺

▸ 노트테이킹을 하며 답변을 구상할 때부터, 문단 구성도 나눠두는 게 좋습니다.

의견 – 이유1(이유1, 예시) – 이유2(이유2, 예시) – 결론

모범 답안

의견		There are many disadvantages to working with new team members. 새로운 팀원들과 함께 일하는 데에는 많은 단점들이 있습니다.
이유 1	이유 1	First of all, it can slow down the team's progress. 첫째, 팀의 업무 진행이 느려질 수 있습니다.
	예시	New members don't know the system or workflow yet. So, other members need to spend extra time explaining tasks. And this extra time can slow down the entire working process. Experienced members may feel frustrated by this. 새로운 팀원들은 아직 시스템이나 업무 과정을 잘 모릅니다. 그래서 다른 팀원들이 업무를 설명하는 데 여분의 시간을 써야 합니다. 이 여분의 시간 때문에 전체 업무 과정이 느려질 수 있습니다. 경험이 많은 팀원들은 이로 인해 답답함을 느낄 수 있습니다.
이유 2	이유 2	Second, it may cause communication difficulties. 둘째, 그것은 의사소통에 어려움을 초래할 수 있습니다.
	예시	Specifically, new members don't fully understand team rules or culture. So, misunderstandings happen more easily. This can even lower the team's morale. Misunderstandings are not helpful when it comes to the working environment. 구체적으로, 새로운 구성원들은 팀의 규칙이나 문화를 완전히 이해하지 못합니다. 그래서 오해가 더 쉽게 발생합니다. 이것은 심지어 팀의 사기를 더 떨어뜨릴 수도 있습니다. 오해는 업무 환경에 있어서 도움이 되지 않습니다.
결론		That experience made me feel completely frustrated. 그 경험 때문에 불만스러운 기분을 느낄 수 있었습니다.

응용 가능한 답변 패턴

답변 만들기

Question 11의 답변은 의견을 제시하고, 그에 대한 이유를 설명한 뒤, 구체적인 예시를 들어 근거를 보강하고, 마지막에 결론으로 마무리하는 구조로 구성하는 것이 효과적입니다. 아래 순서대로 답변 만드는 연습을 해보세요.

의견

🎧 MP3 5_5

의견 문장은 질문의 유형이 찬성/반대형, 선택형 혹은 장/단점인가에 따라 구성이 달라질 수 있습니다.

❶ 찬성/반대형

Q Do you agree or disagree with the following statement?
Online classes are more effective than in-person classes.
다음 의견에 동의합니까, 동의하지 않습니까?
온라인 수업이 대면 수업보다 더 효과적이다.

A 찬성 I agree that 질문 내용 인용.
　　반대 I disagree that 질문 내용 인용.

> I agree that online classes are more effective than in-person classes.
> 저는 온라인 수업이 대면 수업보다 더 효과적이라는 것에 동의합니다.
>
> I disagree that online classes are more effective than in-person classes.
> 저는 온라인 수업이 대면 수업보다 더 효과적이라는 것에 동의하지 않습니다.

❷ 선택형

Q Some people prefer studying at home, while others like studying in the library. Which do you prefer and why?
어떤 사람들은 집에서 공부하는 것을 선호하고, 또 다른 사람들은 도서관에서 공부하는 것을 좋아합니다. 당신은 어느 쪽을 선호하며, 그 이유는 무엇입니까?

A I'd prefer 질문 내용 인용 than 고르지 않은 선택지.

> I'd prefer studying at home than studying in the library.
> 저는 도서관에서 공부하는 것보다 집에서 공부하는 것을 선호합니다.

❸ 장/단점

Q What are the advantages of working from home compared to working in the office?
사무실 근무에 비해 재택근무의 장점은 무엇입니까?

A There are some advantages of 질문 내용 인용.

There are some disadvantages of 질문 내용 인용.

> There are some advantages of working from home.
> 재택근무에는 몇 가지 장점이 있습니다.
>
> There are some disadvantages of working from home.
> 재택근무에는 몇 가지 단점이 있습니다.

 클레어 쌤 올킬TIP!

장/단점 유형의 경우, 답변 할 내용이 많아 시간이 부족하다면 아래처럼 답변 진행해도 괜찮습니다.

- There are many advantages. 많은 장점이 있습니다.
- There are many disadvantages. 많은 단점이 있습니다.

이유

질문에 대한 답변으로 여러 가지 이유를 들 때 활용하는 답변 포맷입니다. 모든 이유에 뒷받침하는 예시 문장을 덧붙여 설명해 보세요.

> Some people prefer going on a vacation with detailed plans, while others enjoy traveling without any plans. Which do you prefer and why?

의견		I prefer going on a vacation with detailed plans.
이유 1	이유 1	의견을 뒷받침하는 이유가 되는 의견을 추가하고, First of all, 로 문장을 시작하세요. First of all, it can save a lot of time during the trip.
	예시	이유 1 문장을 뒷받침하는 예시를 추가하고, 이때 For example, 혹은 So, 로 문장을 시작해보세요. 총 3-4문장 분량으로 만들어주세요. For example, when hotels and transportation are booked in advance, I don't need to waste time searching for them during the trip. So, I can fully focus on enjoying sightseeing. This means I can fully enjoy the vacation.
이유 2	이유 2	의견을 뒷받침하는 이유가 되는 의견을 추가하고, Second, 로 문장을 시작하세요. Second, it can reduce unnecessary unexpected expenses.
	예시	이유 2 문장을 뒷받침하는 예시를 추가하고, 이때 마찬가지로 For instance, 혹은 Specifically, 로 문장을 시작해보세요. 총 3-4문장 분량으로 만들어주세요. Specifically, last-minute reservations are usually more expensive. So, by planning ahead, I can avoid paying extra. This makes me feel more financially secure. Plus, it makes the whole trip smoother and more enjoyable.
결론		Therefore, I prefer going on a vacation with detailed plans.

응용 가능한 답변 패턴

TIP for example과 for instance는 같은 뜻을 가진 표현입니다. for example을 반복적으로 사용했으면 대신 for instance를 활용해 보세요.

예시/개인 경험

답변할 때는 이유를 뒷받침할 수 있는 예시나 경험을 구체적으로 제시하는 것이 좋습니다. 실제 경험을 활용하면 외운 답변처럼 들리지 않고, 보다 자연스럽게 말할 수 있습니다.

> Some people prefer going on a vacation with detailed plans, while others enjoy traveling without any plans. Which do you prefer and why?

❶ 긍정적 경험

🎧 MP3 5_7

긍정적 경험은 "내가 의견대로 했더니 너무 좋았다"라는 패턴으로 답변을 만들어 가는 방법입니다.

의견		I prefer going on a vacation with detailed plans.
이유 1	이유 1	Most of all, it makes the trip more efficient and enjoyable.
	예시	For example, I don't have to waste time deciding what to do at the last minute. I think travelling is all about experiencing new places. Specifically, there are not many tourists in less-known places.
이유 2	이유 2	When + 구체적인 시기를 언급해서 실제 경험을 소개합니다. When I went on a summer vacation, I went on a trip to Jeju Island with my family.
	예시	긍정적 경험의 구체적인 상황을 2~3문장으로 나타냅니다. 긍정적 경험의 패턴은 '의견과 같이 했다. Because of that, 좋았다'입니다. We made a detailed schedule before the trip such as hotels and restaurants. Because of that, we visited many beautiful places smoothly. I didn't have to wait in line outside the restaurants, too.
결론		Therefore, 다음에 의견 문장을 반복하며 마무리합니다. Therefore, I prefer going on a vacation with detailed plans.

응용 가능한 답변 패턴

정답 및 해설 p.30

❷ 부정적 경험

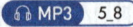

부정적인 경험을 예시로 활용하면 답변이 긍정적 경험보다 더 솔직하게 들립니다. 템플릿을 사용하지 않고 시험장에서 바로 만들어내는 답변같이 들릴 수 있습니다. 부정적 경험은 "의견대로 못했어, 그래서 속상해/후회해" 형식의 답변입니다.

의견		I prefer going on a vacation with detailed plans.
이유 1	이유 1	Most of all, it makes the trip more efficient and enjoyable.
	예시	For example, I don't have to waste time deciding what to do at the last minute. I think travelling is all about experiencing new places. Specifically, there are not many tourists in less-known places.
이유 2	이유 2	When + 구체적인 시기를 언급해서 실제 경험을 소개합니다. When I went on a summer vacation, I traveled without any plans.
	예시	긍정적 경험의 구체적인 상황을 2-3문장으로 나타냅니다. 부정적 경험의 패턴은 '의견과 같이 안/못했다. Because of that, 안좋았다. I regret it.'입니다. The place was very crowded, and I had to spend a lot of time just searching for hotels and restaurants. Because of that, I couldn't fully enjoy sightseeing. I was exhausted at the end of the day. I regret it a lot.
결론		Therefore, 다음에 주장 문장을 반복하며 마무리합니다. Therefore, I prefer going on a vacation with detailed plans.

응용 가능한 답변 패턴

TIP 본인이 직접 해본 경험이 아니어도 답변으로 사용해도 괜찮습니다.

클레어 쌤 올킬TIP!

Because of that, 안 좋았다.
해당 부분에서는 전반적인 내용에 맞는 부정적인 표현을 사용해 주면 됩니다.

▶ 예 Because of that, I couldn't eat anything.
매운 걸 못 먹는데 매운 음식만 파는 식당에 갔어요.

정답및해설 p.31

결론 🎧 MP3 5_9

의견 문장을 한 번 더 언급하며 답변을 깔끔하게 마칠 수 있고, 문장을 Therefore로 시작하면 논리적인 흐름을 정리하는 느낌을 줄 수 있습니다.
만약 답변 시간이 부족하다면 결론 문장은 과감하게 생략해도 괜찮습니다.

> Some people prefer reading e-books, while others enjoy reading paper books.
> Which do you prefer and why?

Therefore, I prefer reading e-books instead of reading paper books.
따라서, 저는 종이책 읽기보다 전자책 읽기를 선호합니다.

TIP 위 결론 문장에서 내가 고르지 않은 선택지 부분은 언급하지 않아도 괜찮습니다.

클레어 쌤 울킬TIP!

11번 문제는 답변의 내용이 얼마나 알차고 논리적인지가 중요합니다. 따라서 갑자기 답변을 하는 중에 답변 시간이 다 되어 녹음이 끝나버리는 게 아니라면 마무리 문장은 생략해도 전혀 문제 없습니다. 대신, 마지막 문장에서 단어의 끝음을 확실히 떨어뜨려 답변이 끝났음을 알려주세요. Questions 1-2에서 배웠던 끝음 내리기를 참고하세요!

Question 11 주제별 답변 전략

주제1 직장/업무

가장 많이 출제되는 주제로, 직장 내 업무 방식이나 특정 상황, 동료·상사와의 관계 등 실제 직장 생활과 관련된 주제가 많습니다.

답변 아이디어

Q. 직업 만족도에 더 영향을 많이 미치는 것은 무엇인가요? 친절한 동료 vs. 도움을 주는 상사

- **친절한 동료** 🎧 MP3 5_10

의견	친절한 동료	I prefer kind coworkers over a supportive boss.
이유 1	스트레스를 덜 받음	With kind coworkers, I feel less stressed at work.
예시	매일 만나는 사이	Since I see them every day, their attitude really affects my mood.
이유 2	팀워크 다짐	Kind coworkers make teamwork smoother and more enjoyable.
예시	동기 부여	When a coworker cheers me up, I feel motivated even on tough days. **TIP** When + 구체적인 시기를 언급해서 실제 경험을 소개하면 논리적 전개가 가능합니다.

- **도움을 주는 상사** 🎧 MP3 5_11

의견	도움을 주는 상사	I prefer having a supportive boss over kind coworkers.
이유 1	커리어 성장	A boss can mentor me and help me grow in my career.
예시	인정을 받고, 기술을 배우고, 전문성을 쌓음	With guidance, I can gain recognition, develop skills, and build expertise.
이유 2	의사 결정 지원	A boss provides clear direction and resources.
예시	혼란 감소, 시간 절약, 생산성 향상	This reduces confusion, saves time, and boosts productivity.

> **TIP** 부정적 경험
- **이유1** 커리어 성장
- **예시** 개인경험 – 도움주는 상사 없음 → 기술 습득, 전문성 쌓기 어려움
- **이유2** 의사 결정 지원
- **예시** 예시 – 혼란 감소, 시간 절약, 생산성 향상

Q 전화 회의에 비해 대면회의를 하는 것의 장점/단점은 무엇인가요?

- 장점   🎧 MP3 5_12

의견	대면회의의 장점	I think face-to-face meetings have more advantages than phone calls.
이유 1	의사소통 더 명확	In-person communication is clearer and easier to understand.
예시	표정, 제스처, 톤을 읽을 수 있음	Facial expressions and gestures help me catch the other person's mood. For example, in negotiations, talking face-to-face can help us reach an agreement more smoothly.
이유 2	팀워크 향상	Meeting in person improves teamwork and relationships.
예시	신뢰와 유대 ↑ 생산성 ↑ 더 나은 결과	Stronger trust and connection lead to higher productivity and better outcomes.

- 단점   🎧 MP3 5_13

의견	대면회의의 단점	Face-to-face meetings have many disadvantages.
이유 1	시간과 비용 많이 듦	They take more time and cost more money.
예시	이동이 부담, 교통체증 · 스트레스 ↑ 업무에 영향	Traveling is stressful, especially if there are traffic jams, and it affects my work. For example, a one-hour meeting can require more than two hours of travel.
이유 2	일정 조율 어려움	It is hard to arrange a time that works for everyone.
예시	모두에게 연락 필요, 시간 소요 ↑	Asking everyone takes a lot of time and effort.

정답 및 해설 p.32

> **TIP** 추가 답변 예시

- **이유1** 시간과 비용 많이 듦
- **예시** 개인경험 – 재택근무 진행, 대면회의X → 이동부담/스트레스↓ → 업무효율↑
- **이유2** 일정 조율 어려움
- **예시** 재택근무 아닐 때, 대면회의 진행 → 모두에게 연락 필요, 시간 소요↑

Q. 다음 중 팀의 성공에 가장 크게 기여하는 것은 무엇이라고 생각하나요?
· 프로젝트가 얼마나 흥미로운지   · 팀원이 얼마나 잘 협업하는지   · 리더가 얼마나 효과적으로 이끄는지

● **프로젝트가 얼마나 흥미로운지 선택**   🎧 MP3 5_14

의견	흥미로운 프로젝트가 팀 성공에 가장 중요함	I think an interesting project contributes most to a team's success.
이유 1	동기 부여 ↑	An exciting project keeps members motivated.
예시	집중력↑, 노력↑, 지루하지 않음	They naturally put in more effort and stay focused without feeling bored.
이유 2	배움의 기회 ↑	Interesting projects provide more chances to learn new skills.
예시	지식과 전문성 ↑ → 성과·승진에도 도움	Members can build expertise, which improves results and even leads to promotion.

● **팀원이 얼마나 잘 협업하는지 선택**   🎧 MP3 5_15

의견	팀원의 협업이 팀 성공에 가장 중요함	I think good teamwork contributes most to a team's success.
이유 1	효율성 ↑	When roles are divided fairly, the team works more efficiently.
예시	갈등·불만 ↓ → 혼란 ↓	Fair distribution prevents conflict and creates a positive work environment. For example, unfair distribution always causes trouble in a team.
이유 2	원활한 소통	With smooth communication, projects are completed without difficulties.

| 예시 | 문제 해결 ↑, 팀워크·신뢰 ↑ → 좋은 분위기 | It helps solve problems, builds trust, and creates a better relationship. |

TIP 내가 고르지 않은 선택지 사용 예시

▶ <mark>이유1</mark> 효율성↑
▶ <mark>예시</mark> 흥미로운 프로젝트 대비, 갈등·불만↓ → 혼란↓
▶ <mark>이유2</mark> 원활한 소통
▶ <mark>예시</mark> 효과적 리더보다 잘 협업하는 팀원들 더 소통 원활 → 팀워크/신뢰도↑ → 좋은 분위기

● 리더가 얼마나 효과적으로 이끄는지 🎧 MP3 5_16

의견	효과적인 리더십이 팀 성공에 가장 중요함	I think effective leadership contributes most to a team's success.
이유 1	혼란 줄이고 시간 절약	A good leader reduces confusion and saves time.
예시	긍정적 분위기 · 생산성 ↑ ⓔ 효과적인 리더십, 불만 없음, 성과 ↑	This creates a positive work environment and increases productivity. For example, with effective leadership, employees might have less complaints, and results will improve.
이유 2	동기 부여 & 멘토링	A leader can motivate a team with encouragement and feedback.
예시	직원 성장 = 회사 성장	This helps employees grow, which also leads to company growth.

정답 및 해설 p.34

Q 어떤 사람들은 프로젝트를 팀으로 수행하기보다는 혼자 수행하는 것이 더 낫다고 말합니다. 동의하나요 반대하나요?

- **동의**

MP3 5_17

의견	혼자 일하는 것이 팀보다 낫다	I think working alone is better than working in a team.
이유 1	효율성 ↑	Working alone is more efficient because no discussions are needed.
예시	시간 절약, 갈등·불만 ↓ 예 팀에서 창의적 아이디어 설득 시간 필요 / 혼자면 바로 실행	It saves time and avoids conflicts or complaints. For example, in a team, creative ideas take time to convince others, but alone, I can apply them right away.
이유 2	책임이 명확함	Clear responsibility is important in the workplace.
예시	혼자 하면 모두 본인 책임 / 팀은 비난 가능성	When working alone, I take full responsibility, but in a team, people often blame each other if something goes wrong.

TIP 부정적인 경험 예시

▸ **이유1** 효율성↑
▸ **예시** 개인경험 – 전 직장, 지속적인 의견 공유, 질문 필요 → 시간 소요↑ → 갈등·불만↑
▸ **이유2** 책임 명확함
▸ **예시** 혼자 하면 성공과 실패 모두 본인 책임 → 책임 관계 명확

- 비동의

의견	혼자보다 팀으로 일하는 것이 낫다	I think working in a team is better than working alone.
이유 1	창의성 ↑	A team brings diverse ideas that lead to creative solutions.
예시	시너지 효과 → 강점 결합, 약점 보완 → 최고의 결과	With synergy, members combine their strengths and cover each other's weaknesses, which creates the best output.
이유 2	업무 분담 가능	In a team, the workload can be shared.
예시	부담·스트레스 ↓ → 효율적, 생산성 ↑	This reduces stress, saves time, and makes the team more productive and on schedule.

TIP 부정적 & 긍정적 경험 예시

▶ **이유1** 창의성 ↑
▶ **예시** 개인경험 – 혼자 일함 → 시너지 효과 X → 약점 보완 X
▶ **이유2** 업무 분담 가능
▶ **예시** 팀으로 일하면 업무 분담 가능 → 부담·스트레스 ↓ → 효율적, 생산성 ↑

정답 및 해설 p.35

연습문제

다음 표를 확인하고 위에서 학습한 답변 방법을 응용해 연습해 보세요. 우리말 해석을 참고해서 아래 빈칸을 채워보며 자신만의 답변을 만들어 보세요.

> For the success of a team, which of the following is the most important character feature of teammates, communication skills or management skills?
> Give reasons or examples to support your opinion.
> 팀의 성공을 위해 다음 중 팀원들의 가장 중요한 성격적 특성은 의사소통 능력 또는 관리 능력 중 무엇이라고 생각합니까? 당신의 의견을 뒷받침하기 위한 이유나 예시를 제시하세요.

답변 아이디어

의견	의사소통 능력 더 중요하다.
이유 1	• 팀간 오해 줄인다. → 정확한 정보 공유가 가능해 효율성을 높인다. • 원활한 협업이 가능하다. → 업무 능률도 오른다
이유 2	• 팀 분위기가 좋아진다. → 정직하고 개방적인 대화는 신뢰를 구축한다. • 팀원들이 서로를 존중할 수 있다. . → 좋은 근무 환경을 조성한다. 예) 직장에서 팀원이 의사소통을 잘 이끌어준 덕분에, 마감일보다 일찍 좋은 분위기에서 프로젝트를 끝낼 수 있었다. → 최고였다.
결론	따라서 의사소통 능력 더 중요하다.

모범 답변 작성

의견	_____, _____ ____ are the most important character feature of teammates. 팀의 성공을 위해서 의사소통 능력은 팀원들이 가져야 할 가장 중요한 성격적 특성입니다.
이유 1 이유 1	First, _____. 첫째, 명확한 의사소통은 혼란을 줄여줍니다.

예시		All the teammates _____ and _____ _____. This means that _____ _____. It also saves _____ _____.
모든 팀원들은 정확한 정보를 공유하고 같은 목표를 세울 수 있습니다. 이것은 회의가 더 적어도 더 빠르게 일할 수 있다는 것을 의미합니다. 프로젝트를 진행하면서 많은 시간도 절약할 수 있습니다.
이유 2		Second, _____.
둘째, 좋은 의사소통은 신뢰를 쌓습니다.
이유 2	예시	When teammates _____, they can _____ _____. And this respect _____. Based on my experience, my teammates and _____ during a project. As a result, _____ with high quality. _____.
팀원들이 솔직하게 말하고 경청할 때 서로를 존중할 수 있습니다. 그리고 이러한 존중은 갈등을 줄여줍니다. 한 번은 제 팀원들과 함께 프로젝트를 하면서 솔직하게 피드백을 공유한 적이 있습니다. 그 결과, 저희는 높은 완성도로 프로젝트를 마쳤습니다. 저는 그 경험이 좋았습니다.
결론		Therefore, _____.
따라서, 의사소통 능력은 팀원들이 가져야 할 가장 중요한 성격적 특성입니다.

주제 2 학교/교육

학교/교육 주제는 익숙한 주제이지만 범위가 매우 넓어 미리 답변 아이디어를 정리해두는 것이 중요합니다. 개인 경험을 떠올려 답변에 활용하기에 가장 좋은 주제입니다.

답변 아이디어

Q. 자연 속에서 산책을 하는 게 박물관을 방문하는 것보다 학생들에게 더 좋은 야외활동인가요?

- **자연에서 산책** 🎧 MP3 5_20

의견	자연 속 산책이 더 좋음	I think walking in nature is better than visiting a museum.
이유 1	건강에 좋고 더 편안함	Walking improves fitness and helps students relax.
예시	신선한 공기 → 스트레스↓ / 활동량↑	Students can get fresh air, reduce stress, and move their bodies instead of sitting all day.
이유 2	비용·접근성 유리	Nature walks are easier and cheaper to enjoy.
예시	공원은 어디에나 있고 무료 / 입장권·장거리 이동 필요 없음 경험) 박물관 방문 경험 → 비싸고 돈 아까움	Parks are everywhere and mostly free, so there's no need to travel far or buy tickets. I once visited a museum for an hour, but it was expensive, and I regretted wasting money.

- **박물관 탐방** 🎧 MP3 5_21

의견	박물관이 더 좋음	I think visiting a museum is better than walking in nature.
이유 1	지식 습득 가능	Students can learn history, science, and culture in museums.
예시	새로운 경험 → 교실 밖 실제 학습	They experience new things and gain real-world knowledge beyond the classroom.
이유 2	비용·접근성 유리	Museums are easy to visit and often free.
예시	무료 입장·긴 이동 불필요 ⓔ 박물관 1시간 방문 → 무료, 다양한 볼거리	Many museums are nearby and have free admission, so there's no need for long travel. I once visited a museum for an hour, and it was free with lots to do, so I loved it.

Q 학생들이 직접 분쟁을 해결하는 것에 비해 선생님의 도움을 받아 해결하는 것의 장점/단점은 무엇인가요?

- 장점

🎧 MP3 5_22

의견	선생님 도움으로 해결하는 것이 학생들끼리 해결하는 것보다 낫다	I think getting help from teachers is better than letting students solve conflicts on their own.
이유 1	공정성 ↑	Teachers are trained professionals who provide a neutral perspective.
예시	편견 적고 균형 잡힌 해결책 → 긍정적 학교 분위기	This leads to less bias, more balanced solutions, and a positive school environment.
이유 2	경험 많음	Teachers have more conflict-resolution skills and experience.
예시	빠른 해결 가능 → 시간 낭비 · 싸움 줄어듦	They can solve problems faster, reduce time-wasting, and prevent fights.

- 단점(질문이 단점인 경우)

🎧 MP3 5_23

의견	선생님 도움보다 학생들이 해결하는 게 더 낫다	I think teacher involvement in conflicts has some disadvantages compared to students solving problems on their own.
이유 1	성장 기회 부족	Problem-solving experience is important for students' growth.
예시	교사가 해결 → 학생은 기회가 없음 → 능력 향상 약함	If teachers solve everything for them, students miss the chance to practice and develop weak skills later.
이유 2	의존성 ↑	Students may become dependent on teachers.
예시	습관이 되면 혼자 해결 못 함 ⓔ 학교 시절, 교사가 자주 개입 → 의존 ↑ → 후회	Once it becomes a habit, they can't handle conflicts by themselves. In middle school, my teachers often got involved, and I became too dependent. I regretted it a lot.

> **TIP** 부정적&긍정적 경험 예시

- **이유1** 성장 기회 부족
- **예시** 개인경험 – 친구네 학교 늘 교사 해결 → 학생 기회X → 나중에 약한 능력
- **이유2** 의존성↑
- **예시** 습관 되면 혼자 해결X / 개인경험 – 학교 시절, 혼자 해결 습관 → 의존↓ → 최고

Q 다음 중 대학을 고를 때 가장 중요시 해야 하는 것은 무엇인가요?
・학교의 명성   ・전공 및 교육 과정   ・위치와 생활 환경

● **학교의 명성 선택** 🎧 MP3 5_24

의견	대학의 명성이 가장 중요함	I think the reputation of the university is the most important factor.
이유 1	취업·커리어에 유리	A famous school strengthens one's résumé and creates more job opportunities.
예시	높은 연봉 가능 / 명문대 졸업생은 더 빨리 채용됨	Graduates from top schools are often recruited faster and may receive higher salaries.
이유 2	동기 부여↑	A well-known school has strong brand power that inspires students.
예시	자부심·경쟁심 → 더 열심히 공부 ⓔ 좋은 학교 졸업 → 자랑스럽고 경쟁심 생김	It makes students feel proud and competitive, so they work harder. I graduated from a good school, and it made me feel proud and competitive.

- **전공 및 교육 과정 선택**　　　　　　　　　　　🎧 MP3 5_25

의견	전공과 교육 과정이 가장 중요함	I think the quality of the major and academic programs is the most important factor.
이유 1	실무에 필요한 지식·기술 습득	A good curriculum provides practical skills that help students adapt to real jobs.
예시	미래 준비에 유리	This makes it easier to succeed in future careers.
이유 2	교수진·시설 수준이 높음	Strong programs usually mean excellent professors and facilities.
예시	좋은 시설 활용 → 학문적 성취 ↑ → 커리어에도 도움	Using good facilities gives students a better academic experience, with higher achievement and career benefits.

- **위치와 생활 환경**　　　　　　　　　　　🎧 MP3 5_26

의견	위치와 생활 환경이 가장 중요함	I think the location and campus life environment are the most important factors.
이유 1	편리성 → 통학 시간·비용 절약	If the school is near home or in the city, students can save commuting time and transportation costs.
예시	공부에 더 집중 → 학업 성취 ↑	This allows them to focus more on studying and achieve better grades.
이유 2	다양한 기회 제공	A big-city location provides more internships, part-time jobs, and networking opportunities.
예시	실무 경험 ↑ → 커리어·미래에 도움	Real-life experience is important and helps students build a good career in the future.

정답 및 해설 p.40

Q 학생들이 신문을 통해 뉴스를 아는 게 좋다고 생각하나요?

- 동의

🎧 MP3 5_27

의견	학생들은 신문을 통해 뉴스를 접하는 것이 좋다	I think it is good for students to read newspapers to get their news.
이유 1	신뢰할 수 있는 정보	Newspapers are edited and checked, so students get more accurate information with less fake news.
예시	사회 문제 이해에 도움	This also helps students better understand social issues. 📢 Based on my experience, I used to read newspapers a lot. Thanks to this, I could understand various social issues. And this helped my university entrance interview.
이유 2	집중 및 습관 형성	Reading a newspaper has no online distractions like ads or pop-ups.
예시	독서 습관 · 언어 능력 향상 → 학업 성취 ↑	It builds good reading habits, improves language skills, and leads to better academic achievement.

TIP 추가 답변 예시

- **이유1** 신뢰할 수 있는 정보
- **예시** 개인경험 – 신문 많이 봤음 → 사회문제 이해 많이 됨 → 대학 입학 면접에 도움이 됨
- **이유2** 집중 및 습관 형성
- **예시** 개인경험 – 신문 안 보던 친구. 독서 습관·언어 능력↓ → 학업 성취↓

● 비동의

의견	학생들이 신문으로 뉴스를 보는 것은 좋지 않다	I don't think it is good for students to rely on newspapers for news.
이유 1	속보 전달이 느림	Newspapers are too slow when it comes to breaking news.
예시	최신 소식 파악 불가 → 학생들이 중요한 사건 놓침	Students wouldn't be able to know the latest events right away, and knowing current issues is power.
이유 2	불편하고 비쌈	Newspapers are inconvenient and costly.
예시	가판대·서점에서만 구매 / 학생 예산에는 부담	They are only available in certain places, and paying every time is a financial burden for students.

클레어 쌤 올킬TIP!

비동의 답변의 경우, 장점을 먼저 떠올리고 반대되는 것으로 예시를 들어주면 됩니다.
예) 인터넷: 빠르다, 접근 자유, 무료
   신문: 느리다, 접근 제한, 유료

연습문제

다음 표를 확인하고 위에서 학습한 답변 방법을 응용해 연습해 보세요. 우리말 해석을 참고해서 아래 빈칸을 채워보며 자신만의 답변을 만들어 보세요.

> Do you agree or disagree with the following statement?
> *The best way for schools to motivate students to get better grades is to provide them with individual teachers.*
> Support your opinion with specific reasons and examples.
>
> 다음 의견에 동의하시나요, 아니면 반대하시나요?
> 학교가 학생들의 성적 향상을 유도하는 가장 좋은 방법은 개인 교사를 제공하는 것이다.
> 당신의 의견을 뒷받침하기 위한 이유나 예시를 제시하세요.

답변 아이디어

의견	동의
이유 1	1:1 지도 → 학생 약점 & 강점 파악 빠름 → 서로 알아가는 시간 줄임 → 맞춤 수업 제공 → 학습 진도 빠름
이유 2	학생과 더 가까움 → 개별 격려, 피드백 가능 → 학생 존중받는 느낌 → 자존감 & 자신감 올라감 → 성격 형성에 좋음

모범 답변 작성

의견		I agree that _____ _____. 저는 학교가 학생들을 동기부여하는 가장 좋은 방법은 학생들에게 개인 교사를 배정하는 것에 동의합니다.
이유 1	이유 1	First, personal guidance _____. 첫째, 개인 지도는 학생들이 더 빠르게 배울 수 있도록 도와줍니다.

🎧 MP3 5_29

예시	With one-on-one teaching, a teacher _____ _____. This means _____. Students _____ tailored to their needs. As a result, _____ _____.

일대일 수업을 통해 교사는 학생의 강점과 약점을 빠르게 파악할 수 있습니다. 이것은 시간이 덜 낭비된다는 의미입니다. 학생들은 그들의 필요에 맞춘 수업을 받을 수 있습니다. 그 결과, 학생들의 학습 속도와 성취도가 향상됩니다. |
| 이유 2 | Second, _____.

둘째, 개인 교사는 더 강한 동기부여를 제공합니다. |
| 이유 2

예시 | When teachers work _____, they can _____ _____. Then students _____ _____ and heard. This builds _____. In the long run, this also helps with character development _____ _____.

교사가 학생들과 가까이에서 공부할 때, 개인적인 격려와 피드백을 줄 수 있습니다. 그러면 학생들은 존중 받고 자신의 이야기를 잘 들어준다고 느낍니다. 이것은 자신감과 자존감을 키워줍니다. 장기적으로 인격 형성과 학업 성취에도 도움이 됩니다. |
| 결론 | Therefore, _____ _____.

따라서, 학교가 학생들을 동기부여하는 가장 좋은 방법은 학생들에게 개인 맞춤형 교사를 배정하는 것에 동의합니다. |

정답 및 해설 p.43

주제 3 일상

자주 출제되는 주제로, 여가활동·관심사·가족·친구 등 개인의 일상생활을 중심으로 질문이 나옵니다. 일상에 관련된 주제이기 때문에 답변 아이디어를 미리 정리해두면 비교적 쉽게 답변할 수 있는 주제입니다.

답변 아이디어

Q. 영화를 보는 것이 책을 읽는 것보다 더 재미있나요?

● 책 선택   🎧 MP3 5_30

의견	책 읽기가 영화를 보는 것보다 더 재미있다	I think reading books is more enjoyable than watching movies.
이유 1	상상력과 세부 묘사	Books let me imagine freely and explore more details.
예시	판타지 소설 읽을 때 창의력 ↑	For example, when I read a fantasy novel, I can picture the scenes and boost my creativity.
이유 2	개인 성장·지식 ↑	Books provide new knowledge and personal growth.
예시	깊은 이해 → 학업 성취에도 도움	They give deeper understanding, which is good for academic achievement.

● 영화 선택   🎧 MP3 5_31

의견	영화 보는 것이 책 읽기보다 더 재미있다	I think watching movies is more enjoyable than reading books.
이유 1	시각·청각 효과	Movies use visuals and sounds to make stories vivid.
예시	집중 ↑ → 습관 형성 → 학업 성취에 도움	They help me concentrate better, and this habit even improves academic achievement.
이유 2	사회적·쉽게 즐길 수 있음	Movies are easy to enjoy with friends and family.
예시	유대 강화 → 좋은 관계 → 스트레스 감소	Watching movies with others strengthens bonds, improves relationships, and reduces stress.

Q. 단기 여행에 비해 장기 여행을 하는 것의 장점/단점은 무엇인가요?

- 장점

MP3 5_32

의견	장기 여행이 단기 여행보다 장점이 많음	I think long trips have more advantages than short trips.
이유 1	여유 있고 덜 바쁨	With more days to travel, there is no rush, and I can travel more slowly.
예시	스트레스 ↓, 일상에서 벗어남 ⓠ11 2주간 해외 체류 → 현지 축제 참가 경험	This reduces stress and helps me escape from everyday life. For example, I traveled abroad for two weeks in Europe and even joined a local festival.
이유 2	추억·관계 ↑	Traveling longer with family or friends gives more time for bonding.
예시	유대감 강화 → 오래 기억에 남음	The longer the trip, the stronger the relationships and the better the memories.

TIP 추가 답변 예시

▶ **이유1** 여유 있고 덜 바쁨
▶ **예시** 개인경험 – 단기 여행 → 시간이 짧아서 축제 참가 못했음 → 아쉬움
▶ **이유2** 추억·관계↑
▶ **예시** 개인경험 – 친구와 단기 여행 → 우정 쌓을 시간 부족 → 기억에 남지 않은 여행

- 단점

MP3 5_33

의견	장기 여행은 단점이 많음	I think long trips have more disadvantages than advantages.
이유 1	비용 부담 ↑	Traveling for a long time means spending more money on hotels, food, and transportation.
예시	학생·젊은 사람들은 예산 제한	It is too expensive for people on a tight budget, so they must save a lot.
이유 2	피로도 높음, 향수병	Being away too long makes people tired or homesick.

 p.44

예시	동기 ↓ → 행복하지 않음 → 여행 목적 상실	They may lose motivation and feel unhappy, but trips should be all about happiness. **TIP** 긍정적 경험 예시 When you go on a short trip, you don't get homesick and can stay motivated and happy. As a result, you can fully enjoy the trip. 단기 여행을 할 때는 향수병에 걸리지 않고 동기부여와 행복감을 유지할 수 있습니다. 그 결과 여행을 온전히 즐길 수 있습니다.

Q 다음 중 최고의 스트레스 해소 방법이 뭐라고 생각하시나요?
· 걷기   · 책 읽기   · 페스티벌 가기

● 걷기   MP3 5_34

의견	걷기가 최고의 스트레스 해소 방법임	I think walking is the best way to relieve stress.
이유 1	건강에 좋음	Walking is good for the heart, body, and overall fitness.
예시	스트레스 ↓, 에너지 ↑ 예 시험 후 공원 산책 → 차분해지고 숙면 → 다음 날 집중 ↑	It reduces stress and increases energy levels. After my exams recently, I took a walk in the park, felt more calm, slept well, and focused better the next day.
이유 2	마음이 상쾌해짐	Nature and fresh air refresh the mind.
예시	마음 안정 → 공부 · 일 집중 ↑	It clears the mind, so I can focus better on study or work.

● 책 읽기   MP3 5_35

의견	책 읽기가 최고의 스트레스 해소 방법임	I think reading a book is the best way to relieve stress.
이유 1	차분해지고 집중 ↑	Reading is a quiet way to reduce stress and lower anxiety.
예시	좋은 기분 유지 예 잠들기 전 소설 읽음 → 걱정 잊고 숙면	It helps me stay calm and peaceful. For example, before going to bed one night, I read a novel, forgot my worries, and slept better.
이유 2	탈출 & 창의력 ↑	Stories take my mind off stress and boost imagination.

예시	영감·창의성 → 삶에 도움	This brings inspiration and creativity, which are helpful in life.

● 페스티벌 가기 선택

의견	페스티벌 가기가 최고의 스트레스 해소 방법임	I think going to a festival is the best way to relieve stress.
이유 1	음악, 신남 → 기분 전환	Loud music and dancing release energy and boost my mood instantly.
예시	힘든 일·슬픔 잊을 수 있음	It helps me forget my hardships and sorrow.
이유 2	사회적 유대 ↑	Going to festivals with friends means laughing and sharing many fun moments.
예시	우정 돈독 → 외로움 ↓ 예 여름 음악 페스티벌 참가 → 친구들과 춤 → 잊지 못할 추억	It strengthens friendships and makes me feel less lonely. For example, I went to a summer music festival recently, danced with my friends, and made an unforgettable memory.

Q 자유시간이 많은 게 행복한 삶인가요?

● **동의**

🎧 MP3 5_37

의견	자유 시간이 많은 것이 행복한 삶이라고 생각함	I think having a lot of free time means living a happy life.
이유 1	스트레스 감소	More leisure time for walking, reading, or hobbies reduces stress and improves mental health.
예시	정신적으로 여유 ↑	It makes people feel more relaxed and balanced.
이유 2	개인적 성장	Free time can be used to learn new skills, travel, or volunteer.
예시	성취감 ↑ 예 여름방학 때 자유 시간 많음 → 책 읽음 → 삶에 도움 됨	These activities give a sense of achievement and happiness. For example, during summer vacation, I had a lot of free time, read books, and found it very helpful in life.

TIP 추가 답변 예시

▶ **이유1** 스트레스 감소
▶ **예시** 정신적으로 여유↑, 개인경험 – 스트레스 심함 → 예민하며 화를 많이냄
▶ **이유2** 개인적 성장
▶ **예시** 성취감↑, 개인경험 – 여름방학 때 자유 시간 많음 → 책 읽음 → 삶에 도움 됨

● 비동의

의견	자유 시간이 많다고 행복한 것은 아님	I don't think having a lot of free time always means a happy life.
이유 1	지루함 ↑	Too much free time can make people feel bored or empty.
예시	목적 있는 삶이 더 건강함	Having a clear purpose is more important for good mental health.
이유 2	생산성·성취감에서 행복	People feel proud when they work hard and achieve goals.
예시	성공 경험 → 행복 ↑ 예 친구가 몇 달간 무직 → 자유 시간 많았지만 불행·후회	Happiness often comes from success, not just free time. For example, one of my friends had no job for months, had plenty of free time, but felt unhappy and unmotivated.

연습문제

다음 표를 확인하고 위에서 학습한 답변 방법을 응용해 연습해 보세요. 우리말 해석을 참고해서 아래 빈칸을 채워보며 자신만의 답변을 만들어 보세요.

> When choosing a country to live in, which of the following is the most important factor to consider?
> • language   • traditional customs   • cost of living
> Support your opinion with specific reasons and examples.
> 어느 나라에서 살 것인지 선택할 때, 다음 중 가장 중요하게 고려해야 할 요소는 무엇이라고 생각합니까?
> • 언어   • 전통적인 관습   • 생활비
> 자신의 의견을 구체적인 이유와 예를 들어 뒷받침하세요.

답변 아이디어

의견	생활비는 언어나 문화보다 더 중요한 요소이다.
이유1	기본적인 삶의 안정: 집세, 음식, 교통비 등 기본적인 생활비가 저렴하면 스트레스가 줄어든다. → 안정된 일상은 행복한 삶으로 이어짐
이유2	장기적인 계획: 생활비가 낮으면 저축이 가능해지고, 교육·의료·가족의 미래를 위한 재정적 안정성을 확보할 수 있다. ⓔ 사촌이 생활비가 높은 나라로 이주했지만, 비싼 집세와 공과금 때문에 결국 고향으로 돌아왔다.
결론	생활비는 언어나 문화보다 더 중요한 요소이다.

TIP 이유 1이나 이유 2 둘 중 한곳에서 예시/경험을 들어주는 게 답변 길이를 채우는 데 도움이 됩니다.

모범 답변 작성

의견		When choosing a country to live in, _____ _____. 어느 나라에서 살 것인지 선택할 때, 생활비는 가장 중요한 고려 사항입니다.
이유 1	이유 1	First, _____. 첫째, 기본적인 생활필수품이 저렴해야 합니다.

	예시	If _____ are reasonably priced, people can live _____. This helps them _____ _____. Without affordable living costs, _____. 주거비, 음식비, 교통비가 적당한 가격이라면 사람들은 스트레스 없이 살 수 있습니다. 이것은 그들의 일상생활에서 안정감을 느끼는 데 도움이 됩니다. 생활비가 저렴하지 않으면 삶은 곧 힘들어질 수 있습니다.
이유 2		Second, cost of living _____. 둘째, 생활비는 장기적인 계획에 영향을 줍니다.
이유 2	예시	When people _____, they can spend on _____ _____.This gives them financial security and _____. However, if _____ are too high, people may constantly _____. For example, my cousin _____ with very high living costs. She had trouble _____. She was _____ _____ and _____. 사람들이 돈을 모을 수 있다면 그들은 교육, 건강 관리, 가족의 미래에 돈을 쓸 수 있습니다. 이것은 재정적인 안정과 마음의 평화를 줍니다. 반면 생활비가 너무 비싸면 사람들은 끊임없이 어려움을 겪을 수 있습니다. 예를 들어, 제 사촌은 생활비가 매우 비싼 나라로 이사했습니다. 그녀는 집세와 공과금을 내는 데 어려움을 겪었습니다. 그녀는 매우 불행했고 결국 집으로 돌아왔습니다.
결론		Therefore, _____ _____. 따라서, 어떤 나라에서 살 것인지 선택할 때, 생활비는 가장 중요한 고려 사항입니다.

실전
100

Questions 1-2
Read a text aloud

TOEIC Speaking

Questions 1-2: Read a text aloud

Directions: In this part of the test, you will read aloud the text on the screen. You will have 45 seconds to prepare. Then you will have 45 seconds to read the text aloud.

TOEIC Speaking

Now for tonight's business news, we'll take a look at the technology industry. Our special guest is Ms. Chloe Ralph, senior analyst at Digital Wave Magazine. She writes about real stories behind popular innovations. Today, she'll be talking about the latest smart home accessories, wearable devices, and solar-powered tools. So, please welcome Ms. Ralph for an exciting discussion.

PREPARATION TIME	RESPONSE TIME
00:00:45	00:00:45

실전100 002 | 난이도 ★☆☆

TOEIC Speaking

Do you like fixing furniture by yourself? The Headline Repair Pack has all the tools you need for any home project. Our handbook also comes with a plier, super glue, and much more. We promise that our repair pack will help immensely with any task. Visit your local hardware store and purchase one today!

PREPARATION TIME	RESPONSE TIME
00:00:45	00:00:45

실전100 003 | 난이도 ★☆☆

TOEIC Speaking

Attention, guests. Bayshore International Airport is planning an overhaul of Terminal 1 starting next week. Please be advised that several gates, food courts, and bathrooms will be closed for maintenance during this time. For more information, please check the airport's official website. Thank you for your cooperation.

PREPARATION TIME	RESPONSE TIME
00:00:45	00:00:45

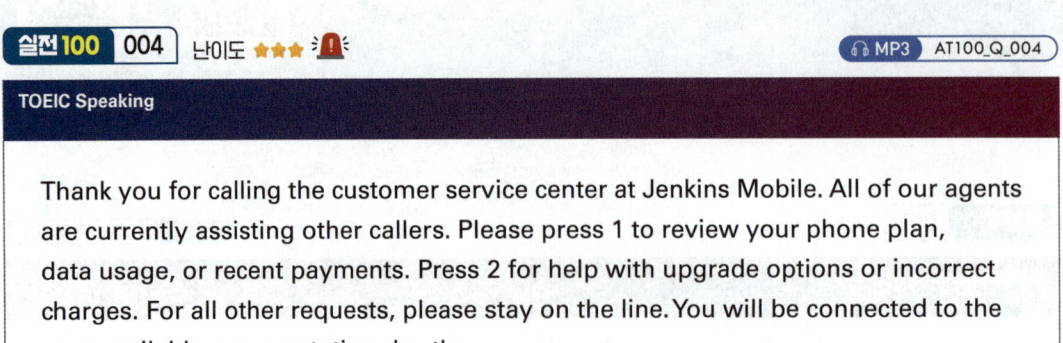

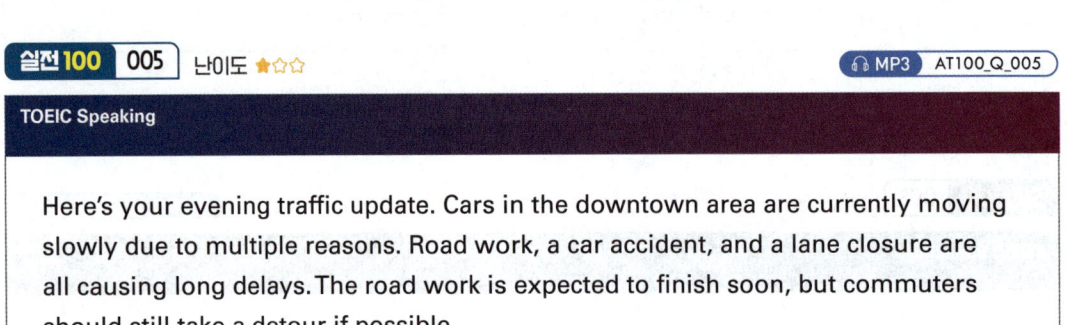

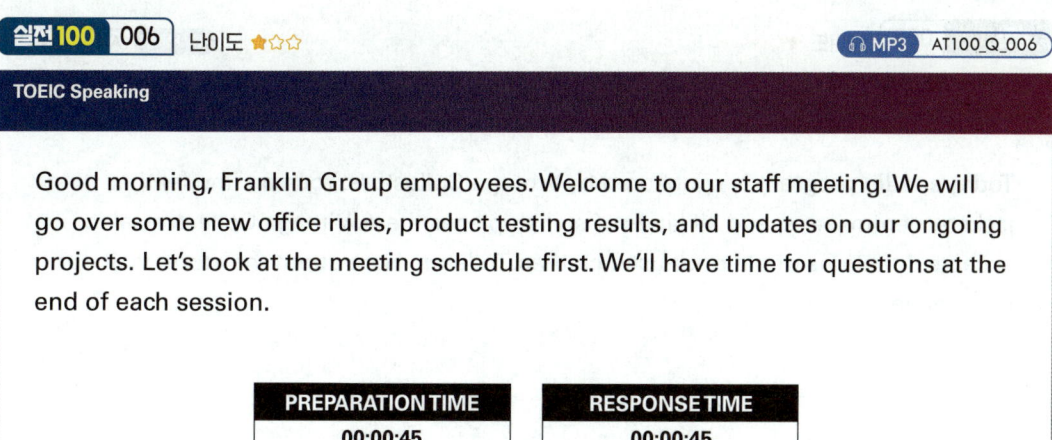

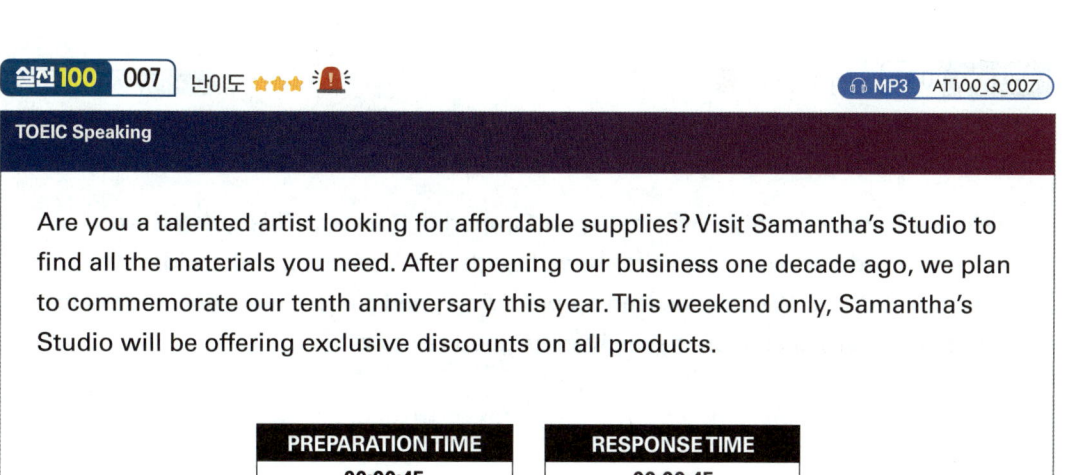

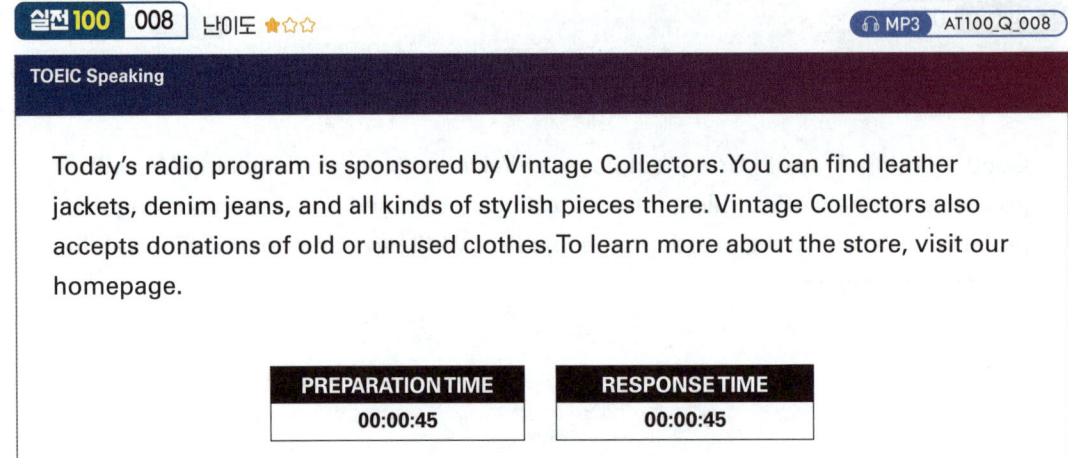

Today's radio program is sponsored by Vintage Collectors. You can find leather jackets, denim jeans, and all kinds of stylish pieces there. Vintage Collectors also accepts donations of old or unused clothes. To learn more about the store, visit our homepage.

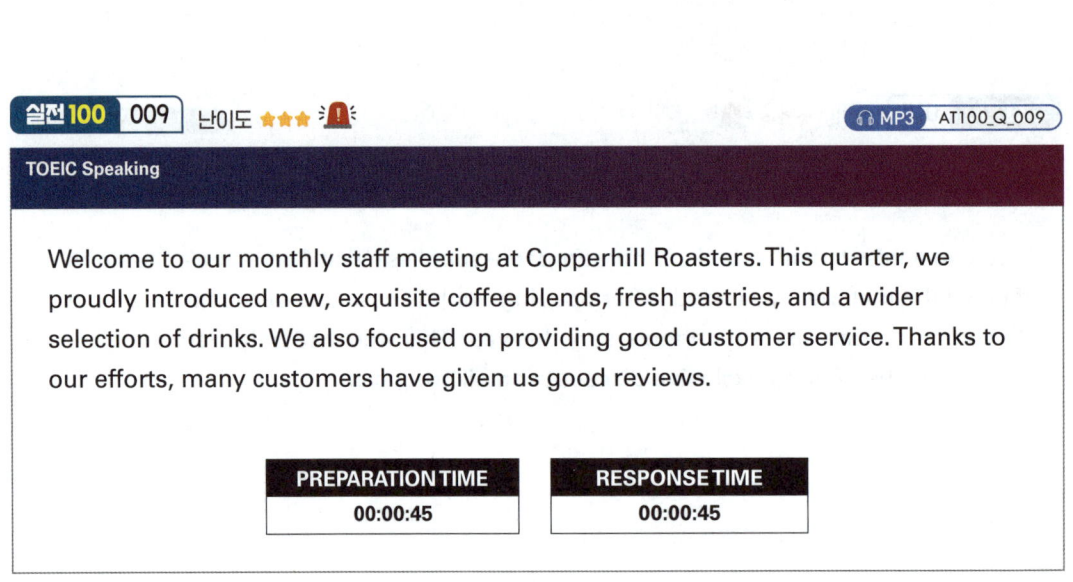

Welcome to our monthly staff meeting at Copperhill Roasters. This quarter, we proudly introduced new, exquisite coffee blends, fresh pastries, and a wider selection of drinks. We also focused on providing good customer service. Thanks to our efforts, many customers have given us good reviews.

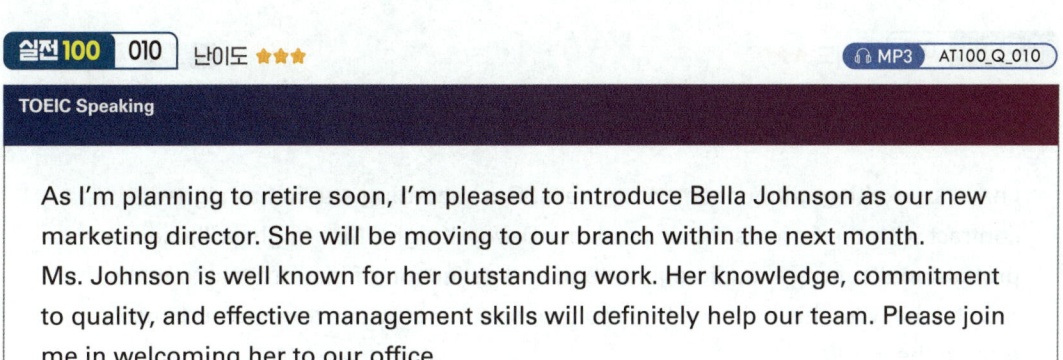

As I'm planning to retire soon, I'm pleased to introduce Bella Johnson as our new marketing director. She will be moving to our branch within the next month. Ms. Johnson is well known for her outstanding work. Her knowledge, commitment to quality, and effective management skills will definitely help our team. Please join me in welcoming her to our office.

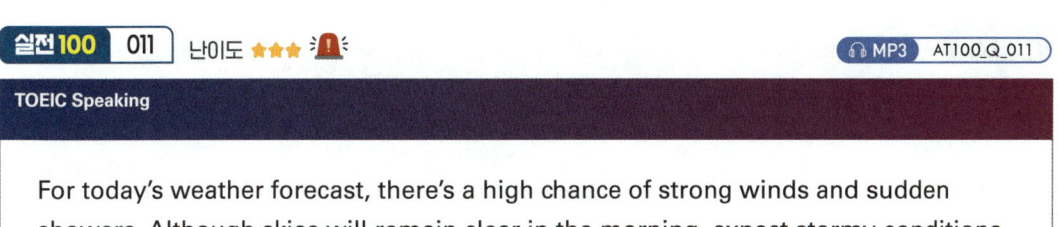

For today's weather forecast, there's a high chance of strong winds and sudden showers. Although skies will remain clear in the morning, expect stormy conditions with heavy rainfall at night and into Sunday. Temperatures will remain chilly. We suggest staying indoors, keeping your windows closed, and wearing thick clothes.

I have an exciting announcement to make. Our recording studio has signed a contract with the famous music producer Devon Knight. Mr. Knight will use our professional software, audio equipment, and collection of instruments to make the next big hit. With his help, we hope to promote our services to more audiences around the world.

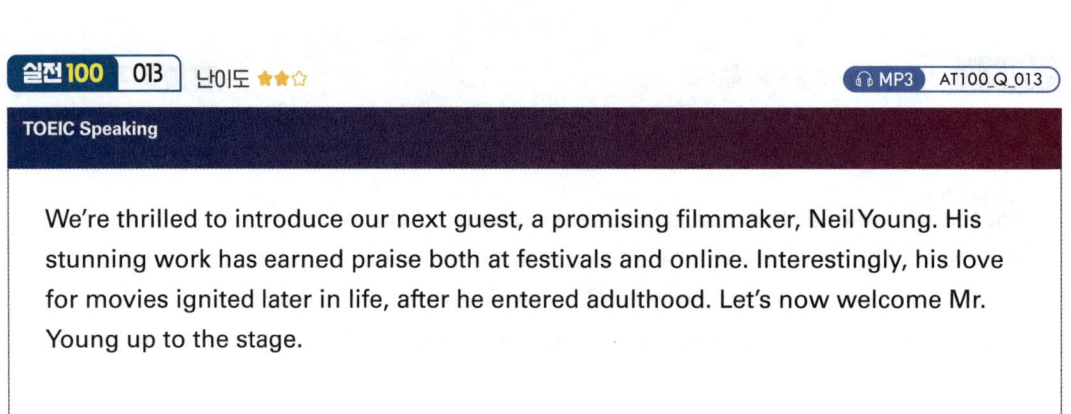

We're thrilled to introduce our next guest, a promising filmmaker, Neil Young. His stunning work has earned praise both at festivals and online. Interestingly, his love for movies ignited later in life, after he entered adulthood. Let's now welcome Mr. Young up to the stage.

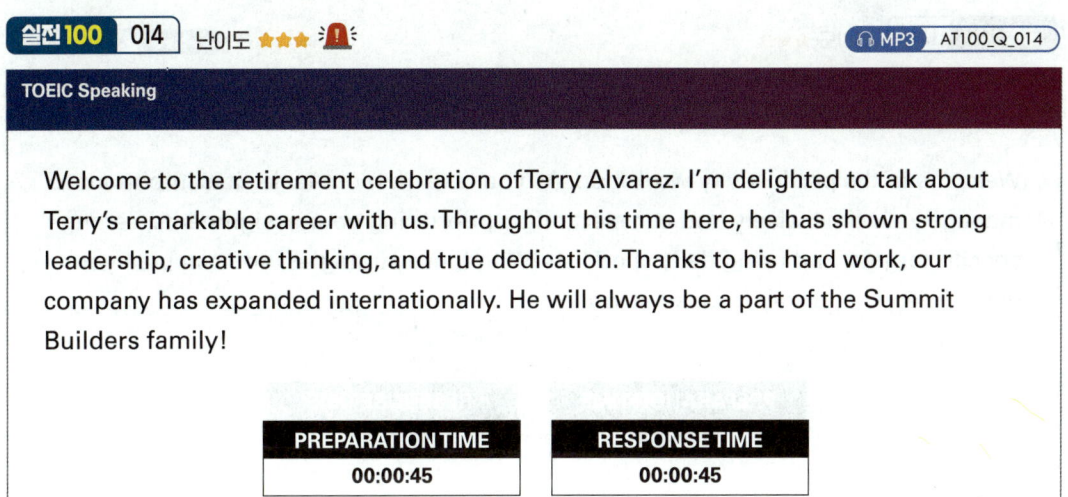

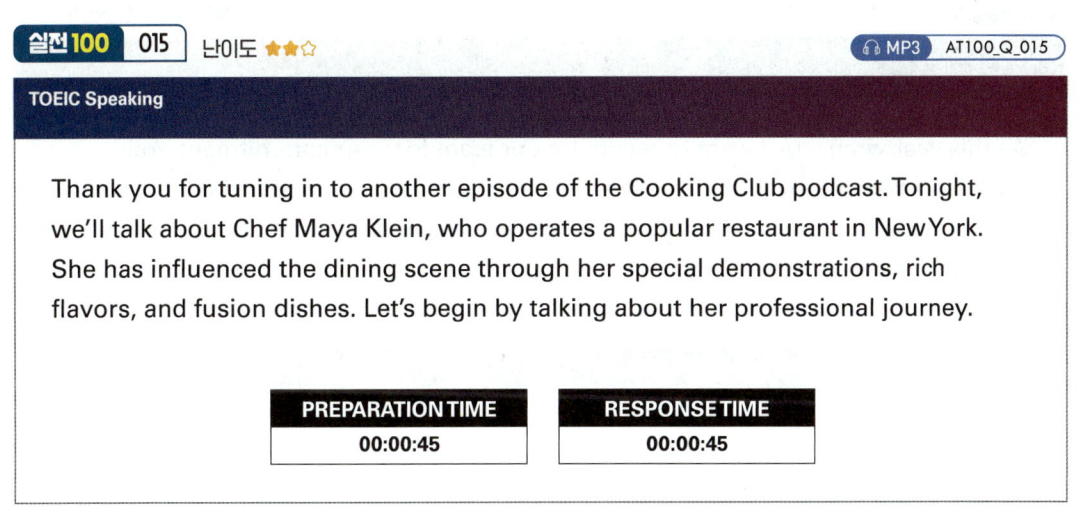

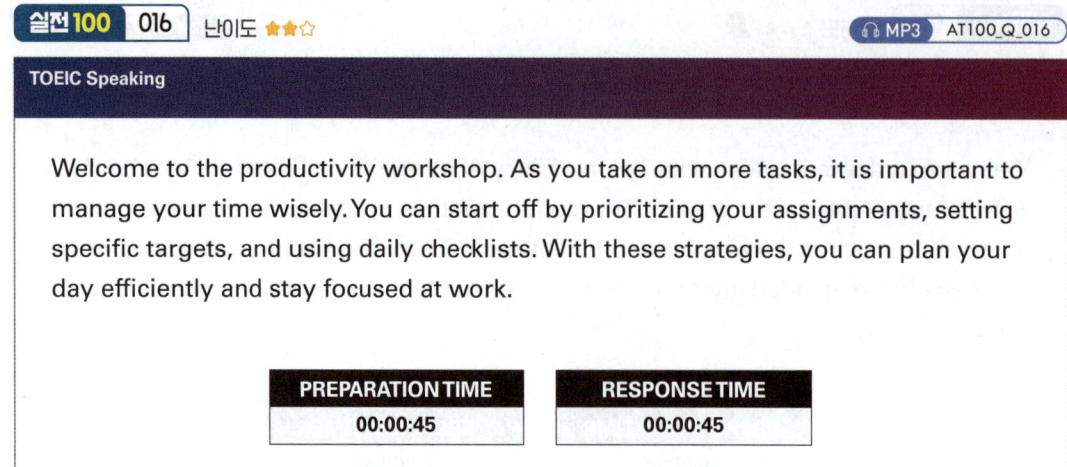

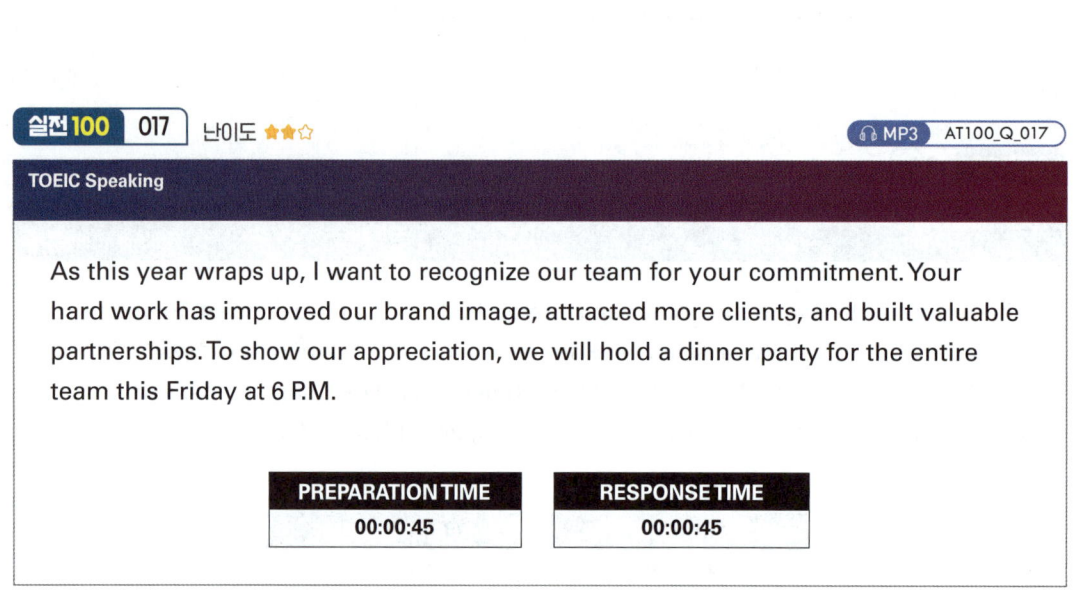

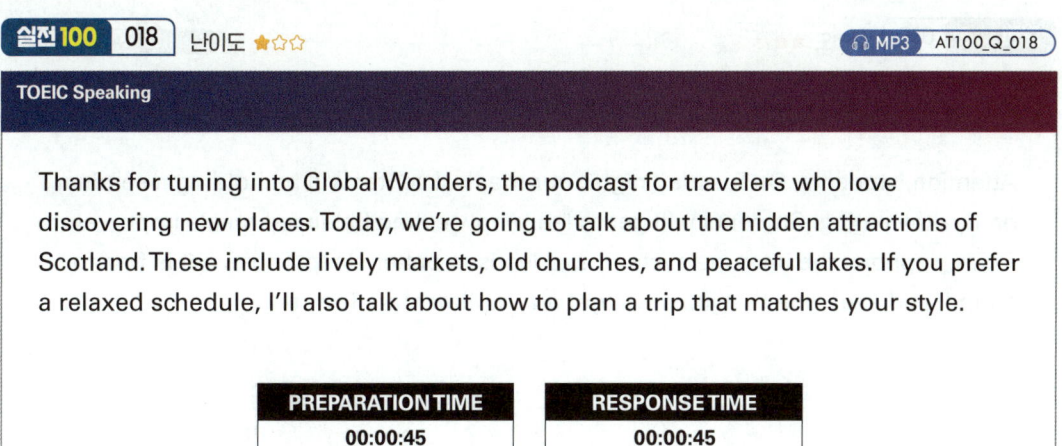

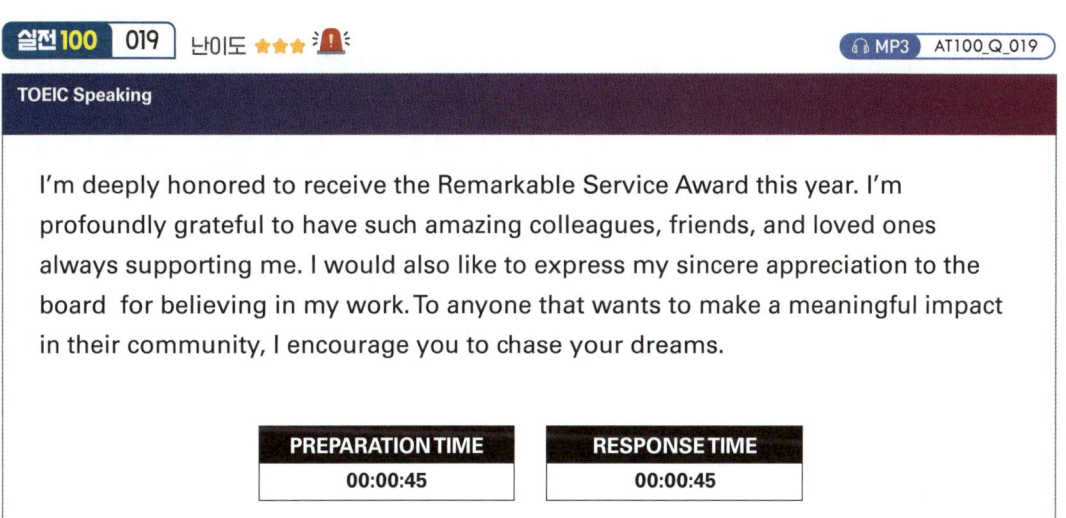

TOEIC Speaking

Attention, students. On Tuesday night, our medical center will be holding a seminar on healthy eating. Students will get to learn how eating balanced meals improves focus, supports the immune system, and leads to better sleep. The event is free to attend, and everyone that joins will get a complimentary T-shirt!

PREPARATION TIME	RESPONSE TIME
00:00:45	00:00:45

Q1-2 시험 직전 체크 리스트

Questions 1-2는 스스로가 영어를 말할 때의 호흡, 발음, 음의 높낮이를 어떻게 하는지 파악하고 고쳐 나가는게 아주 중요합니다. 아래의 체크 리스트를 참고하여 시험 전 전반적으로 다시 한번 점검해 보세요.

	점검 내용	체크 박스
1	준비 시간 안에 적어도 두 번은 읽는 연습을 했나요?	☐
2	45초 답변 시간 안에 답변을 끝내는 연습을 했나요?	☐
3	녹음 후 답변을 들어보았나요?	☐
4	강세, 끊어 읽기와 억양을 잘 지켰나요?	☐
5	숫자·날짜 등의 발음을 점검했나요?	☐
6	읽는 속도가 지나치게 빠르거나 느리지 않은가요?	☐
7	유창성을 유지하는데 집중했나요?	☐
8	문제 유형에 따라 알맞게 연기하듯 읽었나요?	☐
9	발음 실수를 하더라도 당황하지 않고 계속 이어 나갔나요?	☐
10	고유명사를 자신감 있게 발음했나요?	☐

Questions 3-4
Describe a picture

TOEIC Speaking

Questions 3-4: Describe a picture

Directions: In this part of the test, you will describe the picture on your screen in as much detail as you can. You will have 45 seconds to prepare your response. Then you will have 30 seconds to speak about the picture.

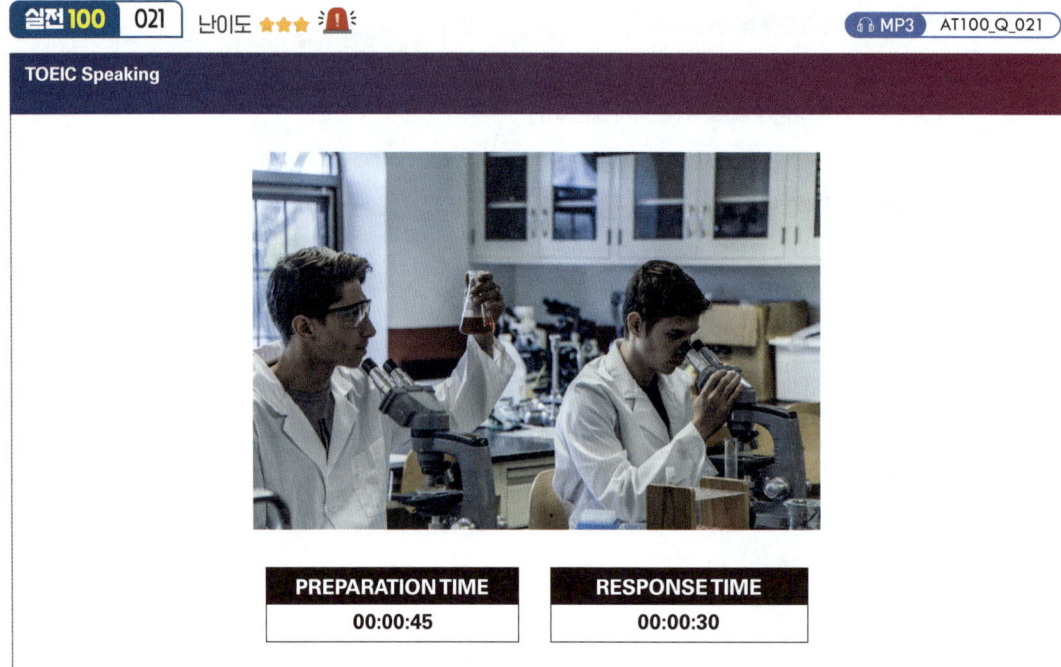

PREPARATION TIME	RESPONSE TIME
00:00:45	00:00:30

실전100 022 난이도 ★★☆

TOEIC Speaking

MP3 AT100_Q_022

PREPARATION TIME
00:00:45

RESPONSE TIME
00:00:30

실전100 023 난이도 ★★☆

TOEIC Speaking

MP3 AT100_Q_023

PREPARATION TIME
00:00:45

RESPONSE TIME
00:00:30

024

TOEIC Speaking

PREPARATION TIME 00:00:45

RESPONSE TIME 00:00:30

025

TOEIC Speaking

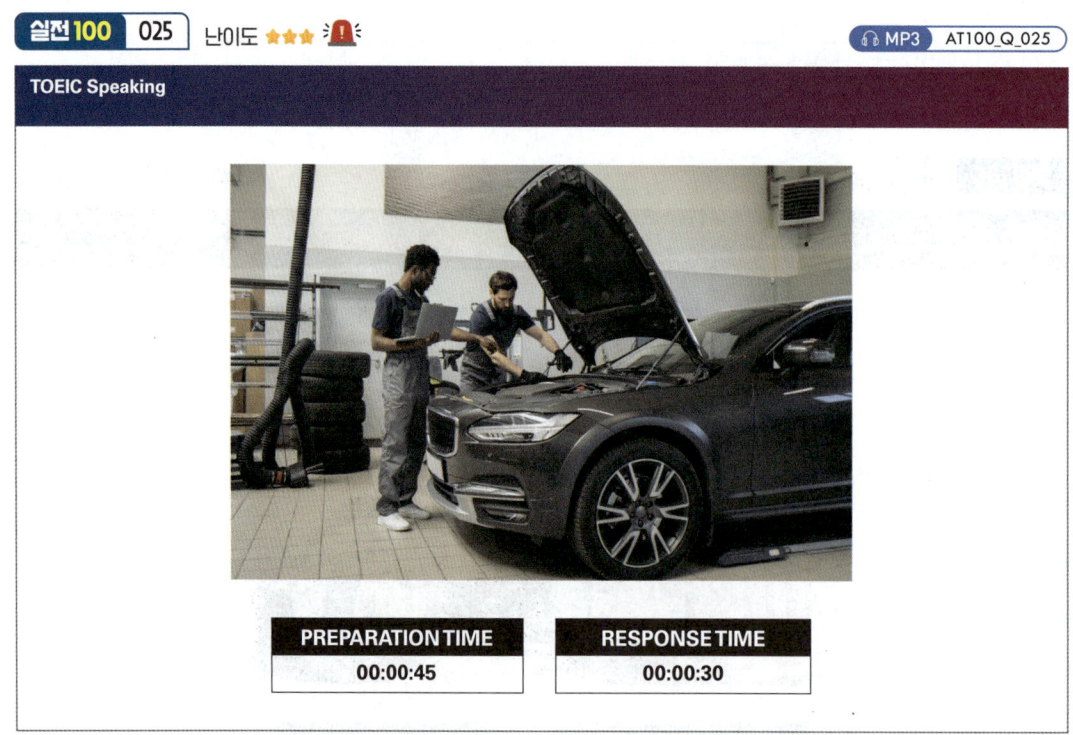

PREPARATION TIME 00:00:45

RESPONSE TIME 00:00:30

026

TOEIC Speaking

PREPARATION TIME 00:00:45

RESPONSE TIME 00:00:30

027

TOEIC Speaking

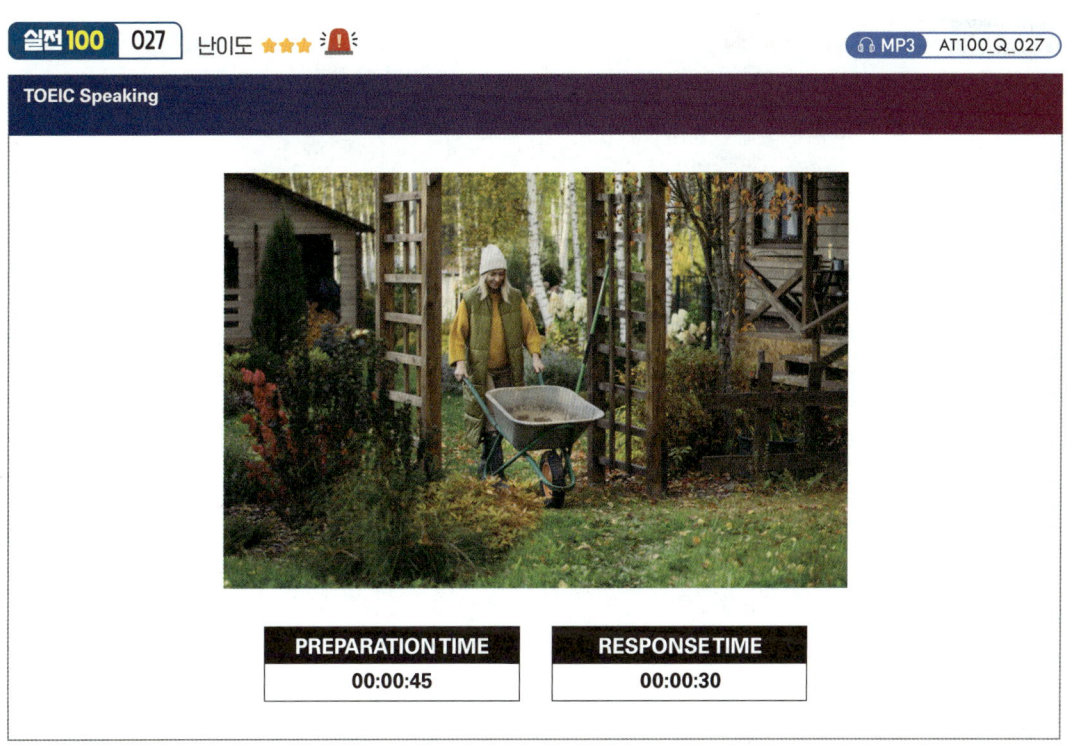

PREPARATION TIME 00:00:45

RESPONSE TIME 00:00:30

실전100 028 난이도 ★★☆

TOEIC Speaking

PREPARATION TIME	RESPONSE TIME
00:00:45	00:00:30

실전100 029 난이도 ★★★ 🚨

TOEIC Speaking

PREPARATION TIME	RESPONSE TIME
00:00:45	00:00:30

030

TOEIC Speaking

PREPARATION TIME 00:00:45

RESPONSE TIME 00:00:30

031

TOEIC Speaking

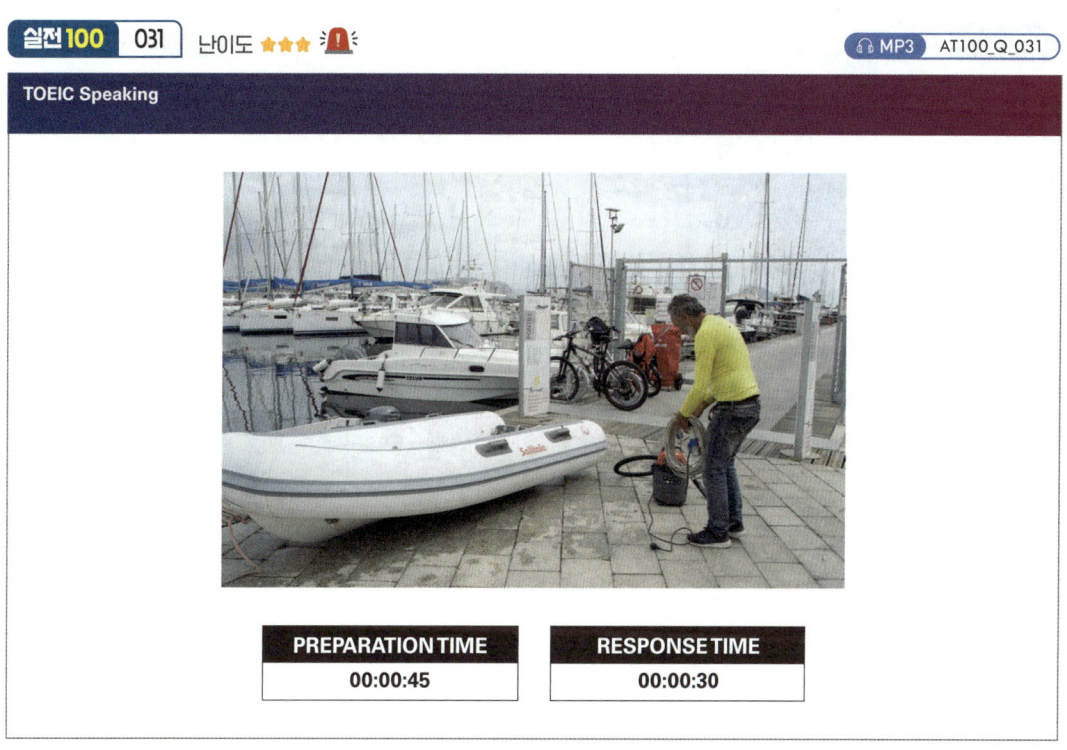

PREPARATION TIME 00:00:45

RESPONSE TIME 00:00:30

032

TOEIC Speaking

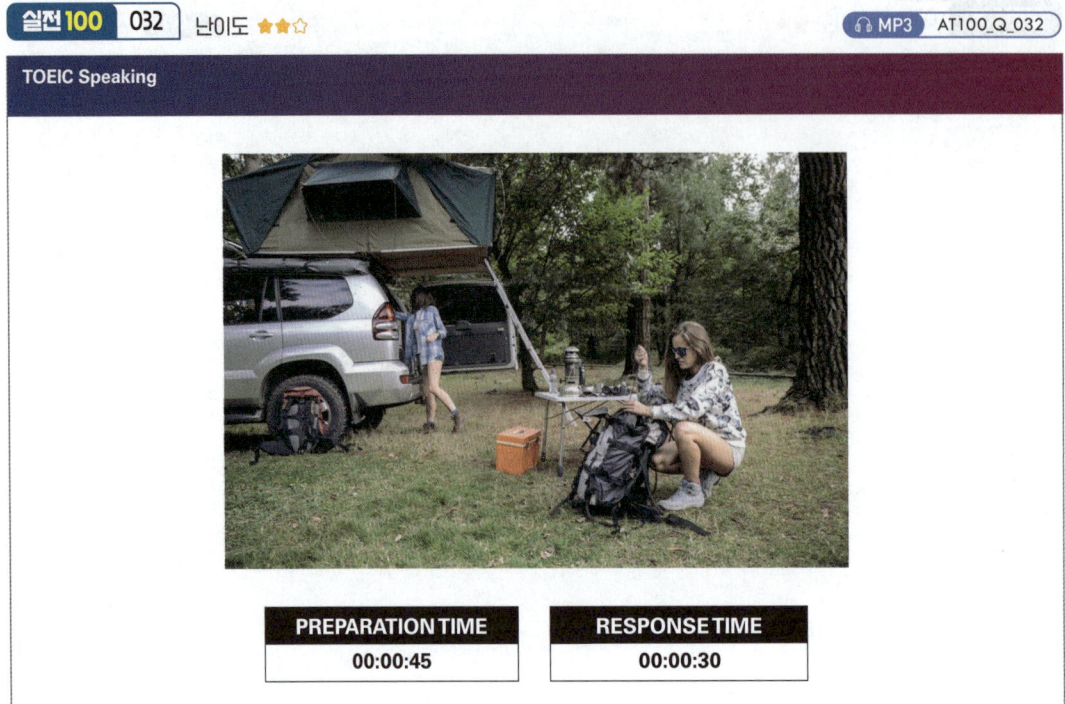

PREPARATION TIME	RESPONSE TIME
00:00:45	00:00:30

033

TOEIC Speaking

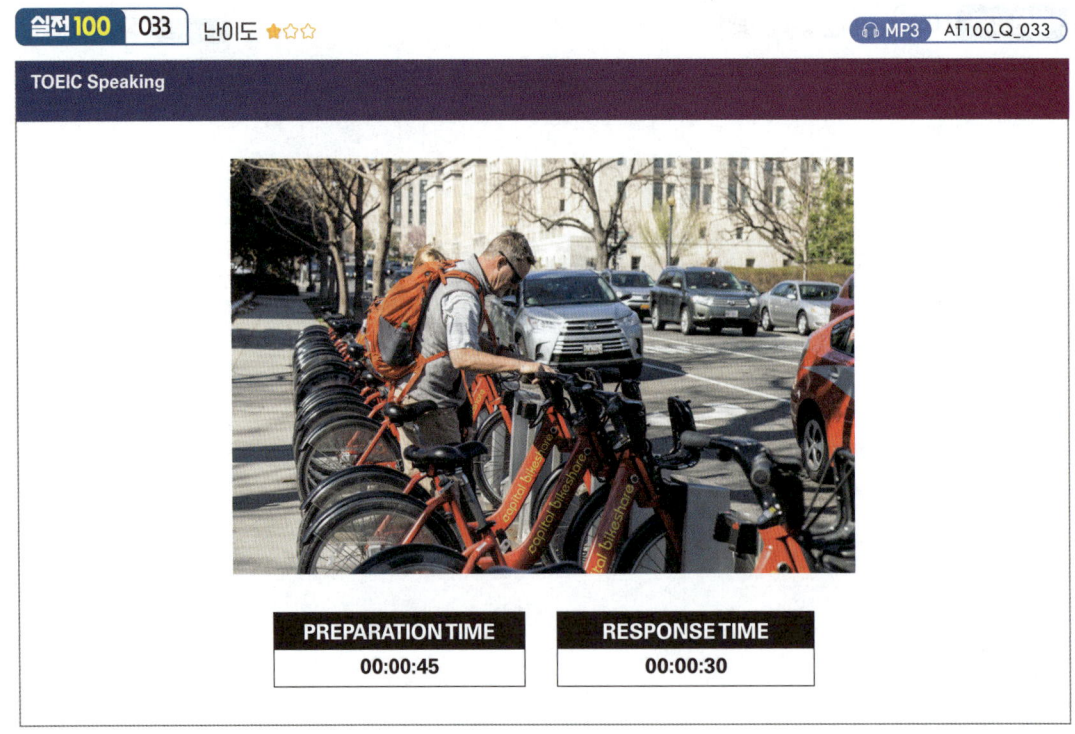

PREPARATION TIME	RESPONSE TIME
00:00:45	00:00:30

034

TOEIC Speaking

PREPARATION TIME	RESPONSE TIME
00:00:45	00:00:30

035

TOEIC Speaking

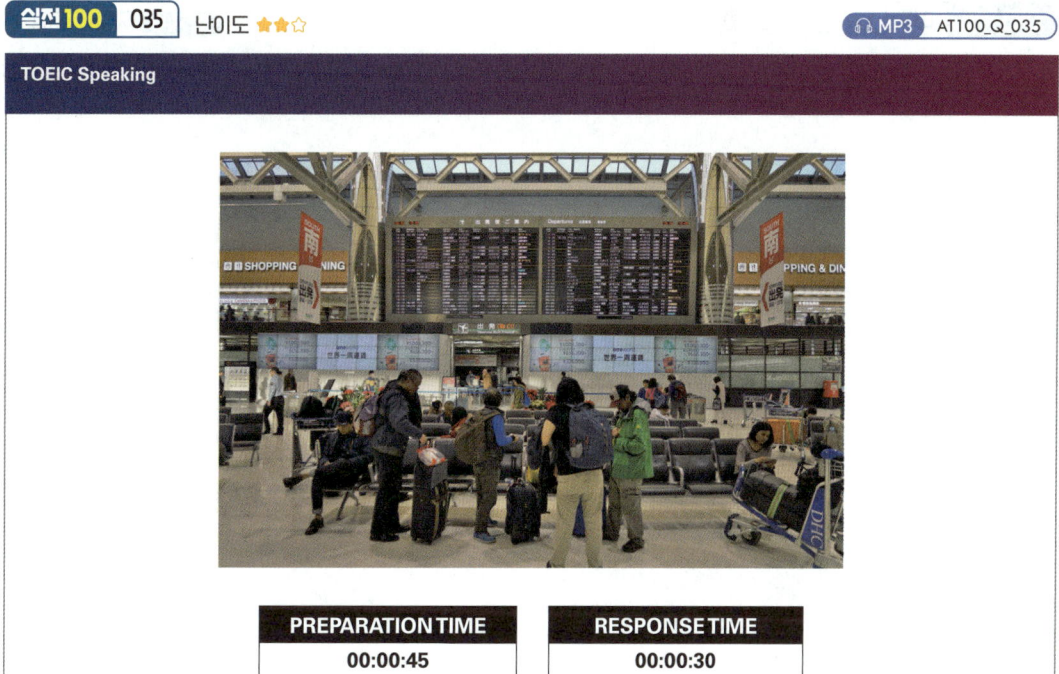

PREPARATION TIME	RESPONSE TIME
00:00:45	00:00:30

실전100 036 난이도 ★★☆ MP3 AT100_Q_036

TOEIC Speaking

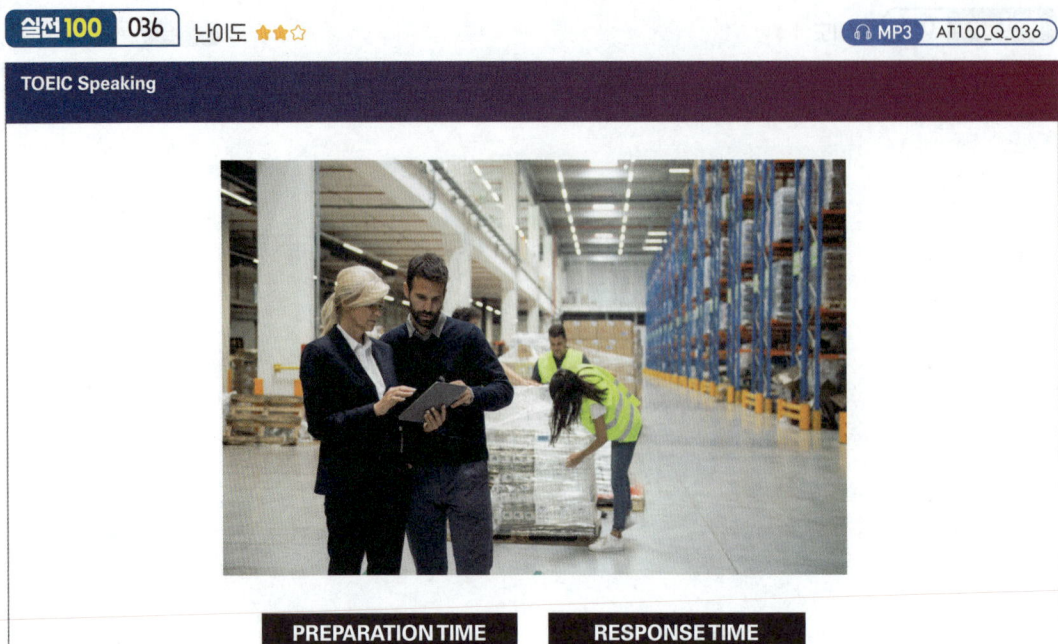

PREPARATION TIME 00:00:45

RESPONSE TIME 00:00:30

실전100 037 난이도 ★★★ 🚨 MP3 AT100_Q_037

TOEIC Speaking

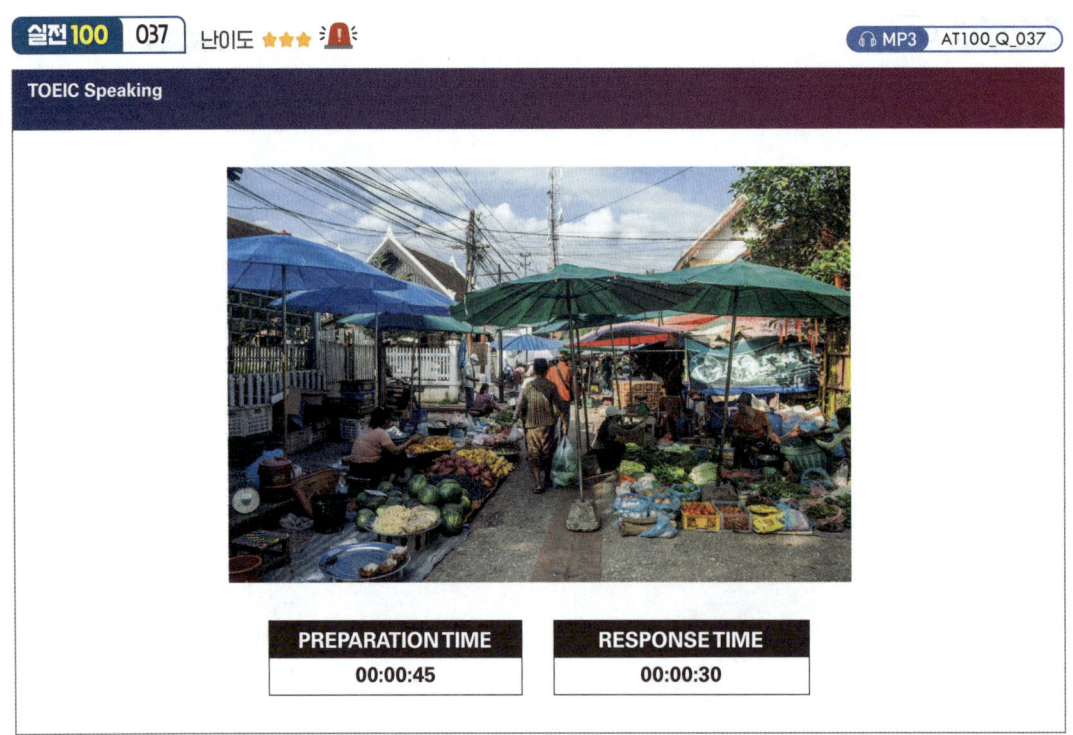

PREPARATION TIME 00:00:45

RESPONSE TIME 00:00:30

실전 100 | 038 | 난이도 ★★★
TOEIC Speaking

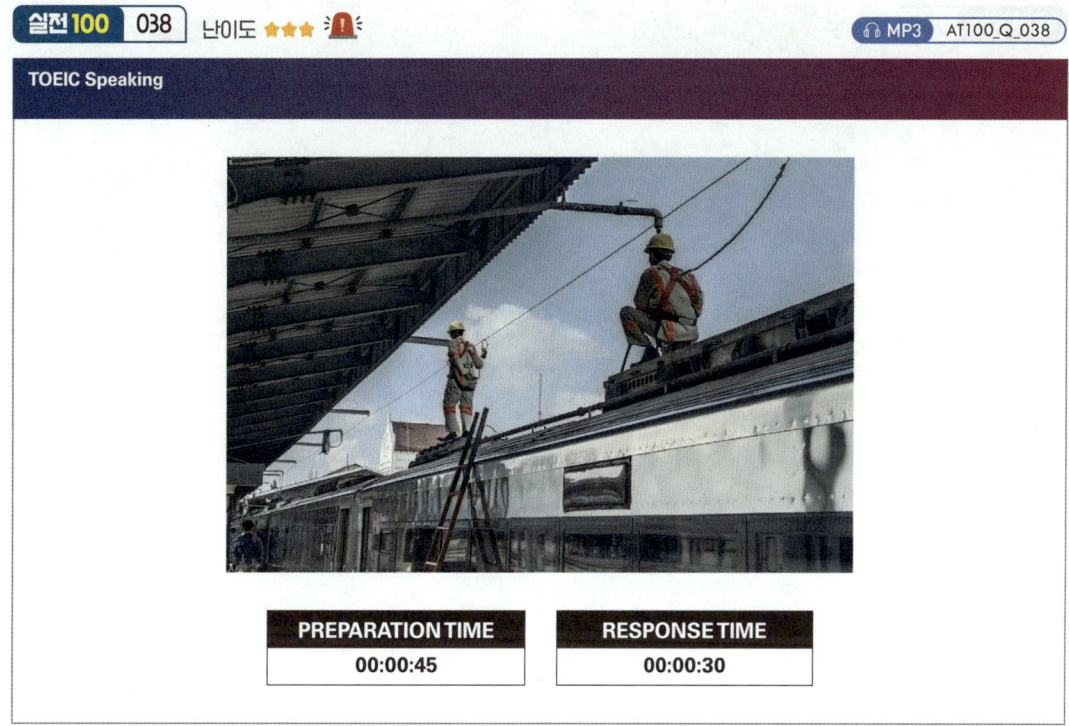

PREPARATION TIME
00:00:45

RESPONSE TIME
00:00:30

실전 100 | 039 | 난이도 ★☆☆
TOEIC Speaking

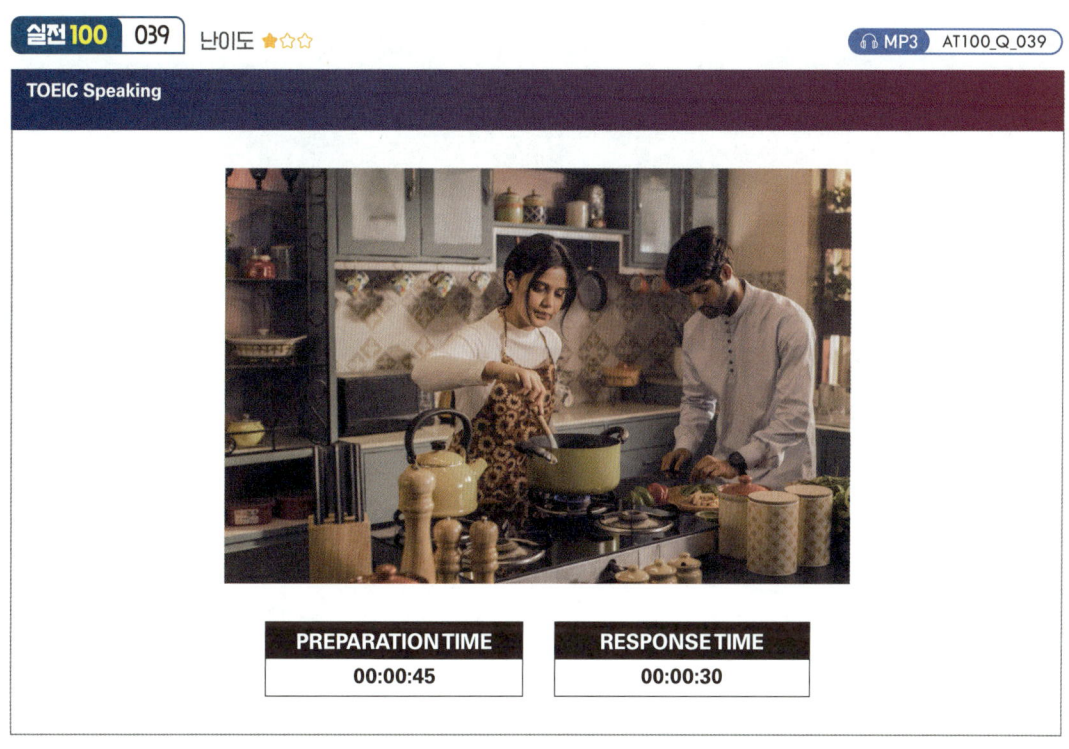

PREPARATION TIME
00:00:45

RESPONSE TIME
00:00:30

PREPARATION TIME
00:00:45

RESPONSE TIME
00:00:30

Q3-4 시험 직전 체크 리스트

Questions 3-4는 말할 내용이 많지만 준비 시간 대비 짧은 답변 시간 짧은 파트입니다. 따라서 짧은 시간안에 가장 효율적으로 상세하게 사진을 묘사해야 고득점을 가져갈 수 있습니다. 아래 체크리스트를 살펴보며 마지막 점검을 진행해 보세요.

	점검 내용	체크 박스
1	준비 시간을 효율적으로 활용했나요?	☐
2	답변의 흐름을 체계적으로 구성했나요?	☐
3	준비 시간 동안 말할 대상의 순서를 정해두었나요?	☐
4	장소를 막힘 없이 설명할 중요 키워드를 학습했나요?	☐
5	장소, 위치 등을 설명할 때 올바른 전치사를 사용했나요?	☐
6	사진에서 중요해 보이는 사물을 빼놓지 않고 설명했나요?	☐
7	답변시간에 막힘 없이, pause없이 답변 했나요?	☐
8	1인 사진에서 외형묘사&행동묘사의 양을 확연하게 늘렸나요?	☐
9	2인 사진에서 배경/사물 묘사도 진행했나요?	☐
10	3인 이상 사진에서 부정대명사를 올바르게 사용했나요?	☐

Questions 5-7
Respond to questions

정답 및 해설 p.80

TOEIC Speaking

Questions 5-7: Respond to questions

Directions: In this part of the test, you will answer three questions. You will have three seconds to prepare after you hear each question. You will have 15 seconds to respond to Questions 5 and 6 and 30 seconds to respond to Question 7.

실전100 | 041 | 난이도  | MP3 AT100_Q_041

TOEIC Speaking

Imagine that a charity organization is doing research in your country. You have agreed to participate in a telephone interview about donations.

TOEIC Speaking

Where do you usually get information about donations, and how often do you donate money?

PREPARATION TIME	RESPONSE TIME
00:00:03	00:00:15

TOEIC Speaking

Would you be willing to donate on a regular basis? Why or why not?

PREPARATION TIME	RESPONSE TIME
00:00:03	00:00:15

TOEIC Speaking

If you were to donate money, which of the following would you choose to support? Why?
- An animal shelter
- A children's hospital
- An environmental group

PREPARATION TIME	RESPONSE TIME
00:00:03	00:00:30

TOEIC Speaking

Imagine that a landscaping supplies company is conducting a survey in your area. You have agreed to participate in a telephone interview about gardens.

TOEIC Speaking

Have you ever thought about having your own garden? Why or why not?

PREPARATION TIME	RESPONSE TIME
00:00:03	00:00:15

TOEIC Speaking

Would you consider buying plants online? Why or why not?

PREPARATION TIME	RESPONSE TIME
00:00:03	00:00:15

TOEIC Speaking

What do you think would be some advantages of growing plants in a garden?

PREPARATION TIME	RESPONSE TIME
00:00:03	00:00:30

TOEIC Speaking

Imagine that a local media company is conducting a survey in your country. You have agreed to participate in a telephone interview about meeting friends.

TOEIC Speaking

How often do you meet your friends, and what do you usually talk about?

PREPARATION TIME	RESPONSE TIME
00:00:03	00:00:15

TOEIC Speaking

Would you rather meet your friends during the day or at night? Why?

PREPARATION TIME	RESPONSE TIME
00:00:03	00:00:15

TOEIC Speaking

Do you prefer spending time with a large group of friends or a small group? Why?

PREPARATION TIME	RESPONSE TIME
00:00:03	00:00:30

TOEIC Speaking

Imagine that an art institute is conducting market research. You have agreed to participate in a telephone interview about buying art.

TOEIC Speaking

How many times a year do you usually purchase artwork, and where do you usually buy them?

PREPARATION TIME 00:00:03
RESPONSE TIME 00:00:15

TOEIC Speaking

What is your favorite artwork at home, and why do you like it?

PREPARATION TIME 00:00:03
RESPONSE TIME 00:00:15

TOEIC Speaking

When you buy artwork, do you prefer shopping in person or online? Why?

PREPARATION TIME 00:00:03
RESPONSE TIME 00:00:30

TOEIC Speaking

Imagine that you are talking on the telephone with a friend. You are having a conversation about streaming services.

TOEIC Speaking

What was the last TV show you watched, and which streaming service did you use?

PREPARATION TIME	RESPONSE TIME
00:00:03	00:00:15

TOEIC Speaking

Do you think it is better to use a streaming service than go to a theater to watch a movie? Why or why not?

PREPARATION TIME	RESPONSE TIME
00:00:03	00:00:15

TOEIC Speaking

When choosing a program on a streaming service, which of the following do you think is the most important factor to you? Why?
- Its popularity ranking
- The audience reviews
- The featured actor

PREPARATION TIME	RESPONSE TIME
00:00:03	00:00:30

 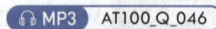

TOEIC Speaking

Imagine that a radio station is conducting a survey in your country. You have agreed to participate in a telephone interview about listening to the radio.

TOEIC Speaking

How often do you listen to the radio, and where do you usually listen to it?

PREPARATION TIME	RESPONSE TIME
00:00:03	00:00:15

TOEIC Speaking

What kind of programs do you usually listen to on the radio?

PREPARATION TIME	RESPONSE TIME
00:00:03	00:00:15

TOEIC Speaking

Do you think radio advertisements are effective? Why or why not?

PREPARATION TIME	RESPONSE TIME
00:00:03	00:00:30

047

TOEIC Speaking

Imagine that a computer firm is conducting market research in your country. You have agreed to participate in a telephone interview about buying a computer.

TOEIC Speaking

When was the last time you did online shopping on a computer, and what did you buy?

PREPARATION TIME	RESPONSE TIME
00:00:03	00:00:15

TOEIC Speaking

When you are taking an online class, do you prefer using a mobile phone or a computer? Why?

PREPARATION TIME	RESPONSE TIME
00:00:03	00:00:15

TOEIC Speaking

If you were to buy a computer, which of the following would be the most important factor in your decision? Why?
- Brand reputation
- Price
- Durability

PREPARATION TIME	RESPONSE TIME
00:00:03	00:00:30

TOEIC Speaking

Imagine that a candy store is conducting market research to open a new store. You have agreed to participate in a telephone interview about buying candy.

TOEIC Speaking

Where is the closest candy store to your home, and how long does it take to get there?

PREPARATION TIME	RESPONSE TIME
00:00:03	00:00:15

TOEIC Speaking

Where is a good place to buy candy, and is it easy to get there?

PREPARATION TIME	RESPONSE TIME
00:00:03	00:00:15

TOEIC Speaking

Do you eat more candy now than you did in the past, or less? Why?

PREPARATION TIME	RESPONSE TIME
00:00:03	00:00:30

TOEIC Speaking

Imagine that a camping equipment store is conducting a survey in your area. You have agreed to participate in a telephone interview about camping.

TOEIC Speaking

How often do you go camping, and which season do you prefer to go camping in?

PREPARATION TIME	RESPONSE TIME
00:00:03	00:00:15

TOEIC Speaking

If there were a campsite near your home, would you go there often? Why or why not?

PREPARATION TIME	RESPONSE TIME
00:00:03	00:00:15

TOEIC Speaking

If you were going on vacation, would you prefer camping or staying at a hotel? Why?

PREPARATION TIME	RESPONSE TIME
00:00:03	00:00:30

TOEIC Speaking

Imagine that a taxi company is conducting a survey in your area. You have agreed to participate in a telephone interview about taxis.

TOEIC Speaking

How many times a week do you take a taxi, and where do you usually go?

PREPARATION TIME	RESPONSE TIME
00:00:03	00:00:15

TOEIC Speaking

Do you prefer taking a taxi instead of using public transportation? Why or why not?

PREPARATION TIME	RESPONSE TIME
00:00:03	00:00:15

TOEIC Speaking

What do you think is the biggest advantage of taking a taxi instead of driving yourself?

PREPARATION TIME	RESPONSE TIME
00:00:03	00:00:30

TOEIC Speaking

Imagine that you are talking on the telephone with a friend. You are having a conversation about sports games.

TOEIC Speaking

What was the most recent sports game you watched on TV? Who did you watch it with?

PREPARATION TIME	RESPONSE TIME
00:00:03	00:00:15

TOEIC Speaking

Do you prefer watching sports games in person or on TV? Why?

PREPARATION TIME	RESPONSE TIME
00:00:03	00:00:15

TOEIC Speaking

Which of the following do you think is the most important when watching a game in person?
- The stadium's atmosphere
- The seat location
- The ticket price

PREPARATION TIME	RESPONSE TIME
00:00:03	00:00:30

TOEIC Speaking

Imagine that a marketing firm is conducting market research in your country. You have agreed to participate in a telephone interview about mobile apps.

TOEIC Speaking

What mobile app do you use most often in your daily life, and what do you usually use it for?

PREPARATION TIME	RESPONSE TIME
00:00:03	00:00:15

TOEIC Speaking

Are you willing to pay for a mobile app? Why or why not?

PREPARATION TIME	RESPONSE TIME
00:00:03	00:00:15

TOEIC Speaking

What do you think is the biggest reason for choosing a paid app? Why?
- No advertisements
- Access to premium functions
- Trust in the developer

PREPARATION TIME	RESPONSE TIME
00:00:03	00:00:30

TOEIC Speaking

Imagine that you are talking on the telephone with a friend. You are having a conversation about studying.

TOEIC Speaking

Where do you usually study, and why do you prefer that place?

PREPARATION TIME	RESPONSE TIME
00:00:03	00:00:15

TOEIC Speaking

How many hours do you usually study each day? Do you think that is enough?

PREPARATION TIME	RESPONSE TIME
00:00:03	00:00:15

TOEIC Speaking

If you could change one of your study habits, what would it be? Why?

PREPARATION TIME	RESPONSE TIME
00:00:03	00:00:30

TOEIC Speaking

Imagine that you are talking on the telephone with a colleague. You are having a conversation about plants.

TOEIC Speaking

Does anyone in your family grow plants? What kind of plants do they grow?

PREPARATION TIME	RESPONSE TIME
00:00:03	00:00:15

TOEIC Speaking

What is one advantage of growing plants indoors rather than outdoors?

PREPARATION TIME	RESPONSE TIME
00:00:03	00:00:15

TOEIC Speaking

What do you think is the most important thing to consider when starting to grow a plant?
- The type of plant
- The plant's fragrance
- How much care the plant needs

PREPARATION TIME	RESPONSE TIME
00:00:03	00:00:30

TOEIC Speaking

Imagine that you are talking on the telephone with a friend. You are having a conversation about travel.

TOEIC Speaking

Where did you go on your most recent trip, and how was the weather?

PREPARATION TIME	RESPONSE TIME
00:00:03	00:00:15

TOEIC Speaking

Do you enjoy planning trips? Why or why not?

PREPARATION TIME	RESPONSE TIME
00:00:03	00:00:15

TOEIC Speaking

When you travel, do you prefer a well-planned trip or a spontaneous one? Why?

PREPARATION TIME	RESPONSE TIME
00:00:03	00:00:30

TOEIC Speaking

Imagine that a travel agency is conducting a survey in your country. You have agreed to participate in a telephone interview about transportation.

TOEIC Speaking

When was the last time you took a flight, and where did you go?

PREPARATION TIME	RESPONSE TIME
00:00:03	00:00:15

TOEIC Speaking

If you had to go to the airport, what kind of public transportation would you choose, and why?

PREPARATION TIME	RESPONSE TIME
00:00:03	00:00:15

TOEIC Speaking

If you were going on a long-distance trip within your country, would you choose to take a plane or a train? Why?

PREPARATION TIME	RESPONSE TIME
00:00:03	00:00:30

TOEIC Speaking

Imagine that an American media company is doing research in your country. You have agreed to participate in a telephone interview about online news.

TOEIC Speaking

What kind of news do you read most on the internet, and how often do you read it?

PREPARATION TIME	RESPONSE TIME
00:00:03	00:00:15

TOEIC Speaking

Do you prefer reading online news in the morning or at night? Why?

PREPARATION TIME	RESPONSE TIME
00:00:03	00:00:15

TOEIC Speaking

If you were looking for an online news site, which of the following would be the most important to you? Why?
- Whether it covers a wide variety of topics
- Whether it provides accurate information
- Whether it releases the latest news updates quickly

PREPARATION TIME	RESPONSE TIME
00:00:03	00:00:30

TOEIC Speaking

Imagine that a clothing brand is conducting a survey in your country. You have agreed to participate in a telephone interview about buying clothes.

TOEIC Speaking

How often do you go shopping, and where do you usually go?

PREPARATION TIME	RESPONSE TIME
00:00:03	00:00:15

TOEIC Speaking

When you buy clothes, do you care about the brand name? Why or why not?

PREPARATION TIME	RESPONSE TIME
00:00:03	00:00:15

TOEIC Speaking

If you were to purchase clothes, do you prefer to buy one expensive item or several cheaper ones? Why?

PREPARATION TIME	RESPONSE TIME
00:00:03	00:00:30

TOEIC Speaking

Imagine that you are talking on the telephone with a new neighbor. You are having a conversation about the neighborhood.

TOEIC Speaking

How many years have you lived in your current home? Is it an apartment or a house?

PREPARATION TIME	RESPONSE TIME
00:00:03	00:00:15

TOEIC Speaking

What is one good thing about living in an apartment instead of a house?

PREPARATION TIME	RESPONSE TIME
00:00:03	00:00:15

TOEIC Speaking

If you were planning to move into an apartment, which of the following facilities would be most important to you? Why?

- An apartment gym
- Laundry rooms
- Parking spaces

PREPARATION TIME	RESPONSE TIME
00:00:03	00:00:30

TOEIC Speaking

Imagine that your company is conducting a survey. You have agreed to participate in a telephone interview about work environments.

TOEIC Speaking

Do you prefer starting work early in the morning or late in the afternoon? Why?

PREPARATION TIME	RESPONSE TIME
00:00:03	00:00:15

TOEIC Speaking

Do you concentrate better in a crowded place or a quiet one? Why?

PREPARATION TIME	RESPONSE TIME
00:00:03	00:00:15

TOEIC Speaking

Which of the following is the most important to you at work? Why?
- Opportunities to learn new skills
- Opportunities for promotion to a higher position
- Opportunities to participate in various projects

PREPARATION TIME	RESPONSE TIME
00:00:03	00:00:30

Q5-7 시험 직전 체크 리스트

Questions 5-7은 한 가지 주제를 기반으로 출제되는 파트입니다. 준비 시간이 단 3초밖에 주어지지 않기 때문에, 미리 사용할 표현과 단어들을 충분히 익혀 두어야 합니다. 아래의 체크리스트를 통해 실제 시험에 얼마나 준비되어 있는지 스스로 점검해 보세요.

	점검 내용	체크 박스
1	준비 시간을 효율적으로 활용했나요?	☐
2	답변의 흐름을 체계적으로 구성했나요?	☐
3	나레이션을 듣고 주제를 미리 파악했나요?	☐
4	연습할 때 실제 시험처럼 문제를 듣고 풀어보았나요?	☐
5	5번, 6번에서 질문 문장을 그대로 이용해서 답했나요?	☐
6	질문 문장의 의문사에 알맞은 답변을 했나요?	☐
7	7번 문제의 답변을 의견-이유-마무리에 맞추어 체계적으로 답했나요?	☐
8	메모를 하지 않고 답변했나요?	☐
9	학습한 답변 아이디어를 응용해서 답변을 구성했나요?	☐
10	3인 이상 사진에서 부정대명사를 올바르게 사용했나요?	☐

Questions 8-10
Respond to questions using information provided

TOEIC Speaking

Questions 8-10: Respond to questions using information provided

Directions: In this part of the test, you will answer three questions based on the information provided. You will have 45 seconds to read the information before the questions begin. You will have three seconds to prepare and 15 seconds to respond to Questions 8 and 9. You will hear Question 10 two times. You will have three seconds to prepare and 30 seconds to respond to Question 10.

NextWave International Marketing Conference

Tuesday, Sep 11
Mary Golden Hotel

10:00 - 10:30 a.m.	Welcome Speech (David Kim, CEO of NextWave Group)
10:30 - 11:30 a.m.	Presentation: How to launch a marketing campaign (Rachel Scott)
11:30 - Noon	Discussion: AI Marketing Trends
Noon - 1:00 p.m.	Lunch Break
1:00 - 2:00 p.m.	Keynote Speech: The Future of Global Marketing (Sophia Lin)
2:00 - 3:00 p.m.	Award Ceremony: International Marketing Innovation Awards

PREPARATION TIME
00:00:45

PREPARATION TIME
00:00:03

RESPONSE TIME
00:00:15

PREPARATION TIME
00:00:03

RESPONSE TIME
00:00:15

PREPARATION TIME
00:00:03

RESPONSE TIME
00:00:30

Solun Museum Management Conference

April 14 (Wednesday)

Registration fee: $30

Time	Location	Event
9:30 a.m. - 10:00 a.m.	Lobby	Opening
10:00 a.m. - 11:00 a.m.	Seminar Room A	Demonstration of Virtual Exhibitions
11:00 a.m. - 12:00 p.m.	Seminar Room C	Improving Visitor Experience with Technology
12:00 p.m. – 1:00 p.m.	Dining Hall	Lunch (provided by Chen's Restaurant)
1:00 p.m. – 1:40 p.m.	Seminar Room A	Museum Finance and Fundraising Strategies
1:40 p.m. – 2:30 p.m.	Vision Hall	Speech: The Future of Museum Curation

PREPARATION TIME
00:00:45

PREPARATION TIME	RESPONSE TIME
00:00:03	00:00:15

PREPARATION TIME	RESPONSE TIME
00:00:03	00:00:15

PREPARATION TIME	RESPONSE TIME
00:00:03	00:00:30

Local Art Community Center
Summer Art Event Schedule
Sunday, June 19
Roman Park, 723 Milton Street

Time	Activity	Location
9:30 a.m.	Face Painting	Kids Zone
10:30 a.m.	Live Painting Show	Live Stage
11:00 a.m.	Kids' Clay Modeling	Kids Zone
1:00 p.m.	Outdoor Flea Market	Art Zone
~~2:00 p.m.~~	~~DIY Card & Poster Calligraphy~~	~~DIY Zone~~ canceled
3:00 p.m.	Children's Art Contest & Exhibition	Family Zone

* Entry Fee: Adults - $50 / Children - $30

PREPARATION TIME
00:00:45

PREPARATION TIME	RESPONSE TIME
00:00:03	00:00:15

PREPARATION TIME	RESPONSE TIME
00:00:03	00:00:15

PREPARATION TIME	RESPONSE TIME
00:00:03	00:00:30

Lecture Schedule for Mason, HR Manager
October 11-12

Monday, Oct 11

Time	Topic	Capacity
10:00 a.m.	Effective Recruitment Strategies	10
2:00 p.m.	Compensation and Benefits Strategy	15
4:00 p.m.	Workplace Wellness and Mental Health Support	12

Tuesday, Oct 12

Time	Topic	Capacity
11:00 a.m.	How to Develop Workforce Planning	15
3:00 p.m.	Employee Training and Development Programs	12
5:00 p.m.	Recent Recruitment Marketing	20

* Location: Conference Room A (Monday) / Seminar Room B (Tuesday)

PREPARATION TIME
00:00:45

PREPARATION TIME
00:00:03

RESPONSE TIME
00:00:15

PREPARATION TIME
00:00:03

RESPONSE TIME
00:00:15

PREPARATION TIME
00:00:03

RESPONSE TIME
00:00:30

Fitness Center Classes

Deadline for registration: August 25
Price: $20 per class

Class	Time	Instructor	Days
Mindful Yoga	9:30 a.m. - 10:30 a.m.	Maya Collins	Mondays
Swimming	10:30 a.m. - 11:30 a.m.	Ella Quinn	Wednesdays
Core-Strengthening Pilates	11:30 a.m. - 1:00 p.m.	Toby Greg	Tuesdays
Indoor Cycling	1:00 p.m. - 2:00 p.m.	Jaden Wan	Thursdays
CrossFit	2:00 p.m. - 3:30 p.m.	Ben Cooper	Tuesdays
Aerobic Dance	3:30 p.m. - 4:30 p.m.	Nate Hellen	Fridays

PREPARATION TIME
00:00:45

PREPARATION TIME	RESPONSE TIME
00:00:03	00:00:15
00:00:03	00:00:15
00:00:03	00:00:30

Northlight Publication Company

Book Release Schedule
March-May Book List

Genre	Title	Writer	Date
Comedy	Laughing Through Life	Sophia Kim	Mar 15
Science Fiction	Time Travel Tales	James Morgan	Mar 15
Adventure	Exploring Mysterious Lands	Haley Joe	April 5
Romance	Finding Love Again	Ethan Brooks	April 17
Science Fiction	AI Revolution	Cole Anderson	~~May 15~~ June 10
Fantasy	Quest for the Unknown	Owen Bennett	May 28

PREPARATION TIME
00:00:45

PREPARATION TIME	RESPONSE TIME
00:00:03	00:00:15

PREPARATION TIME	RESPONSE TIME
00:00:03	00:00:15

PREPARATION TIME	RESPONSE TIME
00:00:03	00:00:30

Itinerary for Jane Watson's travel to Singapore

Botanic Haven Hotel, Nov 20-Nov 22 (2 nights), Check-out: 1 p.m.

Depart & Arrive		
Nov 20	Depart – Bangkok (Skyjet Airlines Flight 213)	11:15 a.m.
	Arrive – Singapore	2:50 p.m.
Nov 22	Depart – Singapore (Skyjet Airlines Flight 820)	8:30 a.m.
	Arrive – Bangkok	12:00 p.m.
Tour List		
Nov 20	Rainforest Exploration Walk	5:30 p.m.
	Downtown River Cruise	8:00 p.m.
Nov 21	Marina Bay Sands Sky Park Tour	1:00 p.m.
	Night Safari Adventure	8:00 p.m.

* Reservation changes are allowed up to 24 hours before check-in.

PREPARATION TIME
00:00:45

PREPARATION TIME	RESPONSE TIME
00:00:03	00:00:15

PREPARATION TIME	RESPONSE TIME
00:00:03	00:00:15

PREPARATION TIME	RESPONSE TIME
00:00:03	00:00:30

Career Information Seminar

Youth Career Support Center
All Sessions: Conference Room 203

Time	Presenter	Session
9:00 a.m.	Jamie Parker	Welcome Speech
9:30 a.m.	Taylor Reed	Job Market Trends
10:00 a.m.	Erin Mitchell	How to Write an Attractive Résumé
10:30 a.m.	Teri Foster	Successful Interview Skills
~~1:00 p.m.~~	~~Antonio Johnson~~	~~Networking Tips for Job Seekers~~ canceled
2:00 p.m.	Ellen Kristin	Q&A with Career Advisors

* Registration fee: $100 / $80 (register before Nov 9)

PREPARATION TIME
00:00:45

PREPARATION TIME
00:00:03

RESPONSE TIME
00:00:15

PREPARATION TIME
00:00:03

RESPONSE TIME
00:00:15

PREPARATION TIME
00:00:03

RESPONSE TIME
00:00:30

Maplewood Library
Winter Vacation Program for Children
62 Maple Street

Time	Day of the Week	Program
9:00 A.M. – 10:00 A.M.	Tuesdays	Reading Stories with Songs
10:00 A.M. – 11:00 A.M.	Wednesdays	Watching an Animation Film: Finding Nemo
11:00 A.M. – 12:00 P.M.	Thursdays	Making Bookmarks
1:00 P.M. – 2:00 P.M	Fridays	Reading books and Group discussion
2:00 P.M. – 3:00 P.M	Saturdays	Making DIY Character Puppets
2:30 P.M. – 3:30 P.M.	Sundays	Treasure Hunt Activity

* Only online reservations are accepted.
  (www.maplewood.com)

PREPARATION TIME
00:00:45

PREPARATION TIME	RESPONSE TIME
00:00:03	00:00:15

PREPARATION TIME	RESPONSE TIME
00:00:03	00:00:15

PREPARATION TIME	RESPONSE TIME
00:00:03	00:00:30

Jimmy Watson, Brand Marketing Manager
Daily Schedule for Mova Inc.

Time	Activity	Location
10:00 – 10:30 a.m.	Check emails and review documents	Office
10:30 - 11:30 a.m.	Presentation on product launch ideas	Room C
12:00 - 1:00 p.m.	Lunch with employees	Cafeteria A
2:00 – 3:00 p.m.	Attend client meeting	Room B
3:30 – 4:30 p.m.	Presentation on Social Media Content	Room A
4:30 – 5:30 p.m.	Conference Call with Media Agency	Office

Note: Lunch will be provided in Cafeteria A.

PREPARATION TIME
00:00:45

PREPARATION TIME	RESPONSE TIME
00:00:03	00:00:15

PREPARATION TIME	RESPONSE TIME
00:00:03	00:00:15

PREPARATION TIME	RESPONSE TIME
00:00:03	00:00:30

Lowan Innovations

Weekly Schedule

July 1–7, First Week of July
Name: Jackson Miller

Day	Time	Activity	Job Type
Monday	10:00 a.m.	Write Weekly Reports	Report
Tuesday	2:00 p.m.	Attend a Marketing Team Meeting for Upcoming Events	Meeting
Tuesday	5:00 p.m.	Develop a Detailed Project Plan	Individual Work
Wednesday	11:00 a.m.	Prepare a Presentation for Progress Report Meeting	Presentation
Thursday	4:00 p.m.	Join the Webinar: Practical Data Analytics Tips	Training
Friday	2:00 p.m.	Attend a Product Development Meeting	Meeting

PREPARATION TIME
00:00:45

PREPARATION TIME
00:00:03

RESPONSE TIME
00:00:15

PREPARATION TIME
00:00:03

RESPONSE TIME
00:00:15

PREPARATION TIME
00:00:03

RESPONSE TIME
00:00:30

Sunrise Recreation Center
Leisure Activities for Local Residents
Sep 13 – Sep 14

Sep 13

Time	Program	Price
1:00 - 2:00 p.m.	Bowling and Table tennis	$50
2:00 - 3:00 p.m.	Aromatherapy Experience	$60
3:00 - 4:00 p.m.	Group Board Games (please bring your own)	$30

Sep 14

Time	Program	Price
9:00 - 10:00 a.m.	Meditation and Yoga	$40
10:00 - 11:00 a.m.	Group Puzzle Solving	$35
11:00 - Noon	Natural Soap Making	$65

Materials and Items Provided.

*10% discount for pre-registration

PREPARATION TIME
00:00:45

PREPARATION TIME	RESPONSE TIME
00:00:03	00:00:15

PREPARATION TIME	RESPONSE TIME
00:00:03	00:00:15

PREPARATION TIME	RESPONSE TIME
00:00:03	00:00:30

Creative Cartoon Conference

Bistro Convention Center
Thursday, July 8

Registration Information: www.cartooncf.com/register

Time	Event	Presenter
9:30 - 10:30 A.M.	Creative Workshop: *Build Your Own Comic Character*	Andrew Kolpin
10:30 - 11:30 A.M.	Personal Portfolio Feedback	Cathy Joe
11:30 - Noon	Live Talk: From Sketch to Screen	Sylvia Vince
Noon - 1:00 P.M.	Conference Luncheon	
1:00 - 2:00 P.M.	Demonstration: Digital Comics Platforms	Sylvia Vince
2:00 - 2:30 P.M.	Cartoon Quiz and Prize Draw	

PREPARATION TIME
00:00:45

PREPARATION TIME	RESPONSE TIME
00:00:03	00:00:15
00:00:03	00:00:15
00:00:03	00:00:30

Orientation Schedule for Museum Tour Guides

June 14 (Thursday), 9:30 A.M. – 3:00 P.M.
Mariana Bluebay Hotel, 3rd floor

Time	Schedule	Speaker
09:30 A.M.	Welcome & Opening	
10:00 A.M.	Introduction to the Museum	Billy Kadison
11:00 A.M.	Tips for Communication and Guest Interactions	Kelly Rosin
12:00 P.M.	Lunch (Meals are not provided)	
1:00 P.M.	Safety & Emergency Guidelines	Ray Opal
2:00 P.M.	Guided Tour Practice	
3:00 P.M.	Q&A Session	

* Everyone is required to check their seat number when entering.

PREPARATION TIME
00:00:45

PREPARATION TIME	RESPONSE TIME
00:00:03	00:00:15

PREPARATION TIME	RESPONSE TIME
00:00:03	00:00:15

PREPARATION TIME	RESPONSE TIME
00:00:03	00:00:30

Happy Pan Cooking Classes

Summer Program Schedule
Oct 13 -14, 9:30 a.m. - 5:00 p.m.

Time	Class	Level	Instructor
9:30 - 10:30 a.m.	Easy Meal Prep	Beginner	Julian Park
10:30 - 11:30 a.m.	Authentic Italian Pasta	Intermediate	Marco Ronald
1:00 - 2:00 p.m.	Cookies and Muffins	Beginner	Bruno Lain
2:00 - 3:00 p.m.	Korean Home Cooking	Advanced	Richard Kim
3:00 - 4:00 p.m.	No-Bake Desserts	Beginner	Anna Joe
4:00 - 5:00 p.m.	Mexican Tacos and Sauces	Intermediate	Lilly Kriston

Fee: $25/class

PREPARATION TIME
00:00:45

PREPARATION TIME	RESPONSE TIME
00:00:03	00:00:15

PREPARATION TIME	RESPONSE TIME
00:00:03	00:00:15

PREPARATION TIME	RESPONSE TIME
00:00:03	00:00:30

CutCraft Video Editing Company

Interview Schedule
January 24, Room A

Time	Name	Previous Experience	Desired Position
9:00 - 9:30 A.M.	Moly Lucas	Pixel Track Media	Junior Video Editor
9:30 - 10:00 A.M.	Jennifer Pezz	Visionary Studio	Sound Editor
10:00 - 10:30 A.M.	Olivia Gomez	Snap Cut Productions	Content Creator
10:30 - 11:00 A.M.	Chloe Choi	Real Motion Studio	Senior Video Editor
11:00 - 11:30 A.M.	Megan Hally	Pixel Track Media	Motion Graphic Designer

PREPARATION TIME
00:00:45

PREPARATION TIME	RESPONSE TIME
00:00:03	00:00:15

PREPARATION TIME	RESPONSE TIME
00:00:03	00:00:15

PREPARATION TIME	RESPONSE TIME
00:00:03	00:00:30

Starlight Cinema Interview Schedule

Staff Interviews

May 27, 11:00 A.M.- 6:00 P.M.

Location: Main Hall B

Time	Name	Position	Previous Role
11:30 - Noon	Emily Grant	Box Office Manager	Box Office Staff
~~1:00 - 1:30~~ 2:00 – 2:30	Chris Miller	Snack Bar Staff	Box Office Assistant
3:00 – 3:30	Liam Hayes	Screening Operator	Audio Technician
4:00 - 4:30	Natalie Rose	Floor Supervisor	Floor Manager
5:30 - 6:00	Aaron Lewis	Front Desk Assistant	Ticket Taker

PREPARATION TIME
00:00:45

PREPARATION TIME
00:00:03

RESPONSE TIME
00:00:15

PREPARATION TIME
00:00:03

RESPONSE TIME
00:00:15

PREPARATION TIME
00:00:03

RESPONSE TIME
00:00:30

Beverlin University

English Classes: September 10 - October 12
Location: Classroom 1

Time	Day	Class & Instructor
9:30 - 10:20 a.m.	Monday	American Poetry – Soren Park
1:00 - 1:50 p.m.	Monday	English Linguistics – Kai Ren (Classroom 2)
1:30 - 2:20 p.m.	Wednesday	Business Communication in English – Lena Choi
2:30 - 3:20 p.m.	Wednesday	British Poetry – Astra Dorin
10:30 - 11:20 a.m.	Friday	English Grammar & Composition – Elen Brian
2:00 - 2:50 p.m.	Friday	Academic Writing Skills – Talia Von

PREPARATION TIME
00:00:45

PREPARATION TIME
00:00:03

RESPONSE TIME
00:00:15

PREPARATION TIME
00:00:03

RESPONSE TIME
00:00:15

PREPARATION TIME
00:00:03

RESPONSE TIME
00:00:30

Facility Reopening Schedule
December 2 ~ December 28

Date	Name	Location	Reopening Time
December 2	Evergreen Senior Center	79 Elam Street	10:00 a.m.
December 8	Nashville Community Hall	162 Oak Street	11:00 a.m.
December 14	Ellenburg Fitness Center	87 Eastern Ave	1:00 p.m.
December 19	Public Library	476 Cedar Street	3:00 p.m.
~~December 21~~	~~Rovelli City Art Center~~ delayed	~~340 Western Ave~~	~~4:00 p.m.~~
December 28	Creston Bank	53 Westen Ave	5:00 p.m.

For more information, please visit our web site at www.macity.com

PREPARATION TIME
00:00:45

PREPARATION TIME	RESPONSE TIME
00:00:03	00:00:15

PREPARATION TIME	RESPONSE TIME
00:00:03	00:00:15

PREPARATION TIME	RESPONSE TIME
00:00:03	00:00:30

Grace Harper

45 Pinecrest Lane, Riverwood, Seattle
Phone: (826) 334-2759
Email: graceharper12@pmail.com

Desired Position: Senior Biological Researcher

Education
Bachelor's degree in Biological Sciences: University of Queensland (2018)
High school diploma: Pine Hill High School (2012)

Work Experience
Biological Researcher: Coast BioLabs (2020 – present)
Research Assistant: Pregreen Environmental Institute (2018 – 2020)

Skills & Activities
Fluent in Italian
Internship at Helix Research Institute (2014 – 2015)

PREPARATION TIME
00:00:45

PREPARATION TIME	RESPONSE TIME
00:00:03	00:00:15

PREPARATION TIME	RESPONSE TIME
00:00:03	00:00:15

PREPARATION TIME	RESPONSE TIME
00:00:03	00:00:30

Q8-10 시험 직전 체크 리스트

Questions 8-10은 문제를 모르는 상태에서 표만 보며 준비를 해야합니다. 게다가 문제도 눈으로 볼 수 없고, 리스닝에만 의존해야 하기 때문에 다른 문제들에 비해 많이 긴장될 수 있습니다. 평소에 다양한 유형을 많이 연습해둔다면 극복할 수 있습니다. 아래 체크리스트를 보며 점검해보고 체크되지 않은 내용에 유의해서 연습해주세요.

	점검 내용	체크 박스
1	준비 시간 동안 소리내서 표를 소리내어 읽으며 숙지했나요?	☐
2	준비 시간 동안 표를 보며 예상되는 문제를 떠올렸나요?	☐
3	준비 시간에 표를 보고 장소, 고유명사 등의 발음을 연습했나요?	☐
4	연습할 때 실제 시험처럼 문제를 듣고 풀어보았나요?	☐
5	문제를 들을 때 메모를 했나요?	☐
6	시간, 장소, 위치 등에 올바른 전치사를 사용했나요?	☐
7	8번 문제의 답변을 2문장 내외로 했나요?	☐
8	9번 문제의 답변에 쿠셔닝 문장을 사용했나요?	☐
9	10번 문제의 답변을 서론-본론-결론에 맞춰 체계적으로 답했나요?	☐
10	마무리 문장을 학습한 답변 패턴으로 사용했나요?	☐

Question 11
Express an opinion

실전 100

정답및해설 p.160

TOEIC Speaking

Question 11: Express an opinion

Directions: In this part of the test, you will give your opinion about a specific topic. Be sure to say as much as you can in the time allowed. You will have 45 seconds to prepare. Then you will have 60 seconds to speak.

실전100 | 081 | 난이도 ★☆☆ | MP3 AT100_Q_081

TOEIC Speaking

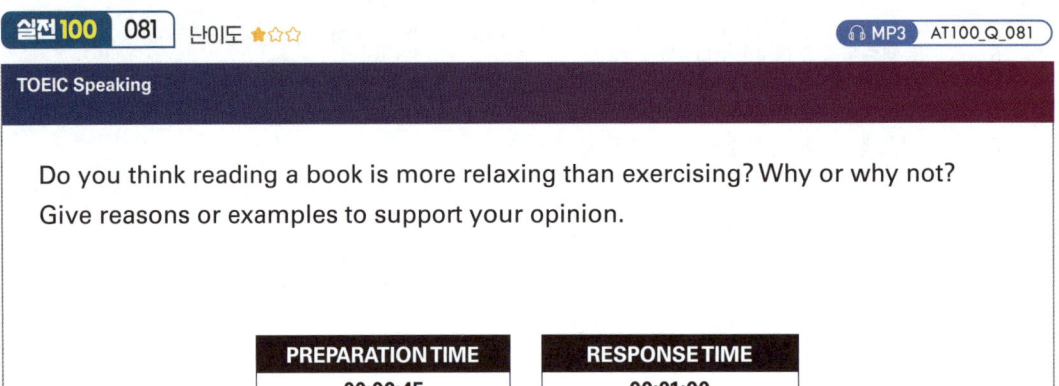

Do you think reading a book is more relaxing than exercising? Why or why not? Give reasons or examples to support your opinion.

PREPARATION TIME	RESPONSE TIME
00:00:45	00:01:00

082

TOEIC Speaking

Some people say that learning history is essential, while others believe that science and technology are more important. What do you think is more important? Give reasons or examples to support your opinion.

PREPARATION TIME	RESPONSE TIME
00:00:45	00:01:00

083

TOEIC Speaking

Which of the following is the most important quality that an employee should have at work? Choose one of the options below and provide reasons or examples to support your opinion.

- Honesty
- Communication skills
- Creativity

PREPARATION TIME	RESPONSE TIME
00:00:45	00:01:00

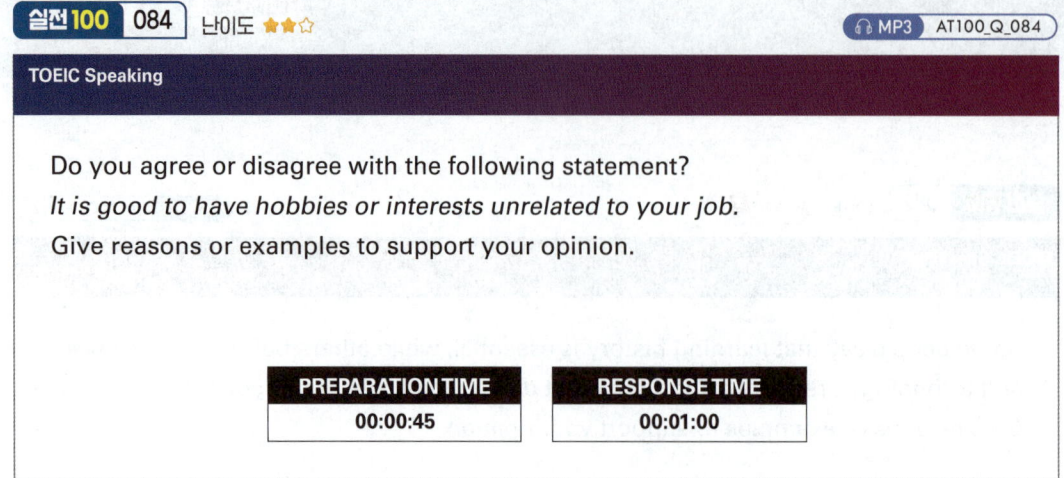

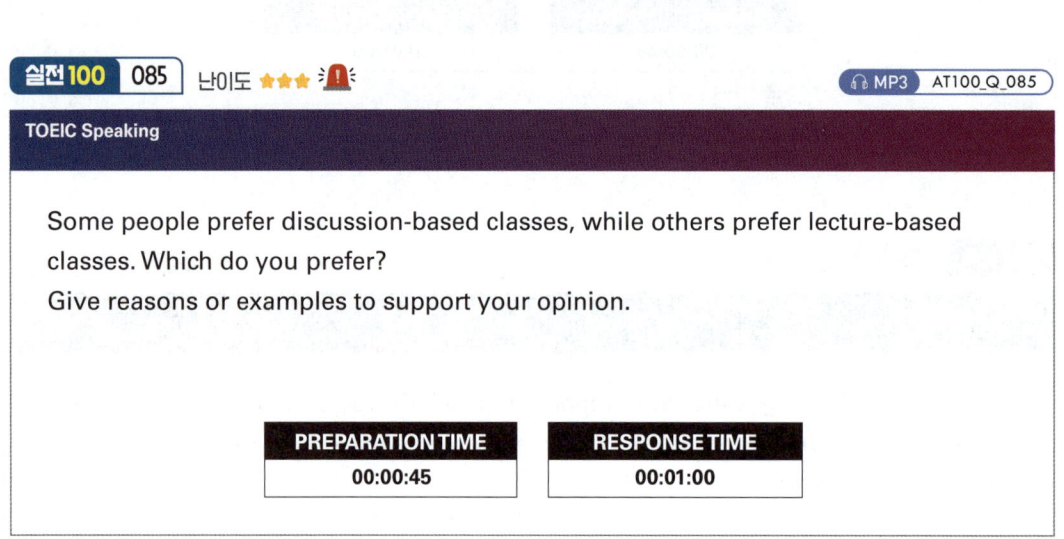

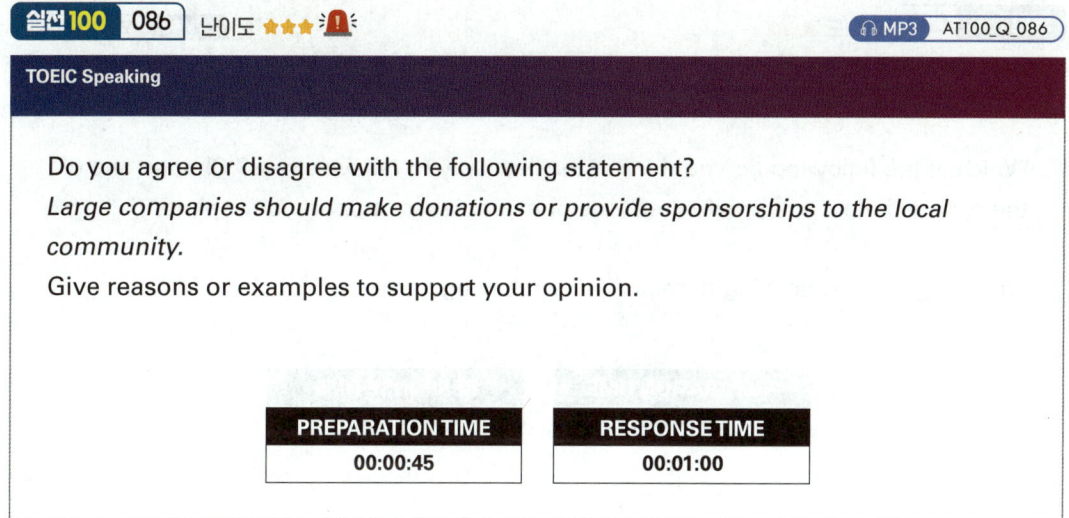

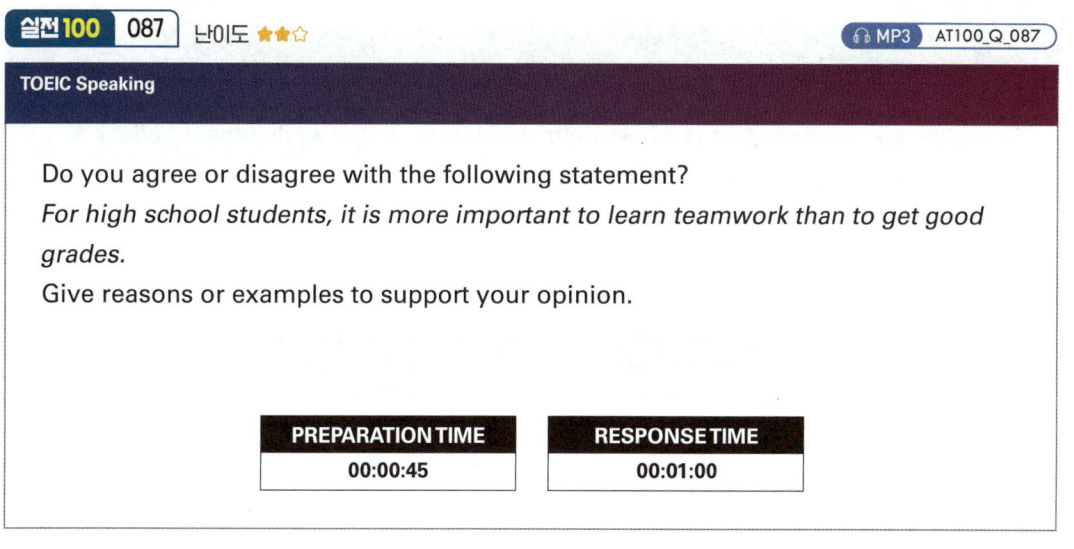

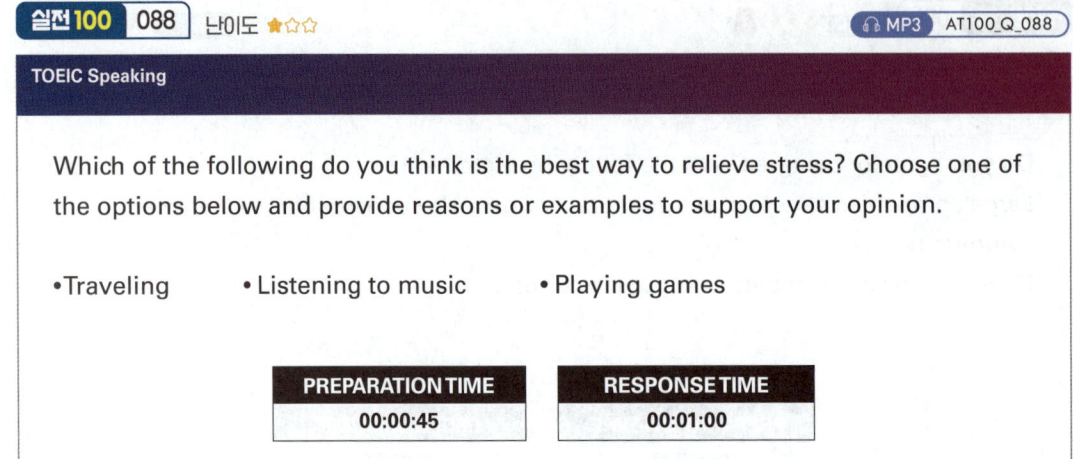

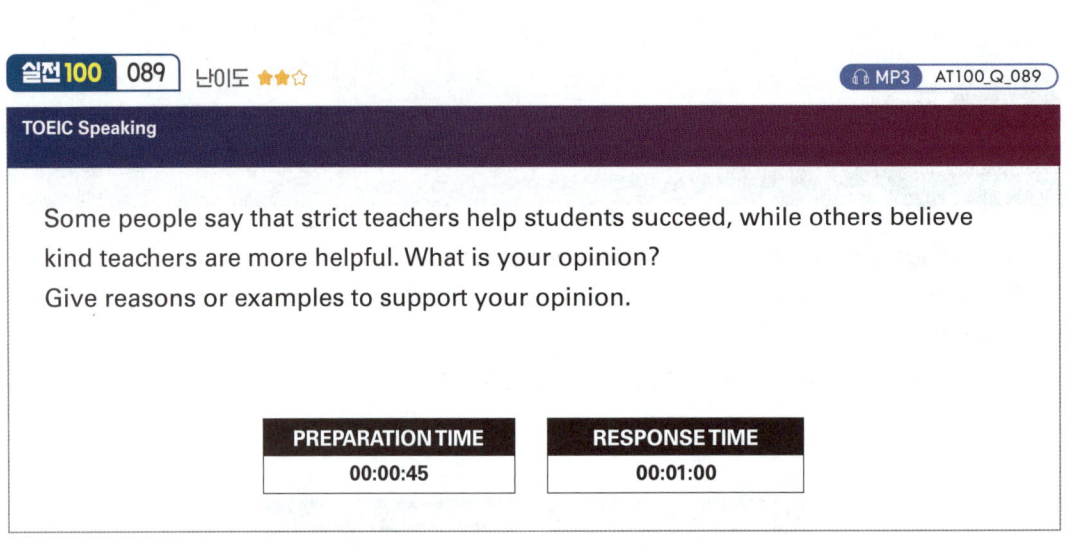

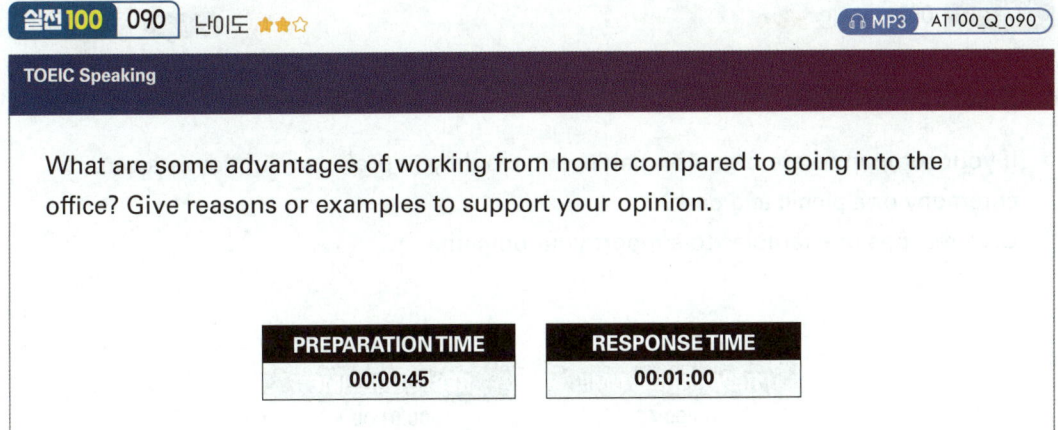

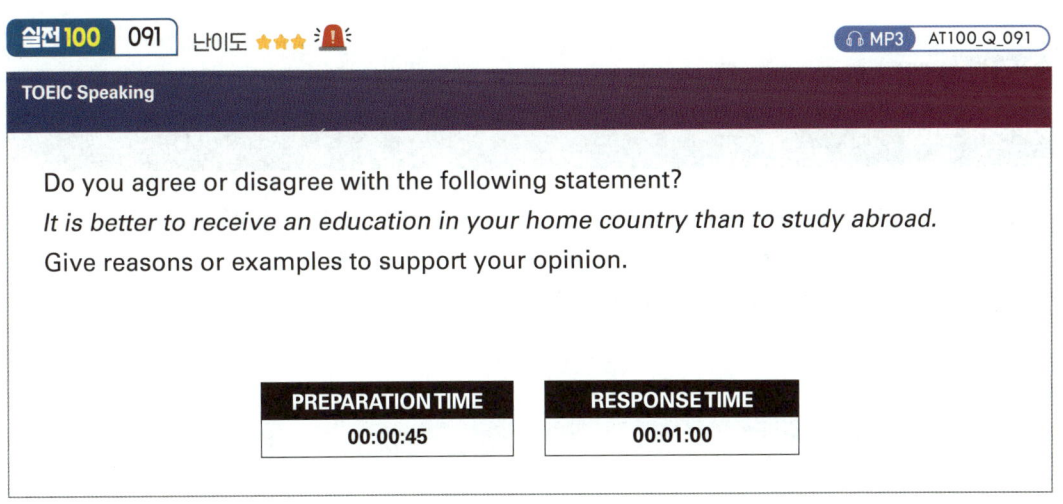

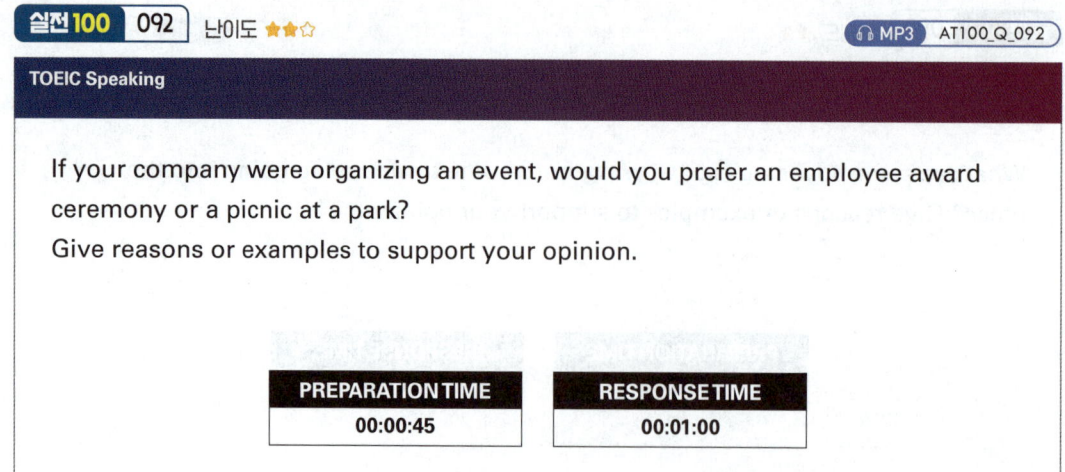

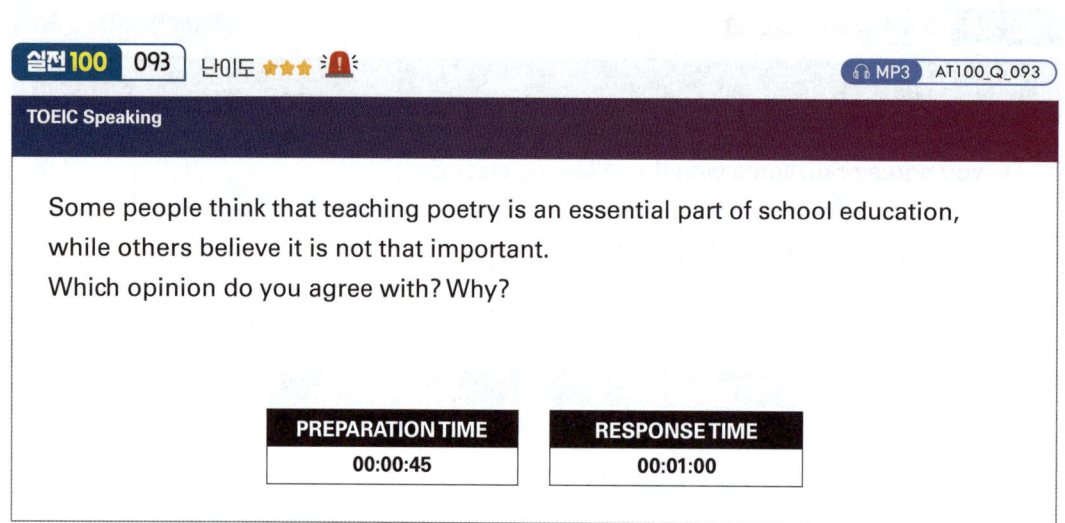

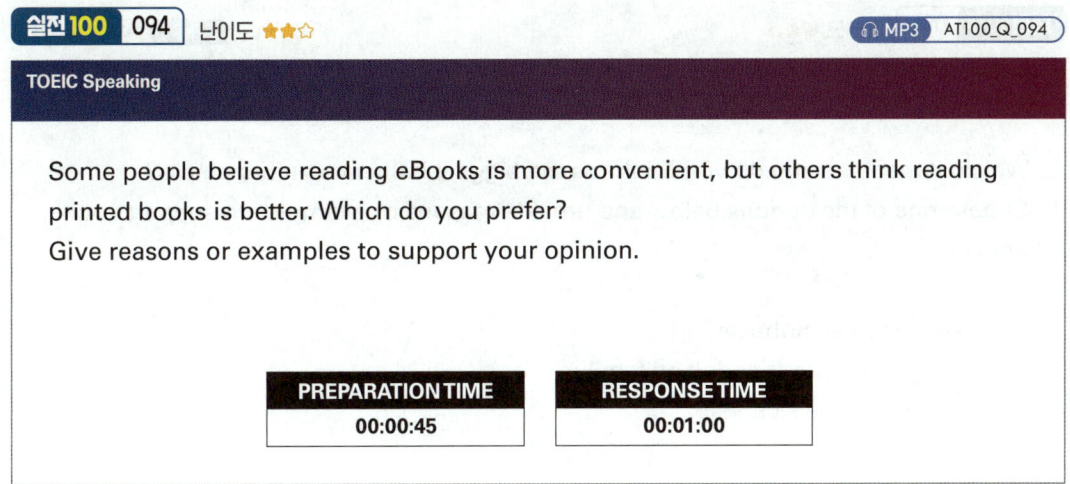

Some people believe reading eBooks is more convenient, but others think reading printed books is better. Which do you prefer?
Give reasons or examples to support your opinion.

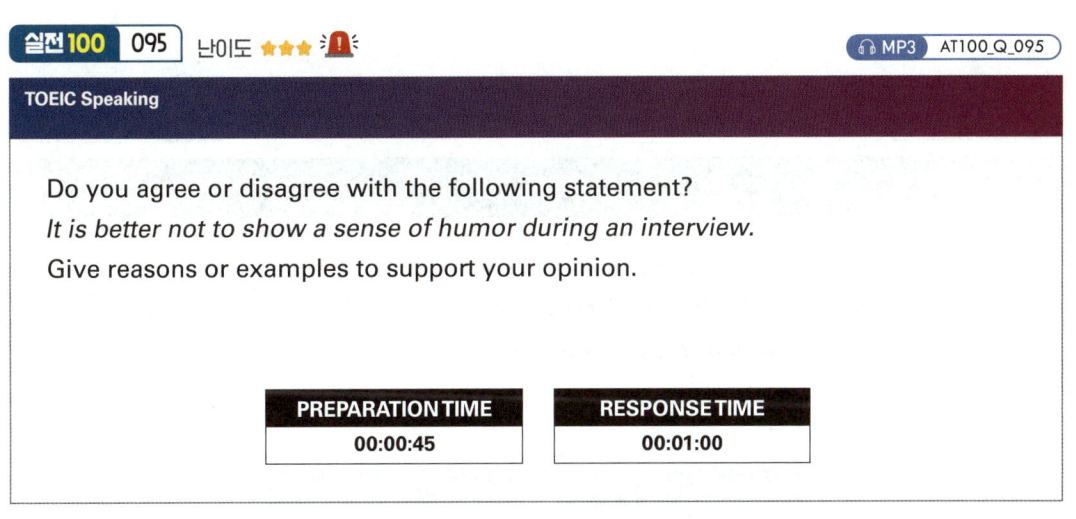

Do you agree or disagree with the following statement?
It is better not to show a sense of humor during an interview.
Give reasons or examples to support your opinion.

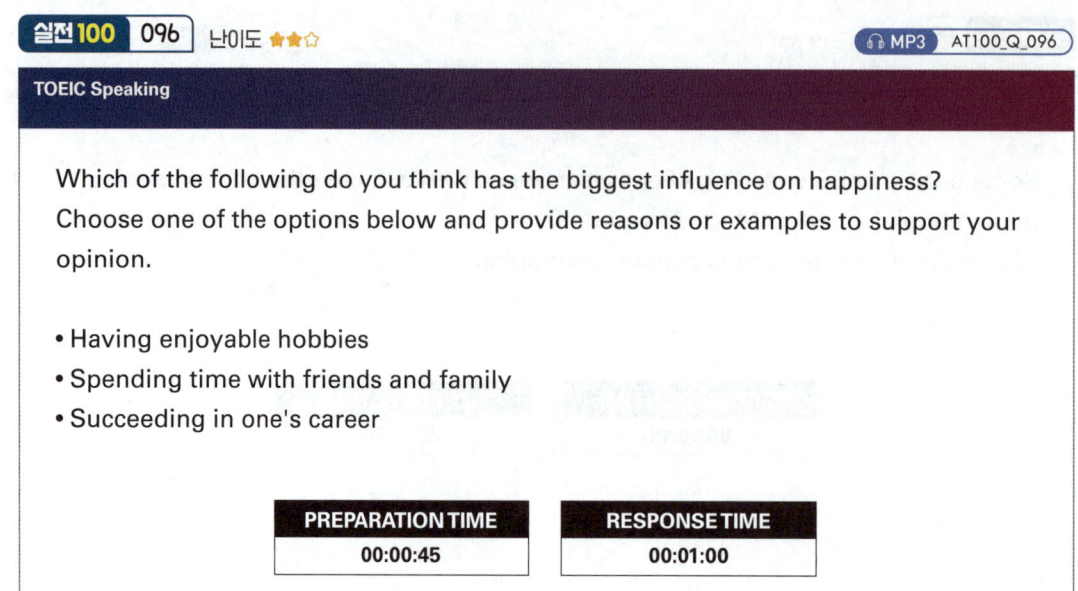

Which of the following do you think has the biggest influence on happiness? Choose one of the options below and provide reasons or examples to support your opinion.

• Having enjoyable hobbies
• Spending time with friends and family
• Succeeding in one's career

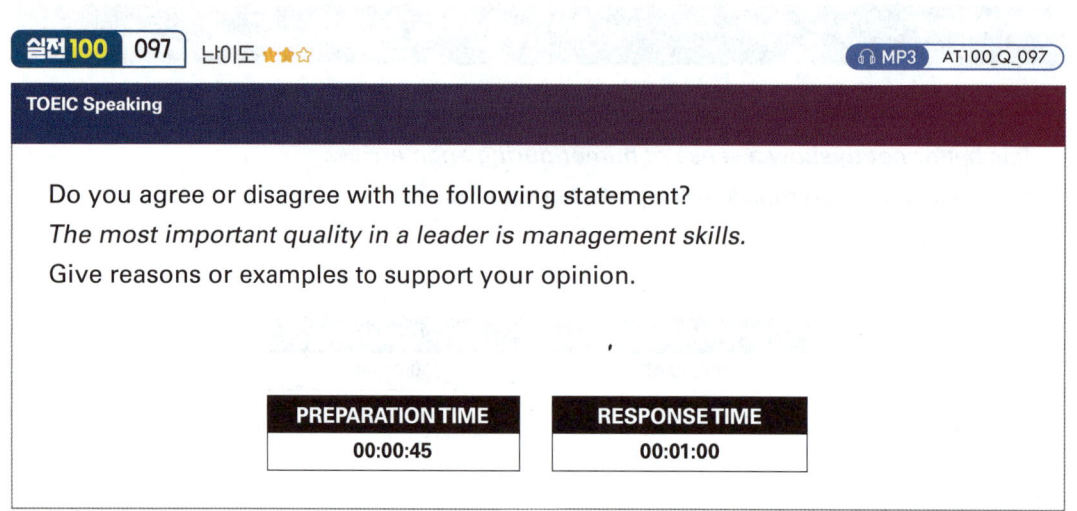

Do you agree or disagree with the following statement?
The most important quality in a leader is management skills.
Give reasons or examples to support your opinion.

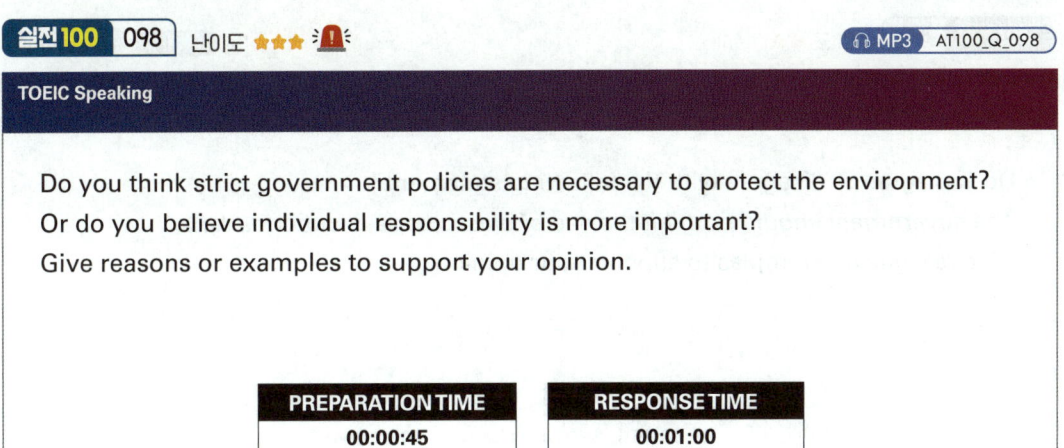

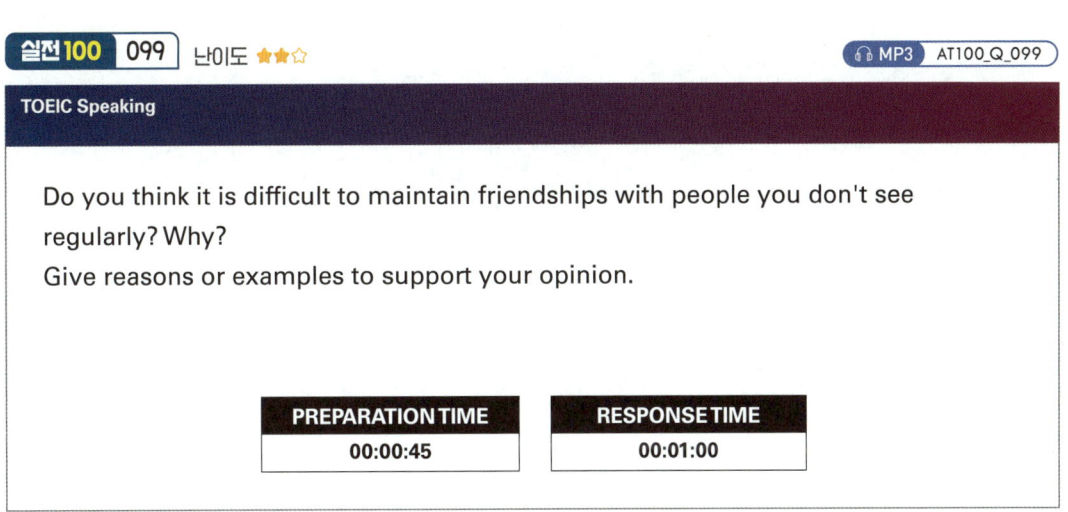

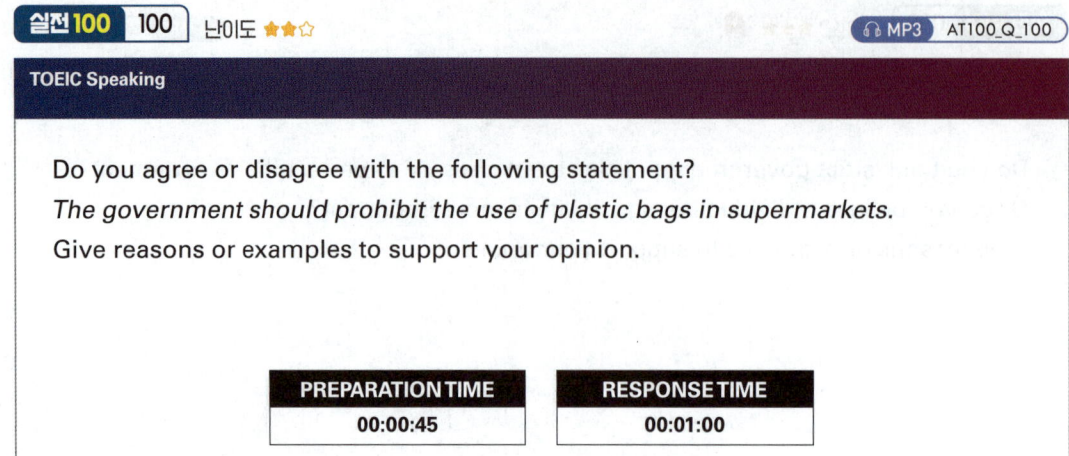

Q11 시험 직전 체크 리스트

Question 11은 토익스피킹에서 가장 답변시간도 길며 어려운 문제입니다. 준비 시간을 잘 활용해 대비해야지만 답변을 짜임새있고 논리적으로 만들 수 있습니다. 가장 점수 배점이 높은 만큼, 아래 체크리스트를 활용해서 체계적으로 시험을 대비해보세요.

	점검 내용	체크 박스
1	준비 시간 동안 전체 답변을 짜임새 있게 계획했나요?	☐
2	답변을 준비할 때 키워드와 기호를 사용해 시간을 효과적으로 활용했나요?	☐
3	답변 아이디어를 정리하면서 나만 알아 볼 수 있는 키워드나 기호를 준비해 두었나요?	☐
4	가장 대표적인 교육, 직장, 생활, 기술 주제에 관한 답변이 준비되어 있나요?	☐
5	어떤 문제를 만나도 답변의 방향성을 쉽게 세울 수 있나요?	☐
6	답변 의견 문장에서 문제를 잘 활용했나요?	☐
7	의견, 결론 등을 말할 때 문법 오류없이 답변할 수 있나요?	☐
8	본론을 구성할 때 첫째, 둘째로 나누어 답변 했나요?	☐
9	답변에 예시를 넣어 답변 했나요?	☐
10	답변에 개인 경험을 포함해 답변 했나요?	☐

부록

 MP3 듣기
 강의 보기

채점관이 좋아하는
토익스피킹 만능문장 200개

부록 채점관이 좋아하는 토익스피킹 만능문장 200개

Q3-4

인물

1	He is wearing blue rubber boots.	그는 파란색 고무장화를 신고 있습니다.
2	She is wearing a checked shirt with short pants.	그녀는 체크무늬 셔츠와 짧은 바지를 입고 있습니다.
3	He is wearing sunglasses and an orange backpack.	그는 선글라스와 주황색 배낭을 메고 있습니다.
4	There is a worker wearing a yellow helmet and safety belt.	노란색 헬멧과 안전 벨트를 착용한 작업자가 있습니다.
5	There is a woman wearing an apron.	앞치마를 입은 여자가 있습니다.
6	They are carrying backpacks and holding suitcases.	그들은 배낭을 메고 여행 가방을 들고 있습니다.
7	He is chopping vegetables on the counter.	그는 조리대 위에서 채소를 썰고 있습니다.
8	He is up on the ladder and changing a light bulb.	그는 사다리에 올라가 전구를 교체하고 있습니다.
9	He is pointing at something and directing his coworker.	그는 무언가를 가리키며 동료에게 지시하고 있습니다.
10	One of them is taking a photo with a mobile phone and the other is posing for the photo.	그들 중 한 명은 휴대폰으로 사진을 찍고 있고 다른 사람은 포즈를 취하고 있습니다.
11	She is pushing an old garden cart, while smiling.	그녀는 미소를 지으며 오래된 정원 카트를 밀고 있습니다.
12	He is leaning forward while playing the trumpet.	그는 몸을 앞으로 숙인 채 트럼펫을 연주하고 있습니다.

13	He is bending down and trying to scoop up some soil.	그는 몸을 구부려 흙을 퍼 올리려고 하고 있습니다.
14	She is kneeling down and opening up a backpack.	그녀는 무릎을 꿇고 앉아 배낭을 열고 있습니다.
15	She is unloading her luggage from the trunk.	그녀는 트렁크에서 짐을 내리고 있습니다.

배경

1	There is a rack with a test tube in it.	시험관이 들어있는 시험관 거치대가 있습니다.
2	There is a wooden shelf filled with hair products and hairdressing tools.	헤어 제품과 미용 도구들로 가득 찬 나무 선반이 있습니다.
3	There are several tires stacked on the side.	한 쪽에 여러 개의 타이어들이 쌓여 있습니다.
4	There are many old and historical buildings along the riverside.	강가를 따라 오래되고 역사적인 건물들이 많이 있습니다.
5	The building has very old door frames, and it has a beautiful balcony.	그 건물은 매우 오래된 문틀이 있고 아름다운 발코니가 있습니다.
6	There are some plants and a tall white fence.	몇몇 식물들과 높은 흰색 울타리가 있습니다.
7	There is a wooden table and a chair.	나무로 된 테이블과 의자가 있습니다.
8	There is a red ladder leaning against the train.	빨간색 사다리가 기차에 기대어 있습니다.
9	There are kitchen utensils placed neatly on the counter.	조리용 기구들이 조리대 위에 가지런히 놓여 있습니다.

10	There are countless yachts docked.	셀 수 없이 많은 배들이 정박해 있습니다.
11	There is a white camping table with an orange cooler by it.	흰색 캠핑 테이블과 그 옆에 주황색 아이스 박스가 있습니다.
12	There are many bikes parked along the bike rack.	자전거 거치대를 따라 주차된 여러 대의 자전거가 있습니다.
13	I can see many cars moving along the street.	길을 따라 움직이고 있는 많은 차들이 보입니다.
14	I can see tall shelves stacked with goods.	물품이 가득 쌓인 높은 선반들이 보입니다.
15	I can see many tall buildings in the distance.	저 멀리 고층 건물들이 많이 보입니다.

Q5-7

일상

1	I would be willing to donate on a regular basis.	저는 정기적으로 기부 할 의향이 있습니다.
2	I usually get information from social media.	저는 주로 소셜 미디어에서 정보를 얻습니다.
3	I usually talk about my daily life.	저는 주로 일상 생활에 대해 이야기합니다.
4	I can listen to music or check my phone while traveling.	저는 여행하는 동안 음악을 듣거나 휴대폰을 확인할 수 있습니다.
5	I usually study at the library near my home.	저는 주로 집 근처에 있는 도서관에서 공부합니다.

6	It is quiet and has fewer distractions.	그곳은 조용하고 방해 요소가 더 적습니다.
7	I can save a lot of travel time and spend more time at my destination.	저는 이동 시간을 많이 절약할 수 있고 목적지에서 더 많은 시간을 보낼 수 있습니다.
8	I have lived in my current home for about 5 years.	저는 현재 살고 있는 집에서 약 5년 동안 살고 있습니다.
9	It makes it easier to stick to my workout routine.	그것 덕분에 저의 운동 루틴을 더 쉽게 지킬 수 있습니다.
10	It is easier to share personal thoughts.	개인적인 생각을 공유하기 더 쉽습니다.
11	It is good for stress relief.	그것은 스트레스 해소에 좋습니다.
12	I can focus better in the morning.	저는 아침에 집중을 더 잘할 수 있습니다.
13	I concentrate better in a quiet place.	저는 조용한 곳에서 집중이 더 잘됩니다.
14	It motivates me to work harder.	제가 더 열심히 일하도록 동기를 부여합니다.
15	It feels more comfortable and less stressful.	그것은 더 편안하고 스트레스를 덜 받습니다.

취미/여가

1	It is usually more time-efficient and cheap.	그것은 보통 시간 효율적이고 비용이 저렴합니다.
2	It is more convenient and affordable.	그것은 더 편리하고 가격이 저렴합니다.
3	I can have deeper conversations.	저는 더 깊은 대화를 할 수 있습니다.
4	I listen to the radio once a week.	저는 일주일에 한 번 라디오를 듣습니다.
5	They are cost-efficient.	그것들은 비용 효율적입니다.
6	It would help me relax on weekends.	그것은 주말에 휴식을 취하는데 도움이 됩니다.
7	I can enjoy nature more closely.	저는 자연을 더 가까이에서 즐길 수 있습니다.
8	It gives me a chance to escape from city life.	그것은 도시의 일상으로부터 벗어나게 해줍니다.
9	I can have fun with my family or friends.	저는 가족이나 친구들과 즐거운 시간을 보낼 수 있습니다.
10	It is definitely more fun and exciting.	그것은 확실히 더 재미있고 흥미진진합니다.
11	It makes me feel excited before the trip.	그것은 여행 전에 설레는 기분이 들게 해줍니다.
12	I can book cheaper tickets and find good hotels.	저는 더 저렴한 항공권을 예약하고 좋은 호텔을 찾을 수 있습니다.
13	I can just relax and enjoy myself.	저는 그냥 편하게 쉬고 즐길 수 있습니다.

| 14 | I went to Busan on my most recent trip. | 저는 가장 최근에 부산으로 여행을 갔습니다. |
| 15 | It can be noisy and overwhelming. | 그것은 시끄럽고 견디기 어려울 수 있습니다. |

쇼핑

1	I usually purchase artwork once a year.	저는 주로 일 년에 한번 미술 작품을 구입합니다.
2	It's a great piece of home décor.	그것은 실내 장식으로 멋진 소품입니다.
3	I prefer shopping in person.	저는 직접 쇼핑하는 것을 선호합니다.
4	This helps me check the details, colors, and quality more clearly.	이것은 작품의 세부 사항과 색상, 그리고 품질을 더 정확하게 확인하는 데 도움을 줍니다.
5	I can talk with the seller or artist in person.	저는 직접 판매원이나 아티스트와 이야기할 수 있습니다.
6	The closest store to my home is at the shopping mall.	저희 집에서 가장 가까운 가게는 쇼핑몰에 있습니다.
7	I prefer healthier snacks these days.	저는 요즘 더 건강한 간식을 선호합니다.
8	Eating too much candy is not good for my teeth and weight.	과도한 사탕 섭취는 치아와 체중에 좋지 않습니다.
9	I usually go shopping once or twice a month.	저는 주로 한 달에 두 번 쇼핑을 갑니다.
10	Good brands provide good-quality products.	좋은 브랜드는 품질이 좋은 제품을 제공합니다.

11	High-quality products last longer.	품질이 좋은 제품은 더 오래갑니다.
12	Online shopping is always available 24/7.	온라인 쇼핑은 24시간 항상 이용 가능합니다.
13	I will have a lot of options to choose from.	저는 선택할 수 있는 많은 선택지를 가지게 될 것입니다.
14	There are various types of products.	다양한 종류의 제품들이 있습니다.
15	I care about the specification of products.	저는 제품의 사양을 중요하게 생각합니다.

인터넷/기술

1	The mobile app I use most often is YouTube.	제가 가장 자주 사용하는 모바일 앱은 유튜브입니다.
2	It helps me start the day with useful information.	그것은 유용한 정보로 하루를 시작하는 데 도움을 줍니다.
3	Wrong information can be very misleading.	잘못된 정보는 오해의 소지가 있을 수 있습니다.
4	When I am taking an online class, I prefer using my mobile phone.	강의를 수강할 때, 저는 휴대폰을 사용하는 것을 선호합니다.
5	I can choose a model that is affordable.	저는 가격이 적당한 모델을 선택할 수 있습니다.
6	It is expensive, so I want to find one at a good price.	그것은 비싸기 때문에 좋은 가격의 제품을 찾고 싶습니다.
7	It helps me stay within my budget.	그것은 예산 안에서 돈을 쓸 수 있도록 도와줍니다.

8	I usually use it to watch videos.	저는 주로 영상을 시청할 때 사용합니다.
9	I can focus only on the content without interruptions.	저는 방해 없이 콘텐츠에만 집중할 수 있습니다.
10	Paid apps are often higher quality and have no ads.	유료 앱은 보통 품질이 더 좋고 광고가 없습니다.
11	I can buy almost everything online these days.	요즘에는 온라인으로 거의 모든 것을 살 수 있습니다.
12	I use the internet to look up information quickly.	저는 정보를 빠르게 찾아보기위해 인터넷을 이용합니다.
13	Spending too much time online is not good for my health.	온라인에 너무 많은 시간을 쓰는 것은 건강에 좋지 않습니다.
14	I usually read world news on the internet.	저는 주로 인터넷에서 세계 뉴스를 봅니다.
15	The internet makes communication much easier.	인터넷은 소통을 훨씬 더 쉽게 해줍니다.

Q8-10

행사/개인 일정표

1	The conference will be held on Wednesday, April, 14th.	컨퍼런스는 4월 14일 수요일에 열립니다.
2	The science fiction book is scheduled to be published in June.	공상 과학 소설 책은 6월에 출간될 예정입니다.
3	Teri Foster will be leading the session.	테리 포스터가 그 세션을 진행할 예정입니다.

4	Jamie Parker will give a welcome speech.	제이미 파커가 환영사를 진행할 예정입니다.
5	Taylor Reed will present a session on "Job Market Trends."	테일러 리드가 "취업 시장 동향"에 관한 세션을 발표할 예정입니다.
6	There is no schedule from 1 p.m. to 2 p.m.	오후 1시에서 2시까지는 일정이 없습니다.
7	It has been delayed. / It has been canceled.	그것은 연기되었습니다. / 그것은 취소되었습니다.
8	Unfortunately, the schedule has been canceled.	안타깝지만 그 일정은 취소되었습니다.
9	I'm afraid you've got the wrong information.	당신은 잘못된 정보를 가지고 있는 것 같습니다.
10	She will carry out a demonstration on "Digital Comics Platforms."	그녀는 "디지털 만화 플랫폼"에 대한 시연을 할 예정입니다.

출장/여행 일정표

1	You will depart from Bangkok at 11:15 a.m.	방콕에서 오전 11시 15분에 출발할 것입니다.
2	You'll be taking Skyjet Airlines Flight 213.	당신은 스카이젯 항공 213편을 이용하실 예정입니다.
3	Your accommodation is at The Botanic Haven Hotel.	당신의 숙소는 보타닉 헤이븐 호텔입니다.
4	Reservation changes are allowed up to 24 hours before check-in.	예약 변경은 체크인 24시간 전까지 가능합니다.
5	The bus will pick you up at the main entrance.	버스가 정문으로 당신을 태우러 올 것입니다.

6	The ferry departs every hour from the dock.	배는 부두에서 매시간 정각에 출발합니다.
7	The walking tour takes about two hours.	도보 투어는 약 두 시간이 걸립니다.
8	Unfortunately, the afternoon tour has been canceled.	안타깝지만 오후 투어는 취소되었습니다.
9	Please make a reservation at least 2 days in advance.	최소 이틀 전에 예약해 주시기 바랍니다.
10	Please bring comfortable shoes and water.	편한 신발과 물을 가져오시기 바랍니다.

수업/프로그램 시간표

1	The first class on Wednesdays starts at 1:30 p.m.	수요일 첫 번째 수업은 오후 1시 30분에 시작합니다.
2	You have to pay 30 dollars for Flying Yoga.	플라잉 요가 수업은 30달러를 지불해야 합니다.
3	The classes will be held from October 13th to the 14th.	수업은 10월 13일부터 14일까지 열립니다.
3	The deadline for registration is August 25th.	등록 마감일은 8월 25일입니다.
4	There is a program on "Introduction to the Museum" by Billy Kadison.	빌리 카디슨이 진행하는 "박물관 소개" 프로그램이 있습니다.
5	We offer the "Authentic Italian Pasta" class led by Marco Ronald.	마르코 로널드가 진행하는 "정통 이탈리아 파스타" 수업이 있습니다.
6	You can get a discount by registering online.	온라인으로 등록하면 할인을 받을 수 있습니다.

7	There are two classes related to poetry.	시와 관련된 수업이 두 개 있습니다.
8	You are scheduled to attend a client meeting in Room B.	당신은 B실에서 고객 회의에 참석하실 예정입니다.
10	Claire Su will teach TOEIC Speaking course in room 910 at 3 p.m.	클레어 서는 오후 3시에 910호에서 토익스피킹 강의를 진행할 예정입니다.

이력서/면접 일정표

1	She got her bachelor's degree in Biological Sciences at the University of Queensland.	그녀는 퀸즐랜드 대학교에서 생물학 학사 학위를 취득했습니다.
2	She is fluent in Italian.	그녀는 이탈리아어에 유창합니다.
3	She has been working at Coast BioLabs since 2020 until now.	그녀는 2020년부터 현재까지 코스트 바이오랩스에서 근무하고 있습니다.
4	She has experience working as a research assistant from 2018 to 2020.	그녀는 연구 보조원으로 2018년부터 2020년까지 근무한 경험이 있습니다.
5	Her desired position is Junior Video Editor.	그녀의 희망 직무는 주니어 비디오 편집자입니다.
6	The interviews will be held on January 24th.	면접은 1월 24일에 진행됩니다.
7	The interviews will take place at Main Hall B.	면접은 메인 홀 B에서 열립니다.
8	The 1 p.m. interview has been postponed to 2 p.m.	오후 1시 면접은 오후 2시로 연기되었습니다.
9	There is an interview with Moly Lucas.	몰리 루카스와의 면접이 있습니다.
10	Megan Hally is scheduled to interview for Motion Graphic Designer position.	메건 할리는 모션 그래픽 디자이너 직무 면접이 예정되어 있습니다.

Q11

학교/교육

1	They directly improve our daily lives.	그것들은 우리의 일상생활을 직접적으로 나아지게 합니다.
2	It creates opportunities for the future.	그것은 미래를 위한 기회를 창출합니다.
3	It provides us with tools to change the future.	그것은 미래를 바꿀 수 있는 도구를 제공합니다.
4	It is good for critical thinking.	그것은 비판적 사고에 도움이 됩니다.
5	It opens up different perspectives for people.	그것은 사람들에게 다양한 관점을 열어 줍니다.
6	It improves communication skills.	그것은 의사소통 능력을 향상시켜 줍니다.
7	It trained me to express ideas in a logical way.	그것은 제 생각을 논리적으로 표현하는 훈련이 되었습니다.
8	It is an essential skill for the future.	그것은 미래에 필수적인 능력입니다.
9	That experience was more useful later in life.	그 경험은 나중에 인생에서 더 유용했습니다.
10	It creates a comfortable learning environment.	그것은 편안한 학습 환경을 만듭니다.
11	It motivates students to keep learning.	그것은 학생들이 계속 배우도록 동기를 부여합니다.
12	Motivation leads to long-term success.	동기 부여는 장기적인 성공으로 이어집니다.

| 13 | It broadens my perspectives. | 그것은 제 관점을 넓혀 줍니다. |

| 14 | I can experience different cultures and ideas. | 저는 다양한 문화와 생각을 경험할 수 있습니다. |

| 15 | It provides more opportunities for self-growth. | 그것은 자아 성장을 위한 더 많은 기회를 제공합니다. |

| 16 | It teaches independence and problem-solving skills. | 그것은 자립과 문제 해결 능력을 길러 줍니다. |

| 17 | It helps students develop creativity. | 그것은 학생들의 창의력을 발달시키는 데 도움이 됩니다. |

| 18 | It can help students see the world from a new perspective. | 그것은 학생들이 세상을 새로운 관점으로 바라보게 해줍니다. |

| 19 | It makes students more sensitive to expression. | 그것은 학생들이 표현에 더 섬세해지도록 합니다. |

| 20 | It is key to clear communication. | 그것은 명확한 의사소통의 핵심입니다. |

직장/업무

| 1 | Good communication prevents misunderstandings. | 좋은 의사소통은 오해를 방지합니다. |

| 2 | They can understand the goals and tasks better. | 그들은 목표와 업무를 더 잘 이해할 수 있습니다. |

| 3 | Clear instructions help the team avoid confusion. | 명확한 지시는 팀이 혼란을 피하는 데 도움을 줍니다. |

| 4 | Strong communication builds better teamwork. | 강력한 의사소통 능력은 더 나은 팀워크를 만들어 줍니다. |

5	I can refresh my mind and return to work with more energy.	저는 마음이 상쾌해지고 더 활기차게 업무에 복귀할 수 있습니다.
6	It makes feel happier and more fulfilled.	그것은 더 행복하고 더 성취감을 느끼게 해줍니다.
7	It builds a positive image for the company.	그것은 회사의 긍정적인 이미지를 만드는 데 도움이 됩니다.
8	It creates long-term benefits.	그것은 장기적인 이익을 창출합니다.
9	It makes more attractive for workers.	그것은 직원들에게 더 매력적인 곳으로 만듭니다.
10	It improves team performance.	그것은 팀의 성과를 향상시킵니다.
11	Good productivity leads to a good career.	좋은 생산성은 좋은 직장 생활로 이어집니다.
12	Management skills help organize tasks effectively.	관리 능력은 업무를 효과적으로 조직하는 데 도움이 됩니다.
13	It helps save time and avoids confusion.	그것은 시간을 절약하고 혼란을 피할 수 있도록 해줍니다.
14	It can give a positive impression.	그것은 긍정적인 인상을 줄 수 있습니다.
15	It can make the atmosphere more comfortable.	그것은 분위기를 더 편안하게 만들어 줍니다.
16	It gives a positive impression to interviewers.	그것은 면접관에게 긍정적인 인상을 줍니다.
17	It helps employees relax and build stronger relationships.	그것은 직원들이 긴장을 풀고 더 강한 유대감을 만드는 데 도움을 줍니다.
18	A friendly atmosphere is always helpful for a positive working environment.	친근한 분위기는 긍정적인 직장 환경에 항상 도움이 됩니다.

| 19 | Employees can manage their own schedules better. | 직원들은 스스로 일정을 더 잘 관리할 수 있습니다. |
| 20 | I can stay motivated and productive. | 저는 동기부여를 유지하며 생산적으로 일할 수 있습니다. |

환경

1	It is more necessary to protect the environment.	환경을 보호하는 것이 더 필요합니다.
2	Recycling can be meaningful.	재활용은 중요할 수 있습니다.
3	It can create stronger impact.	그것은 더 강력한 영향을 만듭니다.
4	People avoid using plastic bags these days.	요즘 사람들은 비닐봉지 사용을 피하고 있습니다.
5	The benefits would be larger and occur more quickly.	그 효과는 더 크고 더 빠르게 발생할 것입니다.
6	It can guide individuals to act responsibly.	그것은 개인이 책임감 있게 행동하도록 이끌 수 있습니다.
7	It is better for the environment.	그것은 환경에 더 좋습니다.
8	Plastic waste takes hundreds of years to decompose.	플라스틱 쓰레기는 분해되는 데 수백 년이 걸립니다.
9	It often pollutes the environment.	그것은 종종 환경을 오염시킵니다.
10	It can directly protect wildlife.	그것은 야생동물을 직접 보호할 수 있습니다.

11	It encourages people to adopt eco-friendly habits.	그것은 사람들이 친환경적인 습관을 갖도록 장려합니다.
12	Public transportation helps decrease carbon emissions.	대중교통은 탄소 배출을 줄이는 데 도움이 됩니다.
13	Saving water is one of the easiest eco-friendly habits to form.	물을 절약하는 것은 실천하기 가장 쉬운 친환경 습관 중 하나입니다.
14	Recycling paper can help save forests.	종이를 재활용하는 것은 숲을 보호하는 데 도움이 됩니다.
15	Climate change affects everyone around the world.	기후 변화는 전 세계 모든 사람에게 영향을 줍니다.

사회

1	Education plays an important role in society.	교육은 사회에서 중요한 역할을 합니다.
2	Technology changes the way people live and work.	기술은 사람들이 생활하고 일하는 방식을 바꿉니다.
3	Volunteering can make communities stronger.	봉사활동은 공동체를 더 강하게 만들 수 있습니다.
4	People should respect cultural diversity.	사람들은 문화적 다양성을 존중해야 합니다.
5	Social media influences how people communicate.	소셜미디어는 사람들이 소통하는 방식에 영향을 줍니다.
6	Volunteering teaches people to care for others.	봉사활동은 타인을 배려하는 법을 가르쳐 줍니다.
7	Housing costs are rising in many cities.	많은 도시에서 주거비가 상승하고 있습니다.

8	Health care should be available to all citizens.	의료 서비스는 모든 시민에게 제공되어야 합니다.
9	People need to cooperate to solve social issues.	사람들은 사회 문제를 해결하기 위해 협력해야 합니다.
10	Education reduces the gap between the rich and the poor.	교육은 빈부 격차를 줄여 줍니다.
11	Communities grow stronger when people trust each other.	사람들이 서로를 신뢰할 때 공동체는 더 강해집니다.
12	Social responsibility is important for both individuals and companies.	사회적 책임은 개인과 기업 모두에게 중요합니다.
13	Young people are the future of society.	젊은이들은 사회의 미래입니다.
14	Helping the poor is an important social duty.	가난한 사람을 돕는 것은 중요한 사회적 의무입니다.
15	Public libraries are important places for learning.	공공 도서관은 학습을 위한 중요한 장소입니다.

MEMO

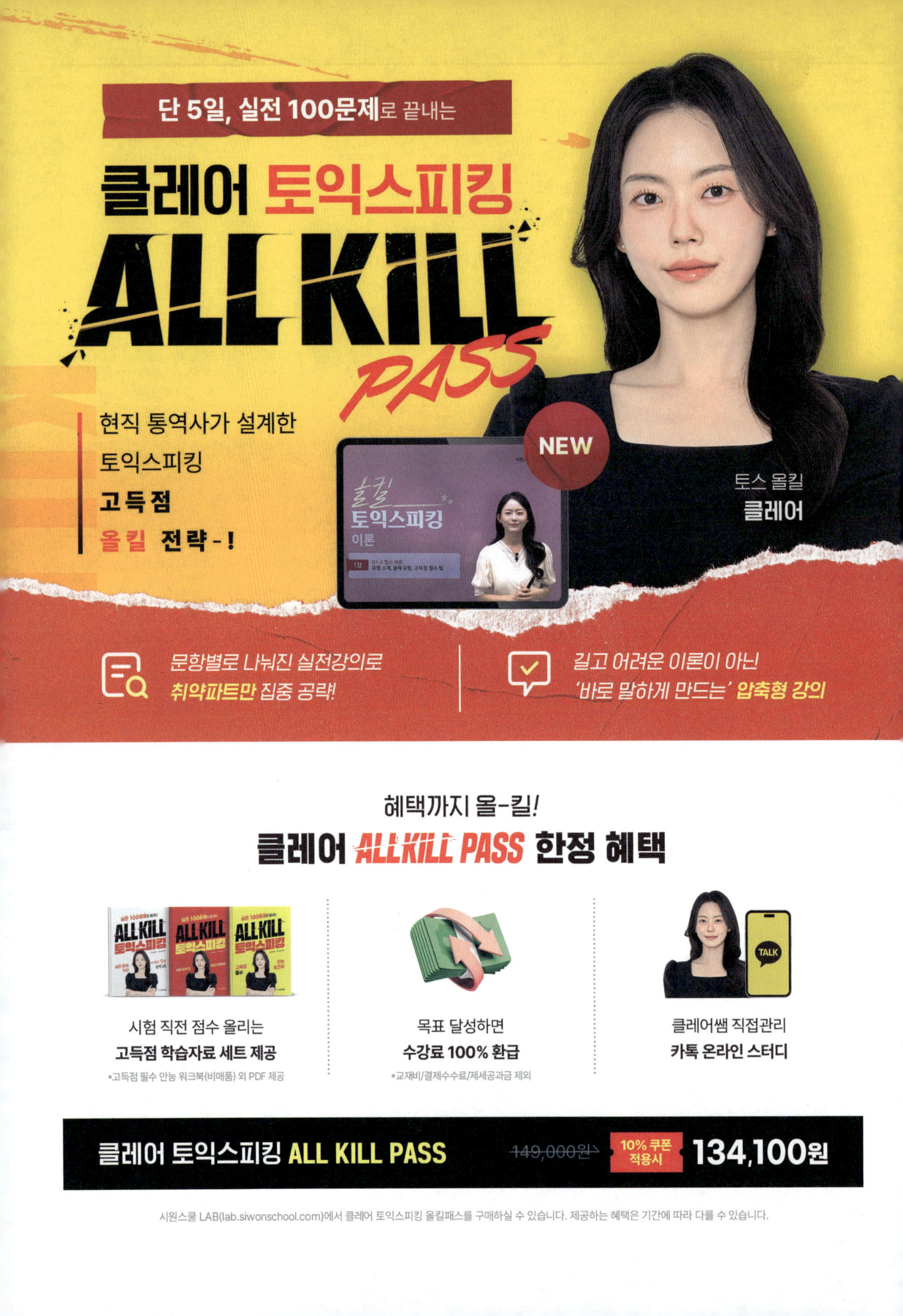

단 5일, 실전 100문제로 끝내는

클레어 토익스피킹
ALL KiLL PASS

현직 통역사가 설계한
토익스피킹
고득점
올킬 전략-!

NEW

토스 올킬
클레어

문항별로 나눠진 실전강의로
취약파트만 집중 공략!

길고 어려운 이론이 아닌
'바로 말하게 만드는' 압축형 강의

혜택까지 올-킬!
클레어 ALL KILL PASS 한정 혜택

시험 직전 점수 올리는
고득점 학습자료 세트 제공
*고득점 필수 만능 워크북(비매품) 외 PDF 제공

목표 달성하면
수강료 100% 환급
*교재비/결제수수료/제세공과금 제외

클레어쌤 직접관리
카톡 온라인 스터디

클레어 토익스피킹 ALL KILL PASS | ~~149,000원~~ | **10% 쿠폰 적용시** | **134,100원**

시원스쿨 LAB (lab.siwonschool.com)에서 클레어 토익스피킹 올킬패스를 구매하실 수 있습니다. 제공하는 혜택은 기간에 따라 다를 수 있습니다.

시원스쿨 토익스피킹

1000% 토스 환급반

최대

1위 강사 직접 케어
+최대 1,037,400원 환급까지!

|  **수강료**
최대 **1000% 환급**
제이크쌤 1:1 관리+
최대 1,037,400원 환급 받자!
*환급 미션 달성시
*제세공과금&교재비 제외 |  **출석없이**
100%환급
더 쉬워진 환급조건으로
출석 없이 환급받자!
*성적표 제출 및 후기 작성시
*제세공과금&교재비 제외 |  **+200일**
수강연장
미션 실패해도 괜찮아!
수강 연장 혜택
*환급조건 미달성시 |

토익스피킹 최고 등급 달성한
시원스쿨LAB 수강생의 후기!

*실제 수강생 후기 중 일부 발췌

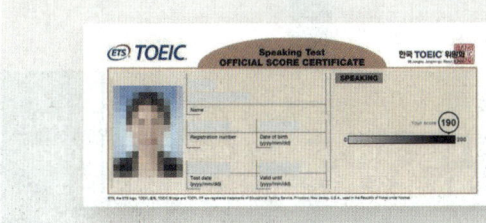 **토익스피킹 190점 달성**

선생님의 강의를 들으면서,
만사형통 팁 등을 숙지하였고 토스 고득점을
받을 수 있었습니다.

시원스쿨LAB(lab.siwonschool.com)에서 환급반을 신청하실 수 있습니다.
제공하는 혜택 및 환급 조건은 기간에 따라 다를 수 있습니다.

시원스쿨LAB
토스/오픽 도서 라인업

*YES24 국내도서>국어외국어사전>영어>토익SPEAKING&WRITING TEST/TOEIC S&W 주간베스트 7위,1위,5위,10위(2025년 11월 1주차 기준)
* 교보문고 국내도서>외국어>수험영어>OPIC 베스트셀러 3위, 9위(2025년 6월 2주차 기준)

시험영어 전문 연구 조직
시원스쿨어학연구소

 시험영어 전문   기출 빅데이터   264,000시간

TOEIC/TOEIC Speaking
OPIc/SPA/TEPS
IELTS/TOEFL/G-TELP
공인 영어시험 콘텐츠 개발 경력
20여 년 이상의 국내외
연구원들이 포진한
전문적인 연구 조직입니다.

본 연구소 연구원들은
매월 각 전문 분야의 시험에 응시해
시험에 나온 모든 문제를
철저하게 해부하고,
시험별 기출문제 빅데이터 분석을 통해
단기 고득점을 위한
학습 솔루션을 개발 중입니다.

각 분야 연구원들의 연구시간
모두 합쳐 264,000시간
이 모든 시간이 쌓여
시원스쿨어학연구소가
탄생했습니다.

과목별 스타 강사진 영입, 기대하세요!

시원스쿨LAB 강사 라인업

20년 노하우의 토스/오픽/토익/지텔프/텝스/아이엘츠/토플/SPA/듀오링고 기출 빅데이터 심층 연구로 빠르고 효율적인 목표 점수 달성을 보장합니다.

시험영어 전문 연구 조직
시원스쿨어학연구소

 시험영어 전문

 기출 빅데이터

 264,000시간

TOEIC Speaking/OPIc/TOEIC/
G-TELP/TEPS/IELTS/
TOEFL/SPA/Duolingo
공인 영어시험 콘텐츠 개발 경력

본 연구소 연구원들은
매월 각 전문 분야의 시험에 응시해
시험에 나온 모든 문제를 철저하게
해부하고, 시험별 기출문제 빅데이터

각 분야 연구원들의 연구시간
모두 합쳐 264,000시간
이 모든 시간이 쌓여
시원스쿨어학연구소가

올킬 토익스피킹 오픈 기념

토익스피킹
1+1 할인쿠폰
제공!

토스 올킬
클레어 선생님

놓치면 손해 ✦ 놓치면 손해 ✦ 놓치면 손해 ✦ 놓치면 손해 ✦ 놓치면

쿠폰번호
SIWONTOS5

클레어 토스 올킬 패스
10% 할인권

- **유효기간** : 발급일로부터 7일간
- **할인내용** : 클레어 토스 올킬 패스 10% 할인
- **사용방법** : 시원스쿨랩 사이트(lab.siwonschool.com)
  내강의실 ▶ 내쿠폰함 ▶ 쿠폰번호 등록 후, 결제 시 사용

쿠폰번호
SIWONTOS6

클레어 토스 단과
1만원 할인권

- **유효기간** : 발급일로부터 7일간
- **할인내용** : 클레어 토스 단과 1만원 할인
- **사용방법** : 시원스쿨랩 사이트(lab.siwonschool.com)
  내강의실 ▶ 내쿠폰함 ▶ 쿠폰번호 등록 후, 결제 시 사용

실전 100문제로 끝내는

ALL KILL 토익스피킹

정답 및 해설

Questions 1-2 정답 및 해설
유형별 답변 전략   4

Questions 3-4 정답 및 해설
유형별 답변 전략   7

Questions 5-7 정답 및 해설
필수 이론   10
주제별 답변 전략   14

Questions 8-10 정답 및 해설
필수 이론   20
유형별 답변 전략   22

Question 11 정답 및 해설
필수 이론   29
주제별 답변 전략   32

실전 100 정답 및 해설
Q1-2   50
Q3-4   60
Q5-7   80
Q8-10   120
Q11   160

Questions 1-2

지문 읽기 Read a text aloud
정답 및 해설

유형별 답변 전략

유형1 공지/안내문

Attention,↗/ participants.↘// After the workshop,↗/ we will visit the university library.↘// There,↗/ you'll get a short introduction↗/ to the online catalog,↗/ study rooms,↗/ and printing services.↘//You'll also have some time↗/ to explore the reading lounge↗/ and enjoy free coffee↗/ provided for participants.↘// Please make sure↗/ to be back in the seminar room↗/ by 3:30 p.m.↘//

참가자 여러분들께 알려드립니다. 워크숍이 끝난 후에는 대학 도서관을 방문할 예정입니다. 그곳에서 온라인 도서 목록, 스터디 룸, 그리고 인쇄 서비스에 대한 간단한 소개를 받을 것입니다. 또한, 독서 라운지를 둘러보고 참가자들을 위해 제공되는 무료 커피도 즐기실 수 있습니다. 오후 3시 30분까지 세미나실로 꼭 돌아와 주시기 바랍니다.

어휘 participant 참가자 catalog 목록 printing 인쇄 provided 제공된

연습 문제

Attention,↗/ employees!↗// Due to ongoing construction, / the restrooms / on the 5th floor / will be temporarily closed / starting this Monday.↘// Please use the facilities on the 4th floor,↗/ the 6th floor,↗/ and the basement level.↘// We apologize for the inconvenience,↗/ and thank you / for your patience↗/ and cooperation.↘// We appreciate your understanding / during this time.↘//

직원 여러분께 알려드립니다. 현재 진행 중인 공사 때문에 5층 화장실이 이번주 월요일부터 임시 폐쇄될 예정입니다. 4층, 6층, 그리고 지하실 층의 화장실을 이용해 주시기 바랍니다. 불편을 드려 죄송하며 여러분의 인내와 협조에 감사드립니다. 이 기간 동안 양해해 주셔서 감사합니다.

어휘 ongoing 진행 중인 construction 공사 temporarily 임시로 basement 지하실 apologize for ~에 대해 사과하다 inconvenience 불편 patience 인내 cooperation 협조 appreciate 감사하다

유형 2) 방송

Now for tonight's entertainment news,↗/ we'll take a look at the film industry.↘// Our special guest is Daniel Lee,↗/ award-winning director↗/ of the movie/ *Silent Journey*.↘// Today,↗/ he'll be talking about his experience↗/ at the international film festival,↗/ the challenges of independent filmmaking,↗/ and his plans for the next project.↘// So,↗/ please welcome↗/ Mr. Lee / for an inspiring conversation.↗//

지금 오늘 밤의 연예 뉴스를 전해드리겠습니다. 오늘은 영화 산업에 대해서 살펴보겠습니다. 오늘의 특별 게스트로는 영화 고요한 여정으로 수상 경력이 있는 영화 감독 다니엘 리 씨를 모셨습니다. 오늘 그는 국제 영화제에서의 경험, 독립 영화 제작의 어려움, 그리고 다음 프로젝트에 대한 계획에 대해 이야기할 예정입니다. 그럼 감동적인 대화를 위해 리 씨를 환영해 주시기 바랍니다.

어휘 take a look at ~을 보다 award-winning 상을 받은 director 감독 independent film 독립 영화 inspiring 감동시키는

연습 문제

Welcome to today's podcast,↗/ where we explore↗/ trends shaping modern life.↘// Our guest is Dr. Amy Collins,↗/ a well-known researcher/ in media and culture.↘// She'll be sharing / insights on social media habits,↗/ online learning platforms,↗/ and digital entertainment.↘// So,/ stay tuned for an engaging↗/ and informative conversation.↘//

현대 삶을 형성하고 있는 트렌드에 대해 알아보는 오늘의 팟캐스트에 오신 것을 환영합니다. 오늘의 게스트로는 미디어와 문화 분야에서 잘 알려진 연구원 에이미 콜린스 박사입니다. 그녀는 소셜 미디어 사용 습관, 온라인 학습 플랫폼, 그리고 디지털 엔터테인먼트에 대한 통찰을 나눌 예정입니다. 그럼 흥미롭고 유익한 대화를 위해 채널 고정해주세요.

어휘 explore ~을 알아보다, 탐험하다 shape 형성하다 well-known 잘 알려진 insight 통찰, 이해 engaging 흥미로운, 매력적인 informative 유익한

유형 3 광고문

Looking for new furniture?↗/ Visit Sunrise Furniture this weekend/ for our exclusive sale.↘// You'll find stylish sofas,↗/ elegant dining tables↗/ and sophisticated office chairs↗/ all at affordable prices.↘// Our staff↗/ is ready to help you choose/ the perfect items↗/ for your home.↘// Don't miss this chance↗/ —come to Sunrise Furniture today!↗//

새 가구를 찾고 계신가요? 이번 주말에 선라이즈 퍼니처에서 열리는 단독 할인 행사에 방문해 보세요. 멋진 소파, 세련된 식탁, 그리고 정교한 사무용 의자를 모두 알맞은 가격에 만나실 수 있습니다. 저희 직원들은 여러분의 집에 꼭 맞는 가구를 고르실 수 있도록 도와드릴 준비가 되어 있습니다. 이번 기회를 놓치지 마시고, 오늘 선라이즈 퍼니처로 오세요!

어휘 exclusive 단독적인, 독점적인 elegant 세련된, 우아한 sophisticated 정교한 affordable (가격이) 알맞은

연습 문제

Attention home buyers!↗/ Greenfield Realty is proud to present↗/ new properties now available in your area.↘/ You'll discover↗/ cozy studios,↗/ spacious apartments,↗/ and elegant townhouses/ designed for every lifestyle.↘// Join us this Saturday for an open house event,↗/ where you can meet↗/our expert agents/ in person.↘/ Secure your future today/ with Greenfield Realty/—your trusted partner/ in real estate.↘//

내 집 마련을 꿈꾸는 여러분, 주목하세요! 그린필드 부동산에서 여러분 지역에 새로 출시된 매물들을 자신 있게 보여드립니다. 아늑한 원룸, 넓은 아파트, 그리고 세련된 타운하우스까지 모든 생활 방식에 맞춰 만들어진 다양한 주택을 찾으실 수 있습니다. 이번 주 토요일에 열리는 오픈 하우스 행사에 참여하세요. 직접 전문 중개인들을 만나 보실 수 있습니다. 신뢰할 수 있는 부동산 파트너, 그린필드 부동산과 함께 오늘 여러분의 미래를 준비하세요.

어휘 present 보여주다 property 부동산, 건물 discover 찾다, 발견하다 cozy 아늑한 spacious 넓은, 거대한 elegant 세련된, 우아한 designed for ~을 의도하여 만들어진 secure 확보하다, 획득하다 real estate 부동산

Questions 3-4

사진 묘사하기 | Describe a picture
정답 및 해설

유형별 답변 전략

유형1 3인 이상

연습 문제

장소	I think this picture was taken in a library. 이 사진은 도서관에서 찍힌 것 같습니다.
인물 1	In the middle of the picture, a man in a blue shirt and glasses is sitting on a bean bag while reading a book to children. He seems to be a teacher. 사진의 가운데에는 파란색 셔츠와 안경을 쓴 남자가 빈 백 의자에 앉아 어린이들에게 책을 읽어주고 있습니다. 그는 선생님처럼 보입니다.
인물 2	On the left, a girl in a yellow dress is sitting and listening to her teacher. (She is sitting close to the teacher.) 왼쪽에는 노란색 원피스를 입은 소녀가 앉아서 선생님의 이야기를 듣고 있습니다. (그녀는 선생님 가까이에 앉아 있습니다.)
인물 3	On the right, two children are showing their backs to the camera and smiling at their teacher. 오른쪽에는 두 어린이가 카메라에 등을 보이고 선생님을 향해 미소를 짓고 있습니다.
사물/배경	In the background, there are many bookshelves filled with various books. 배경에는 다양한 책으로 가득 찬 책장이 많이 있습니다.

어휘 close 가까이, 바싹 bookshelf 책장 filled with ~로 가득 찬 various 다양한

유형 2 2인 중심

연습 문제

장소	This picture was taken near a house. 이 사진은 집 근처에서 찍혔습니다.
인물 1	On the left, a woman is wearing a safety helmet and a safety vest. She is holding some documents and pointing somewhere with a pen. She seems to be the supervisor of the construction site. 왼쪽에는 여자가 안전모와 안전 조끼를 입고 있습니다. 그녀는 문서를 들고 펜으로 무언가를 가리키고 있습니다. 그녀는 공사 현장의 관리자처럼 보입니다.
인물 2	In the middle, a man wearing white overalls is standing by the woman and listening. He seems to be a trainee. 가운데에는 흰색 작업복을 입은 남자가 여자의 옆에 서서 이야기를 듣고 있습니다. 그는 교육을 받는 사람처럼 보입니다.
사물/배경	On the right, there is a wooden ladder with two ropes tied to it. And in the background, there are two used paint cans. 오른쪽에는 두 개의 밧줄이 묶여 있는 나무 사다리가 있습니다. 배경에는 사용한 페인트 통 두 개가 놓여 있습니다.
마무리	Overall, it seems to be a typical workday. 전체적으로 이 사진은 일반적인 근무하는 날의 모습처럼 보입니다.

어휘 safety helmet 안전모 safety vest 안전 조끼 document 문서, 서류 point at ~을 가리키다 supervisor 관리자, 감독관 construction site 공사 현장 trainee 교육을 받는 사람, 견습생 ladder 사다리 rope 밧줄

유형 3 1인 중심

연습 문제

장소	This picture was taken in a living room. 이 사진은 거실에서 찍혔습니다.
인물	In the middle, a man is wearing gray shorts and a cap of the same color. He is wearing his running shoes. He is moving a white bookshelf toward the wall and sorting things out. It seems like he has just moved in. 가운데에는 남자가 회색 반바지와 같은 색깔의 모자를 쓰고 있습니다. 그는 러닝화를 신고 있습니다. 그는 흰색 책장을 벽 쪽으로 옮기며 물건들을 정리하고 있습니다. 그는 막 이사를 온 것처럼 보입니다.
사물	On the right, I can see a grayish sofa with many boxes on it. And there are two lamps in the back. 오른쪽에는 많은 박스들이 놓인 회색을 띤 소파를 볼 수 있습니다. 뒤에는 램프 두 개가 있습니다.
배경/분위기	In the foreground of the picture, there is an open toolbox and some empty cardboard boxes. 사진의 앞쪽에는 열린 공구 상자와 나무 판들이 놓여 있습니다.
마무리	Overall, this picture seems very busy. 전체적으로 사진은 매우 분주해 보입니다.

어휘 move 옮기다 bookshelf 책장 toward ~쪽으로, ~을 향하여 organize 정리하다 grayish 회색을 띤 toolbox 공구 상자

Questions 5-7

듣고 질문에 답하기 | Respond to questions

정답 및 해설

필수 이론

연습 문제

1. Where did you buy your bag?
   어디서 가방을 구입했나요?

   I bought my bag at the department store.
   저는 백화점에서 가방을 구입했습니다.

2. How do you usually go to a candy shop?
   사탕 가게에 보통 어떻게 가나요?

   I usually go to a candy shop on foot.
   저는 보통 걸어서 사탕 가게에 갑니다.

3. How often do you play sports?
   얼마나 자주 운동을 하나요?

   I play sports twice a week.
   저는 일주일에 두 번 운동을 합니다.

4. What was the last song you listened to?
   마지막으로 들은 노래는 무엇인가요?

   The last song I listened to was Jump!Jump!
   마지막으로 들은 노래는 점프!점프!입니다.

5. When was the last time you went to the cinema?
   마지막으로 영화관에 간 것은 언제인가요?

   The last time I went to the cinema was last month.
   마지막으로 영화관에 간 것은 지난달입니다.

6. How long did you take a walk?
   산책하는 데 얼마나 걸리나요?

   I took a walk for 39 minutes.
   저는 산책하는 데 39분이 걸립니다.

핵심 체크

1. **How often do you exercise, and what kind of exercise do you usually do?**
   운동은 얼마나 자주 하나요? 그리고 주로 어떤 운동을 하나요?
   ▶ **I exercise three times a week, and I usually do yoga.**
   저는 일주일에 세 번 정도 운동을 하고, 주로 요가를 합니다.

2. **Where do you usually eat lunch, and who do you often eat with?**
   점심은 주로 어디서 먹나요? 그리고 주로 누구와 함께 먹나요?
   ▶ **I usually eat lunch at a restaurant near my office, and I often eat with my coworkers.**
   저는 보통 회사 근처 식당에서 점심을 먹고, 동료들과 함께 먹습니다.

3. **When was the last time you traveled abroad, and which country did you visit?**
   마지막으로 해외여행을 간 건 언제인가요? 그리고 어느 나라를 방문했나요?
   ▶ **The last time I traveled abroad was last summer, and I visited Japan.**
   제가 마지막으로 해외여행을 간 것은 작년 여름이고, 일본을 방문했습니다.

어휘 coworker 동료 abroad 해외로 visit 방문하다

핵심 체크

1. **Are you good at cooking? Why or why not?**
   요리를 잘하나요? 그 이유는 무엇인가요?
   ▶ **(Yes,) I am good at cooking, because I often practice at home and try new recipes.**
   저는 요리를 잘합니다. 왜냐하면 집에서 자주 연습하고 새로운 레시피를 시도하기 때문입니다.

2. **Are you interested in traveling abroad? Why or why not?**
   해외여행에 관심이 있나요? 그 이유는 무엇인가요?
   ▶ **(Yes,) I am interested in traveling abroad, because I want to experience different cultures.**
   저는 해외여행에 관심이 있습니다. 왜냐하면 다양한 문화를 경험하고 싶기 때문입니다.

3. **Are you interested in learning how to play an instrument? Why or why not?**
   악기 연주를 배우는 데 관심이 있나요? 그 이유는 무엇인가요?
   ▶ **(Yes,) I am interested in learning the guitar, because I love music and want to play songs myself.**
   저는 악기를 배우는 데 관심이 있습니다. 왜냐하면 음악을 좋아하고 직접 노래를 연주하고 싶기 때문입니다.

어휘 be good at ~을 잘하다 interested in ~에 관심있는 play an instrument 악기를 연주하다

핵심 체크

1. **Do you like listening to music while studying? Why or why not?**
   공부할 때 음악 듣는 것을 좋아하나요? 그 이유는 무엇인가요?
   ▶ (Yes,) I like listening to music while studying because it helps me concentrate.
   네, 저는 공부할 때 음악을 듣는 것을 좋아합니다. 왜냐하면 집중하는 데 도움이 되기 때문입니다.

2. **Would you like to study abroad in the future? Why or why not?**
   미래에 유학을 가고 싶나요? 그 이유는 무엇인가요?
   ▶ (Yes,) I would like to study abroad because I want to learn about new cultures.
   네, 저는 유학을 가고 싶습니다. 왜냐하면 새로운 문화를 배우고 싶기 때문입니다.

3. **Do you find it more enjoyable to exercise at the gym or outdoors? Why?**
   헬스장에서 운동하는 게 더 즐겁다고 생각하나요, 아니면 야외에서 운동하는 게 더 즐겁다고 생각하나요? 그 이유는 무엇인가요?
   ▶ I find it more enjoyable to exercise outdoors. Because I can enjoy the fresh air and nature.
   저는 야외에서 운동하는 게 더 즐겁다고 생각합니다. 왜냐하면 신선한 공기와 자연을 즐길 수 있기 때문입니다.

어휘 concentrate 집중하다 study abroad 유학하다 enjoyable 즐거운

핵심 체크

1. **Would you rather travel by train or by plane? Why?**
   기차로 여행하는 걸 더 선호하나요, 아니면 비행기로 여행하는 걸 더 선호하나요? 그 이유는 무엇인가요?
   ▶ I would rather travel by train because it's less stressful.
   저는 기차 여행을 더 선호합니다. 왜냐하면 스트레스가 덜하고 경치가 더 아름답기 때문입니다.

2. **Would you rather eat out at a restaurant or cook at home? Why?**
   식당에서 외식하는 걸 더 선호하나요, 아니면 집에서 요리하는 걸 더 선호하나요? 그 이유는 무엇인가요?
   ▶ I would rather cook at home because it's healthier and saves money.
   저는 집에서 요리하는 것을 더 선호합니다. 왜냐하면 더 건강하고 돈을 절약할 수 있기 때문입니다.

3. **Do you usually eat breakfast? Why or why not?**
   아침 식사를 보통 하나요? 그 이유는 무엇인가요?
   ▶ (Yes,) I usually eat breakfast because it gives me energy for the day.
   네, 저는 보통 아침 식사를 합니다. 왜냐하면 하루를 시작하는 데 에너지를 주기 때문입니다.

어휘 stressful 스트레스가 많은 healthy 건강한

핵심 체크

1. **Do you spend less or more time exercising compared to the past? Why?**
   예전과 비교해서 운동에 더 적은 시간을 쓰나요, 아니면 더 많은 시간을 쓰나요? 그 이유는 무엇인가요?
   ▶ I spend less time exercising compared to the past because I am busy with my job.
   저는 예전과 비교해서 운동에 더 적은 시간을 쓰는데 직장 때문에 바쁘기 때문입니다.

2. **Do you spend less or more time watching TV compared to the past? Why?**
   예전과 비교해서 TV를 더 적게 보나요, 아니면 더 많이 보나요? 그 이유는 무엇인가요?
   ▶ I spend less time watching TV compared to the past because I usually watch YouTube instead.
   저는 예전과 비교해서 TV를 더 적게 보는데 대신 보통 유튜브를 보기 때문입니다.

3. **Do you spend less or more time sleeping compared to the past? Why?**
   예전과 비교해서 잠을 더 적게 자나요, 아니면 더 많이 자나요? 그 이유는 무엇인가요?
   ▶ I spend less time sleeping compared to the past because I stay up late studying.
   저는 예전과 비교해서 잠을 더 적게 자는데 공부하느라 늦게까지 깨어 있기 때문입니다.

어휘 busy with ~으로 바쁜 stay up late 늦은 시간까지 깨어 있다

주제별 답변 전략

 일상

연습 문제

> Imagine that you are talking on the telephone with a new neighbor who likes to travel. You are talking about short trips to nearby places.
> 여행을 좋아하는 새로운 이웃과 전화 통화 중이라고 가정해 보세요. 당신은 근처로 단기 여행을 가는 것에 대한 이야기를 나누고 있습니다.

Question 5

🔊 How often do you usually take short trips, and who do you usually travel with?
보통 얼마나 자주 단기 여행을 하시나요, 그리고 주로 누구와 함께 여행을 가시나요?

🎤 I usually take short trips once a month, and I usually travel with my family.
저는 보통 한 달에 한 번 단기 여행을 가고, 주로 가족과 함께 여행합니다.

Question 6

🔊 What is your favorite place in the area to take a short trip, and how far away is it?
단기 여행을 가기 위해 이 지역에서 가장 좋아하는 장소는 어디인가요, 그리고 얼마나 떨어져 있나요?

🎤 My favorite place is the seaside park, and it is about 40 minutes away by car.
제가 가장 좋아하는 곳은 해변 공원이고, 차로 약 40분 정도 걸립니다.

어휘 take a trip 여행하다 seaside 해변, 해안

Question 7

 Do you prefer to visit natural sites like parks, or cultural sites like museums? Why?
공원 같은 자연 명소를 방문하는 것을 선호하나요, 아니면 박물관 같은 문화 명소를 선호하나요? 그 이유는 무엇인가요?

의견		I prefer to visit natural sites like parks. 저는 공원 같은 자연 명소를 방문하는 것을 선호합니다.
이유 1 + 추가 문장	이유 1	First, natural sites help me relax and reduce stress. 첫째, 자연 명소는 저를 편안하게 해주고 스트레스를 줄여줍니다.
	추가 문장	When I walk in nature, I can clear my mind and feel refreshed. 자연에서 걸으면 머리가 맑아지고 기분이 상쾌해집니다.
이유 2 + 추가 문장	이유 2	Second, parks are great places for physical activities like jogging and cycling. 둘째, 공원은 조깅이나 자전거 타기 같은 신체 활동을 하기에 좋은 장소입니다.
	추가 문장	These activities keep me healthy. 이런 활동들은 제 건강을 지켜줍니다.
마무리		Therefore, I prefer to visit natural sites like parks. 따라서, 저는 공원 같은 자연 명소를 방문하는 것을 선호합니다.

어휘 reduce stress 스트레스를 줄이다 refresh 상쾌하게 하다 physical 신체의

주제 2 취미/여가

연습 문제

> Imagine that a British company is doing research for an article. They want to collect information about free time.
> 영국의 한 회사가 기사를 위해 조사를 하고 있다고 상상해 보세요. 그들은 여가 시간에 대한 정보를 수집하려고 합니다.

Question 5

 When do you usually have free time? What do you do?
보통 언제 여가 시간이 있나요? 무엇을 하나요?

🎤 I usually have free time in the evenings, and I spend it watching movies or reading books.
저는 보통 저녁에 여가 시간이 있고, 영화를 보거나 책을 읽으며 보냅니다.

Question 6

 Where do you go to relieve stress in your free time? Why?
여가 시간에 스트레스를 풀기 위해 어디에 가나요? 그 이유는 무엇인가요?

🎤 I usually go to the park to relieve stress because walking in nature makes me feel calm and refreshed.
저는 보통 스트레스를 풀기 위해 공원에 갑니다. 자연 속을 걷는 것이 저를 차분하고 상쾌하게 만들어주기 때문입니다.

어휘 relieve stress 스트레스를 풀다 calm 차분한, 침착한

Question 7

 What do you recommend doing when people get stressed out at school or workplace? Why?
사람들이 학교나 직장에서 스트레스를 받을 때 무엇을 하라고 추천하겠습니까? 그 이유는 무엇인가요?

의견		I recommend doing light exercise when people get stressed out at the workplace. 저는 사람들이 직장에서 스트레스를 받을 때 가벼운 운동을 하라고 추천합니다.
이유 1 + 추가 문장	이유 1	First, exercise helps the body release energy. 첫째, 운동은 몸의 에너지를 발산하게 합니다.
	추가 문장	For example, after even a short walk, people usually feel more relaxed. 예를 들어, 잠깐 걷기만 해도 사람들은 보통 더 편안합니다.
이유 2 + 추가 문장	이유 2	Second, light exercise is easy to do anywhere. 둘째, 가벼운 운동은 어디서든 쉽게 할 수 있습니다.
	추가 문장	This makes it a simple and effective way to manage stress. 이것은 스트레스를 관리하는 간단하면서도 효과적인 방법이 됩니다.
마무리		Therefore, I recommend doing light exercise. 따라서, 저는 사람들이 스트레스를 받을 때 가벼운 운동을 하라고 추천합니다.

어휘 recommend 추천하다 stressed out 스트레스로 지친 release 발산하다, 방출하다 effective 효과적인 manage 관리하다

주제 3 쇼핑

연습 문제

> Imagine that a marketing firm is doing research in your country. You are participating in an interview about online shopping.
> 마케팅 회사가 당신의 나라에서 조사를 하고 있다고 상상해 보세요. 당신은 온라인 쇼핑에 관한 인터뷰에 참여하고 있습니다.

Question 5

🔊 How often do you shop online and when do you shop online?
얼마나 자주 온라인 쇼핑을 하고 언제 쇼핑을 하나요?

🎤 I shop online once or twice a month, and I shop online in the evenings after work.
저는 한 달에 한두 번 온라인 쇼핑을 하고 주로 퇴근 후 저녁 시간에 온라인 쇼핑을 합니다.

Question 6

🔊 What do you usually buy online and what would you never buy online?
온라인에서 보통 무엇을 사고 절대 사지 않는 것은 무엇인가요?

🎤 I usually buy clothes online. And I would never buy fresh food online.
저는 보통 온라인에서 옷을 삽니다. 그리고 온라인에서 신선 식품은 절대 사지 않습니다.

어휘 shop 쇼핑하다, 사다 fresh food 신선 식품

Question 7

 What are some advantages of online shopping?
온라인 쇼핑의 장점은 무엇인가요?

의견		There are many advantages of online shopping. 온라인 쇼핑에는 많은 장점이 있습니다.
이유 1 + 추가 문장	이유 1	First, online shopping is convenient. 첫째, 온라인 쇼핑은 편리합니다.
	추가 문장	For example, I can buy something late at night. 예를 들어, 늦은 밤에 물건을 살 수 있습니다.
이유 2 + 추가 문장	이유 2	Second, there is a wide variety of products online. 둘째, 온라인에는 다양한 상품이 있습니다.
	추가 문장	This gives me more options and better prices to choose from. 이건 저에게 더 많은 선택지와 더 나은 가격을 제공합니다.
마무리		Therefore, these are the advantages of online shopping. 따라서, 이것들이 온라인 쇼핑의 장점입니다.

어휘 convenient 편리한 a variety of 다양한

Questions 8-10

제공된 정보를 사용하여 질문에 답하기 | Respond to questions using information provided

정답 및 해설

필수 이론

오크우드 회사 이사회 일정 (2025 3월 – 4월)

이사회 회의실 (건물 A – 휴스턴 스트리트)

날짜	시간	주제
3월 7일	오전 9:00	2025년 기업 목표
3월 9일	오전 9:45	2025년 1-3월 예산 개요
3월 17일	오전 8:30	자산 및 현황 종합 검토
3월 2일 → 3월 31일	오후 5:30	신입 회원 오리엔테이션 프로그램
4월 8일	오전 8:30	국제 무역 운영 최신 동향
4월 14일	오후 7:45	새로운 이사회 대표 선출

*이사회 대표 선출에 참여하는 모든 인원은 예정 시간 60분 전까지 도착해야 합니다.
*등록 요금: 시간당 150달러 (신입 회원들만)

연습 문제

SMEs 박람회	
인사 컨퍼런스 (2월 12일 – 13일 / 더 플라자 호텔)	
2월 12일, 월요일	
9:30 ~ 10:00	기조연설: 인사의 목적(제리 폴스)
10:00 ~ 11:30	실습 활동: 직원 교육
1:00 ~ 2:00	강연: 개인정보에 관한 법적 문제
2:00 ~ 3:00	패널 토론: 인사의 미래(모든 연사 참여)
2월 13일, 화요일	
9:30 ~ 10:30	기조연설: 성공적인 경영의 세 가지 조건
10:30 ~ 11:30	그룹 토론: 채용 보고서의 핵심
1:00 ~ 2:30	교육: 새로운 AI 기반의 인사관리

1 **What is the date of the event?**
   행사 날짜는 언제인가요?

   It will be held **from** February 12th to 13th.
   행사는 2월 12일에서 13일까지 열립니다.

2 **What time will the conference begin?**
   행사는 몇 시에 시작하나요?

   It will begin **at** 9:30 a.m.
   행사는 오전 9시 30분에 시작합니다.

3 **Where does the conference take place?**
   행사는 어디에서 열리나요?

   It will take place **at** the The Plaza Hotel.
   더 플라자 호텔에서 열릴 예정입니다.

4 **What date does the lecture on legal issues in personal information take place and what time does it begin?**
   "개인정보에 관한 법적 문제에 관한 강연은 며칠에 진행되며, 몇 시에 시작하나요?

   It will take place **on** Monday, February 12th, and it will begin **at** 1 p.m.
   2월 12일 월요일에 진행될 예정이며, 오후 1시에 시작합니다.

   어휘 take place 열리다, 개최되다 legal 법적의

유형별 답변 전략

유형1 | 행사/개인 일정표

2024 국가 도서 산업 포럼

날짜: 4월 12일 금요일
장소: 리버프론트 컨벤션 센터 (이스트 타워)
비용: 25달러(온라인 등록) & 35달러(현장 등록)

9:00 – 10:10	전자책 시장의 동향 (기조 연설 발표)
10:15 – 정오	디지털 출판의 혁신적인 접근 (토론)
정오 – 13:30	점심 및 네트워킹 (3층에서 제공)
13:30 – 14:00	신인 소설 발표회 (작가 발표)
14:00 – 14:40	오디오북의 미래 (토론)
14:40 – 16:00	공개 포럼: 독립 서점 운영자를 위한 조언

연습 문제

리버사이드 지역 문화 축제
리버사이드 문화 협회 주최
9월 10일, 토요일

시간	주제	장소
오전 9:30 – 10:00	개막식 (김 감독)	리버사이드 홀
오전 10:00 – 10:30	전통 무용 공연	그린필드 공원
오전 10:30 – 11:00	미술 전시회 투어	그린필드 공원
오후 1:00 – 1:30	워크샵: 전통 공예 만들기	메이플 광장
오후 1:30 – 3:00	라이브 음악 공연 (리버사이드 청소년 밴드)	오크 플라자
오후 3:00 – 5:00	리버사이드 랜드마크 가이드 투어*	리버사이드 홀

* 1인당 8달러

Question 8

🔊 **What is the date of the event, and what time will it begin?**
행사 날짜는 언제이며, 몇 시에 시작하나요?

🎤 The event is on Saturday, September 10, and it will begin at 9:30 A.M. with an Opening Ceremony led by Director Kim in Riverside Hall.
행사는 9월 10일 토요일에 열리며, 오전 9시 30분에 리버사이드 홀에서 김 감독님의 개막식으로 시작됩니다.

Question 9

🔊 **I heard that all programs in the festivals are free. Right?**
페스티벌의 모든 프로그램은 무료라고 들었어요. 맞나요?

🎤 I'm afraid you might be mistaken. The "Guided Tour of Riverside Landmarks" is 8 dollars per person.
죄송합니다만, 잘못 알고 계신 것 같습니다. "리버사이드 랜드마크 가이드 투어"는 인당 8달러입니다.

Question 10

🔊 **I live right across the street from Greenfield Park. I think I'll be attending the event at the park only. Can you tell me all the programs taking place there?**
제가 그린필드 공원 바로 맞은편에 살아요. 그래서 공원에서 하는 행사만 참여할 예정입니다. 공원에서 진행되는 프로그램을 다 알려주시겠어요?

🎤 Of course. The details you requested are as follows: First, from 10 a.m. to 10.30 a.m., there is "Folk Dance Performance". Second, from 10.30 a.m. to 11 a.m., there is "Art Exhibition Tour". Hope this information was useful.
물론이죠. 요청하신 세부 사항은 다음과 같습니다. 첫 번째로, 10시부터 10시 30분까지 "전통 무용 공연"이 있습니다. 두 번째로, 오전 10시 30분부터 11시까지 "미술 전시회 투어"가 있습니다. 이 정보가 도움이 되었길 바랍니다.

어휘 opening ceremony 개막식 folk 전통적인, 민속의 exhibition 전시회 useful 도움이 되는

유형 2 수업/프로그램 시간표

아침 요가
9월 14일 (오전 8시 ~ 오후 12시) / 스튜디오 룸 A

시간	활동
8:00	도착 및 등록
8:30	소개
9:00	세션 1: 부드러운 스트레칭 및 호흡
10:00	세션 2: 균형 및 코어 근력
11:00	허브 티 및 다과 시간
11:30	세션 3: 유연성 및 깊은 휴식
12:00	가이드 명상 및 마무리 질의응답

*모든 세션은 공인 요가 강사인 마야 리 교수님이 진행할 예정입니다.
*참가 대상은 공인 요가 강사 자격이 있으신 분들로 한정됩니다.

연습 문제

베로나 힐즈 문학 & 예술 센터		
가을 창의력 프로그램 9월 – 12월 (오전 10시 ~ 오후 12시), 405호		
수업	요일	강사
초보자를 위한 창작 글쓰기	매주 월요일	소설가 사무엘 리 박사
수채화 기초	매주 월요일 및 매주 수요일	화가 안나 최
시 낭독 및 토론	매주 화요일	시인 마이클 김
시각 예술을 통한 스토리텔링	매주 목요일	삽화가 소피 한
고급 소설 작문 기법	매주 금요일	작가 데이비드 박
예술 비평 및 피드백 워크숍	매주 토요일	미술 평론가 레이첼 리

*등록 비용: 강좌당 70달러
*모든 베로나 힐즈 거주자는 20달러 할인

Question 8

🔊 **When does the Autumn Creative Programs take place?**
가을 창의력 프로그램은 언제 진행되나요?

🎤 The programs will **take place in** September and December **from** 10 a.m. **to** 12 p.m. in room 405.
프로그램은 405호실에서 9월과 12월, 오전 10시부터 오후 12시까지 진행됩니다.

Question 9

🔊 **I'm a Verona Hills resident. Are there any ways I can get a discount for the autumn programs?**
전 베로나힐즈 입주민입니다. 가을 프로그램을 할인 받을 수 있는 방법이 있을까요?

🎤 Sure. There is a **20-dollar discount for all Verona Hills residents**. So, your registration fee would be **50 dollars per course**.
물론입니다. 베로나 힐즈 거주자 전원에게는 20달러 할인이 있습니다.
그래서 등록비는 강좌당 50달러가 됩니다.

Question 10

 I'm very interested in writing my own novels. Are there any classes that might help me?
저는 소설을 쓰는 데 관심이 많습니다. 저에게 도움이 될만한 수업이 있을까요?

Of course. The details you requested are as follows: First, there is a Creative Writing for Beginners class on Mondays led by Dr. Samuel Lee, the Novelist. Second, there is Advanced Fiction Writing Techniques class on Fridays led by David Park, the Author.
물론입니다. 요청하신 세부 사항은 다음과 같습니다. 첫째로, 매주 월요일에는 소설가인 사무엘 리 박사가 진행하는 "초보자를 위한 창작 글쓰기" 수업이 있습니다. 둘째로, 매주 금요일에는 작가 데이비드 박이 진행하는 "고급 소설 작문 기법" 수업이 있습니다.

어휘 take place 열리다, 개최되다 get a discount 할인을 받다 resident 주민, 거주자 novelist 소설가 author 작가

유형 3 면접 일정표

브라이트 디자인 스튜디오
면접 일정

6월 6일 화요일 – 회의실 203A

시간	지원자	희망 직책	현재 근무 회사
10:00	올리비아 플로렌스	그래픽 디자이너	비저너리 디자인즈
11:00	다니엘 필즈	아트 디렉터 보조	크리에이티브 마인즈 에이전시
12:00	소피 마크	시니어 삽화가	블루버드 그래픽스
1:00	점심 시간		
2:00	리암 리	~~시니어 아트 디렉터~~	~~픽셀 앤 프레임 스튜디오~~ 취소됨
3:00	해나 그렉	레이아웃 디자이너	블루버드 그래픽스

*대기실은 103A에 위치해 있습니다.

연습 문제

노바테크 솔루션즈
면접 일정
8월 16일 수요일 – 컨퍼런스룸 B2

시간	지원자	지원 직책	면접관	현재 근무 회사
오전 9:00	케빈 애덤스	영업 관리자	수잔 밀러, 영업 이사	에이펙스 트레이딩 컴퍼니
오전 9:45	그레이스 톰슨	인사 코디네이터	다니엘 해리스, 인사 매니저	피플퍼스트 컨설팅
오전 10:30	매튜 카터	소프트웨어 엔지니어	에릭 존슨, 최고기술책임자(CTO)	코드웨이브 테크놀로지
오전 11:15	— 휴식 —			
오전 11:30	레이첼 무어	마케팅 전문가	올리비아 스콧, 마케팅 책임자	브라이트비전 미디어
오후 12:15	제임스 워커	데이터 분석가	에릭 존슨, 최고기술책임자(CTO)	인사이트 애널리틱스
오후 1:00	해나 루이스	고객 서비스 감독	수잔 밀러, 영업 이사	글로벌 커넥트 솔루션즈

참고: 모든 지원자는 예정된 면접 시간 20분 전에 접수 데스크에서 접수 해야 합니다.

Question 8

🔊 I was wondering when is the first interview? And who are we expecting to interview?
첫 번째 면접이 언제인지 궁금합니다. 그리고 누구를 면접 볼 예정인가요?

🎤 The first interview is at 9 a.m. and the applicant is Kevin Adams for the Sales Manager position.
첫 번째 면접은 오전 9시에 있으며, 지원자는 케빈 애덤스로 영업 관리자 직책에 지원했습니다.

Question 9

🔊 I was told that all candidates must check in 60 minutes prior to their scheduled time. Is this correct?
모든 지원자는 예정된 시간 60분 전에 접수해야 한다고 들었습니다. 맞나요?

🎤 I'm afraid you might be mistaken. All candidates must check in at the reception desk 20 minutes before their scheduled time.
잘못 알고 계신 것 같습니다. 모든 지원자는 예정된 시간 20분 전에 안내 데스크에서 접수해야 합니다.

Question 10

🔊 I'm Susan Miller, one of the interviewers. And I was told that I would be interviewing candidates on August 16th. Can you give me all the details?
저는 수잔 밀러입니다. 제가 8월 16일에 지원자들을 면접 보게 될 거라고 들었습니다. 모든 세부 사항을 알려주시겠어요?

🎤 Of course. The details you requested are as follows: First, at 9 a.m., you will interview Kevin Adams for Sales Manager position. He's currently at Apex Trading Co. Second, at 1 p.m., you will interview Hannah Lewis for Customer Service Supervisor position. She's currently at Global Connect Solutions.
물론입니다. 요청하신 세부 사항은 다음과 같습니다. 첫 번째로, 오전 9시에 케빈 애덤스를 영업 관리자 직책으로 면접을 보게 됩니다. 그는 현재 에이펙스 트레이딩 컴퍼니에서 근무하고 있습니다. 두 번째로, 오후 1시에 해나 루이스를 고객 서비스 감독 직책으로 면접을 보게 됩니다. 현재 글로벌 커넥트 솔루션즈에서 근무하고 있습니다.

어휘 candidate 지원자 prior to ~이전에 scheduled 예정된

Question 11

의견 제시하기 Express an opinion

정답 및 해설

필수 이론

답변 만들기-이유

> Some people prefer going on a vacation with detailed plans, while others enjoy traveling without any plans. Which do you prefer and why?
> 어떤 사람들은 구체적인 계획이 있는 휴가를 선호하는 반면, 다른 사람들은 아무런 계획 없이 여행하는 것을 즐깁니다. 당신은 어느 쪽을 선호하며 그 이유는 무엇인가요?

의견		I prefer going on a vacation with detailed plans. 저는 구체적인 계획이 있는 휴가를 선호합니다.
이유 1	이유 1	First of all, it can save a lot of time during the trip. 첫째, 여행 중 시간을 많이 절약할 수 있습니다.
	예시	For example, when hotels and transportation are booked in advance, I don't need to waste time searching for them during the trip. So, I can fully focus on enjoying sightseeing. This means I can fully enjoy the vacation. 예를 들어, 호텔과 교통편을 미리 예약해두면 여행 중 이를 찾는 데 시간을 낭비할 필요가 없습니다. 따라서 관광을 즐기는 데 완전히 집중할 수 있습니다. 이는 휴가를 충분히 즐길 수 있음을 의미합니다.
이유 2	이유 2	Second, it can reduce unnecessary unexpected expenses. 둘째, 불필요한 예상치 못한 지출을 줄일 수 있습니다.
	예시	Specifically, last-minute reservations are usually more expensive. So, by planning ahead, I can avoid paying extra. This makes me feel more financially secure. Plus, it makes the whole trip smoother and more enjoyable. 구체적으로, 막판 예약은 대개 더 비쌉니다. 따라서 미리 계획함으로써 추가 비용을 피할 수 있습니다. 이는 재정적으로 더 안정감을 느끼게 합니다. 게다가 여행 전체를 더 원활하고 즐겁게 만들어 줍니다.
결론		Therefore, I prefer going on a vacation with detailed plans. 따라서, 저는 세세한 계획이 있는 휴가를 선호합니다.

답변 만들기-예시/개인 경험

> Some people prefer going on a vacation with detailed plans, while others enjoy traveling without any plans. Which do you prefer and why?
> 어떤 사람들은 구체적인 계획이 있는 휴가를 선호하는 반면, 다른 사람들은 아무런 계획 없이 여행하는 것을 즐깁니다. 당신은 어느 쪽을 선호하며 그 이유는 무엇인가요?

❶ 긍정적 경험

의견		I prefer going on a vacation with detailed plans. 저는 구체적인 계획을 세워 휴가를 보내는 것을 선호합니다.
이유 1	이유 1	Most of all, it makes the trip more efficient and enjoyable. 무엇보다도 여행이 더 효율적이고 즐거워지기 때문입니다.
	예시	For example, I don't have to waste time deciding what to do at the last minute. I think travelling is all about experiencing new places. Specifically, there are not many tourists in less-known places. 예를 들어, 막판에 무엇을 할지 결정하느라 시간을 낭비할 필요가 없습니다. 여행은 새로운 장소를 경험하는 것이라고 생각합니다. 특히 덜 알려진 곳에는 관광객이 많지 않습니다.
이유 2	이유 2	When I went on a summer vacation, I went on a trip to Jeju Island with my family. 지난 여름 휴가를 갔을 때, 가족과 함께 제주도로 여행을 갔습니다.
	예시	We made a detailed schedule before the trip such as hotels and restaurants. Because of that, we visited many beautiful places smoothly. I didn't have to wait in line outside the restaurants, too. 여행 전에 호텔과 식당 등 구체적인 계획을 미리 세웠습니다. 덕분에 아름다운 장소들을 순조롭게 많이 방문할 수 있었고, 식당 앞에서 줄 서서 기다릴 필요도 없었습니다.
결론		Therefore, I prefer going on a vacation with detailed plans. 따라서, 저는 구체적인 계획을 세운 휴가를 선호합니다.

❷ 부정적 경험

의견		I prefer going on a vacation with detailed plans. 저는 구체적인 계획을 세우고 휴가를 떠나는 것을 선호합니다.
이유 1	이유 1	Most of all, it makes the trip more efficient and enjoyable. 무엇보다도, 이렇게 하면 여행이 더 효율적이고 즐거워집니다.
	예시	For example, I don't have to waste time deciding what to do at the last minute. I think travelling is all about experiencing new places. Specifically, there are not many tourists in less-known places. 예를 들어, 막판에 무엇을 할지 결정하느라 시간을 낭비할 필요가 없습니다. 여행은 새로운 장소를 경험하는 것이라고 생각합니다. 특히, 잘 알려지지 않은 곳에는 관광객이 많지 않습니다.
이유 2	이유 2	When I went on a summer vacation, I traveled without any plans. 여름 휴가를 갔을 때 저는 아무런 계획 없이 여행했습니다.
	예시	The place was very crowded, and I had to spend a lot of time just searching for hotels and restaurants. Because of that, I couldn't fully enjoy sightseeing. I was exhausted at the end of the day. I regret it a lot. 그곳은 매우 혼잡했고, 호텔과 식당을 찾는 데만 많은 시간을 소비해야 했습니다. 그 때문에 관광을 제대로 즐기지 못했습니다. 하루가 끝날 때면 지쳐버렸습니다. 지금 생각하면 정말 후회됩니다.
결론		Therefore, I prefer going on a vacation with detailed plans. 따라서, 저는 구체적인 계획을 세운 휴가를 선호합니다.

주제별 답변 전략

주제 1 직장/업무

답변 아이디어

Q 직업 만족도에 더 영향을 많이 미치는 것은 무엇인가요? 친절한 동료 vs. 도움을 주는 상사

- **친절한 동료**

의견	I prefer kind coworkers over a supportive boss. 저는 도와주는 상사보다 친절한 동료를 선호합니다.
이유 1	With kind coworkers, I feel less stressed at work. 친절한 동료들과 함께하면 업무 스트레스를 덜 느낍니다.
예시	Since I see them every day, their attitude really affects my mood. 매일 마주치는 만큼 동료들의 태도가 제 기분에 큰 영향을 미치기 때문입니다.
이유 2	Kind coworkers make teamwork smoother and more enjoyable. 친절한 동료들은 팀워크를 더 원활하고 즐겁게 만듭니다.
예시	When a coworker cheers me up, I feel motivated even on tough days. 동료가 저를 격려해줄 때면 힘든 날에도 동기부여가 됩니다.

어휘 supportive 도와주는, 지원하는 attitude 태도 enjoyable 즐거운 tough 힘든

- **도움을 주는 상사**

의견	I prefer having a supportive boss over kind coworkers. 저는 친절한 동료보다 도와주는 상사를 선호합니다.
이유 1	A boss can mentor me and help me grow in my career. 상사는 멘토 역할을 하며 제 직장 생활을 도울 수 있습니다.
예시	With guidance, I can gain recognition, develop skills, and build expertise. 지도를 받으면 인정받고 능력을 개발하며 전문성을 쌓을 수 있습니다.
이유 2	A boss provides clear direction and resources. 상사는 명확한 방향과 자원을 제공합니다.
예시	This reduces confusion, saves time, and boosts productivity. 이는 혼란을 줄이고 시간을 절약하며 생산성을 높입니다.

어휘 guidance 지도, 안내 recognition 인정 expertise 전문성, 전문 지식 confusion 혼란, 혼동 productivity 생산성

Q 전화 회의에 비해 대면회의를 하는 것의 장점/단점은 무엇인가요?

- 장점

의견	I think face-to-face meetings have more advantages than phone calls. 저는 대면 회의가 전화 통화보다 더 많은 장점이 있다고 생각합니다.
이유 1	In-person communication is clearer and easier to understand. 직접 대면하는 의사소통은 더 명확하고 이해하기 쉽습니다.
예시	Facial expressions and gestures help me catch the other person's mood. For example, in negotiations, talking face-to-face can help us reach an agreement more smoothly. 얼굴 표정과 몸짓은 상대방의 기분을 파악하는 데 도움이 됩니다. 예를 들어 협상 시 마주보고 대화하면 합의에 더 원활히 도달할 수 있게 해줍니다.
이유 2	Meeting in person improves teamwork and relationships. 직접 만나는 것은 팀워크와 관계를 향상시킵니다.
예시	Stronger trust and connection lead to higher productivity and better outcomes. 더 강한 신뢰와 유대감은 생산성 향상과 더 나은 결과로 이어집니다.

어휘 facial expression 얼굴 표정 negotiation 협상 agreement 합의 outcome 결과

- 단점

의견	Face-to-face meetings have many disadvantages. 대면 회의에는 많은 단점이 있습니다.
이유 1	They take more time and cost more money. 대면 회의는 시간과 비용이 더 많이 듭니다.
예시	Traveling is stressful, especially if there are traffic jams, and it affects my work. For example, a one-hour meeting can require more than two hours of travel. 특히 교통 체증이 있을 경우 이동은 스트레스가 되며 업무에 지장을 줍니다. 예를 들어, 1시간 회의에 2시간 이상의 이동 시간이 소요될 수 있습니다.
이유 2	It is hard to arrange a time that works for everyone. 모든 사람이 참여 가능한 시간을 조율하기 어렵습니다.
예시	Asking everyone takes a lot of time and effort. 모든 사람에게 일정을 물어보는 것은 많은 시간과 노력이 필요합니다.

어휘 traffic jam 교통 체증 arrange 조율하다, 정리하다

Q 다음 중 팀의 성공에 가장 크게 기여하는 것은 무엇이라고 생각하나요?
- 프로젝트가 얼마나 흥미로운지
- 팀원이 얼마나 잘 협업하는지
- 리더가 얼마나 효과적으로 이끄는지

● **프로젝트가 얼마나 흥미로운지 선택**

의견	I think an interesting project contributes most to a team's success. 저는 흥미로운 프로젝트가 팀의 성공에 가장 크게 기여한다고 생각합니다.
이유 1	An exciting project keeps members motivated. 흥미로운 프로젝트는 구성원들의 동기를 유지시켜 줍니다.
예시	They naturally put in more effort and stay focused without feeling bored. 그들은 지루함을 느끼지 않고 자연스럽게 더 많은 노력을 기울이며 집중력을 유지합니다.
이유 2	Interesting projects provide more chances to learn new skills. 흥미로운 프로젝트는 새로운 기술을 배울 기회를 더 많이 제공합니다.
예시	Members can build expertise, which improves results and even leads to promotion. 구성원들은 전문성을 쌓을 수 있으며, 이는 성과를 향상시키고 승진으로까지 이어질 수 있습니다.

어휘 bored 지루해 하는　expertise 전문성, 전문지식　promotion 승진, 진급

● **팀원이 얼마나 잘 협업하는지 선택**

의견	I think good teamwork contributes most to a team's success. 저는 좋은 팀워크가 팀의 성공에 가장 크게 기여한다고 생각합니다.
이유 1	When roles are divided fairly, the team works more efficiently. 역할이 공평하게 분배될 때 팀은 더 효율적으로 일합니다.
예시	Fair distribution prevents conflict and creates a positive work environment. For example, unfair distribution always causes trouble in a team. 공평한 업무 분배는 갈등을 방지하고 긍정적인 업무 환경을 만듭니다. 예를 들어, 불공평한 업무 분배는 팀 내에서 항상 문제를 일으킵니다.
이유 2	With smooth communication, projects are completed without difficulties. 원활한 의사소통으로 프로젝트는 어려움 없이 완료됩니다.
예시	It helps solve problems, builds trust, and creates a better relationship. 이는 문제 해결을 돕고 신뢰를 구축하며 더 나은 관계를 만듭니다.

어휘 contribute 기여하다　divide 분배하다, 나누다　efficiently 효율적으로

- **리더가 얼마나 효과적으로 이끄는지**

의견	I think effective leadership contributes most to a team's success. 저는 효과적인 리더십이 팀의 성공에 가장 크게 기여한다고 생각합니다.
이유 1	A good leader reduces confusion and saves time. 훌륭한 리더는 혼란을 줄이고 시간을 절약합니다.
예시	This creates a positive work environment and increases productivity. For example, with effective leadership, employees might have less complaints, and results will improve. 이는 긍정적인 업무 환경을 조성하고 생산성을 높입니다. 예를 들어, 효과적인 리더십으로 직원들의 불만이 줄어들고 성과가 향상될 수 있습니다.
이유 2	A leader can motivate a team with encouragement and feedback. 리더는 격려와 피드백으로 팀을 동기부여 할 수 있습니다.
예시	This helps employees grow, which also leads to company growth. 이는 직원들의 성장을 돕고 결국 회사의 성장으로 이어집니다.

어휘 confusion 혼란, 혼동 productivity 생산성 effective 효과적인 complaint 불만 encouragement 격려

Q 어떤 사람들은 프로젝트를 팀으로 수행하기보다는 혼자 수행하는 것이 더 낫다고 말합니다. 동의하나요 반대하나요?

- **동의**

의견	I think working alone is better than working in a team. 저는 혼자 일하는 것이 팀으로 일하는 것보다 낫다고 생각합니다.
이유 1	Working alone is more efficient because no discussions are needed. 혼자 일하는 것은 토론이 필요 없기 때문에 더 효율적입니다.
예시	It saves time and avoids conflicts or complaints. For example, in a team, creative ideas take time to convince others, but alone, I can apply them right away. 혼자 일하면 시간을 절약하고 갈등이나 불만을 피할 수 있습니다. 예를 들어, 팀에서는 창의적인 아이디어를 다른 사람들에게 설득하는 데 시간이 걸리지만 혼자라면 바로 적용할 수 있습니다.
이유 2	Clear responsibility is important in the workplace. 직장에서는 명확한 책임이 중요합니다.
예시	When working alone, I take full responsibility, but in a team, people often blame each other if something goes wrong. 혼자 일할 때는 모든 책임을 지지만, 팀에서는 문제가 생기면 서로를 탓하는 경우가 많습니다.

어휘 efficient 효율적인 conflict 갈등 convince 설득하다, 납득시키다 responsibility 책임

- 비동의

의견	I think working in a team is better than working alone. 저는 팀으로 일하는 것이 혼자 일하는 것보다 낫다고 생각합니다.
이유 1	A team brings diverse ideas that lead to creative solutions. 팀은 다양한 아이디어를 모아 창의적인 해결책을 이끌어냅니다.
예시	With synergy, members combine their strengths and cover each other's weaknesses, which creates the best output. 시너지를 통해 구성원들은 각자의 강점을 결합하고 서로의 약점을 보완함으로써 최상의 결과를 만들어냅니다.
이유 2	In a team, the workload can be shared. 팀에서는 업무량을 분담할 수 있습니다.
예시	This reduces stress, saves time, and makes the team more productive and on schedule. 이는 스트레스를 줄이고 시간을 절약하며 팀이 더 생산적이고 일정을 준수하도록 합니다.

어휘 diverse 다양한 combine 결합하다 workload 업무량 productive 생산적인

연습 문제

> For the success of a team, which of the following is the most important character feature of teammates, communication skills or management skills?
> Give reasons or examples to support your opinion.
> 팀의 성공을 위해 다음 중 팀원들의 가장 중요한 성격적 특성은 의사소통 능력 또는 관리 능력 중 무엇이라고 생각합니까?
> 당신의 의견을 뒷받침하기 위한 이유나 예시를 제시하세요.

모범 답변 작성

의견		For the success of a team, communication skills are the most important character feature of teammates. 팀의 성공을 위해서 의사소통 능력은 팀원들이 가져야 할 가장 중요한 성격적 특성입니다.
이유 1	이유 1	First, clear communication reduces confusion. 첫째, 명확한 의사소통은 혼란을 줄여줍니다.
	예시	All the teammates can share accurate information and set the same goals. This means that people can work faster with fewer meetings. It also saves a lot of time during a project. 모든 팀원들은 정확한 정보를 공유하고 같은 목표를 세울 수 있습니다. 이것은 회의가 더 적어도 더 빠르게 일할 수 있다는 것을 의미합니다. 프로젝트를 진행하면서 많은 시간도 절약할 수 있습니다.
이유 2	이유 2	Second, good communication builds trust. 둘째, 좋은 의사소통은 신뢰를 쌓습니다.
	예시	When teammates speak openly and listen, they can respect each other. And this respect can reduce conflicts. Based on my experience, my teammates and I shared feedback honestly during a project. As a result, we finished the project with high quality. I liked the experience. 팀원들이 솔직하게 말하고 경청할 때 서로를 존중할 수 있습니다. 그리고 이러한 존중은 갈등을 줄여줍니다. 한 번은 제 팀원들과 함께 프로젝트를 하면서 솔직하게 피드백을 공유한 적이 있습니다. 그 결과, 저희는 높은 완성도로 프로젝트를 마쳤습니다. 저는 그 경험이 좋았습니다.
결론		Therefore, communication skills are the most important character feature of teammates. 따라서, 의사소통 능력은 팀원들이 가져야 할 가장 중요한 성격적 특성입니다.

어휘 confusion 혼란, 혼동 accurate 정확한 build 쌓다 openly 솔직히 respect 존중하다 conflict 갈등 honestly 솔직하게

주제 2 학교/교육

답변 아이디어

Q 자연 속에서 산책을 하는 게 박물관을 방문하는 것보다 학생들에게 더 좋은 야외활동인가요?

- **자연에서 산책**

의견	I think walking in nature is better than visiting a museum. 저는 자연에서 산책하는 것이 박물관을 방문하는 것보다 낫다고 생각합니다.
이유 1	Walking improves fitness and helps students relax. 걷기는 체력을 향상시키고 학생들이 긴장을 풀도록 돕습니다.
예시	Students can get fresh air, reduce stress, and move their bodies instead of sitting all day. 학생들은 신선한 공기를 마시고 스트레스를 줄이며 하루 종일 앉아 있는 대신에 몸을 움직일 수 있습니다.
이유 2	Nature walks are easier and cheaper to enjoy. 자연 산책은 즐기기에 더 쉽고 저렴합니다.
예시	Parks are everywhere and mostly free, so there's no need to travel far or buy tickets. I once visited a museum for an hour, but it was expensive, and I regretted wasting money. 공원은 어디에나 있고 대부분 무료이므로 멀리 가거나 입장권을 살 필요가 없습니다. 한 번은 한 시간 동안 박물관을 방문했지만 비쌌고 돈을 낭비한 게 후회스러웠습니다.

어휘 instead of ~대신에 regret 후회하다

- **박물관 탐방**

의견	I think visiting a museum is better than walking in nature. 저는 박물관에 가는 것이 자연에서 산책하는 것보다 낫다고 생각합니다.
이유 1	Students can learn history, science, and culture in museums. 학생들은 박물관에서 역사, 과학, 문화를 배울 수 있습니다.
예시	They experience new things and gain real-world knowledge beyond the classroom. 학생들은 교실 밖에서 새로운 것을 경험을 하고 현실 세계에 대한 지식을 얻습니다.
이유 2	Museums are easy to visit and often free. 박물관은 방문하기 쉽고 종종 무료입니다.

예시	Many museums are nearby and have free admission, so there's no need for long travel. I once visited a museum for an hour, and it was free with lots to do, so I loved it. 많은 박물관이 근처에 있고 무료 입장이 가능해 먼 거리를 이동할 필요가 없습니다. 한 번은 한 시간 동안 박물관을 방문했는데 무료였고 할 것도 많아 정말 좋았습니다.

어휘 experience 경험하다 gain 얻다 admission 입장료

Q 학생들이 직접 분쟁을 해결하는 것에 비해 선생님의 도움을 받아 해결하는 것의 장점/단점은 무엇인가요?

- 장점

의견	I think getting help from teachers is better than letting students solve conflicts on their own. 저는 학생들이 스스로 갈등을 해결하도록 놔두는 것보다 교사들의 도움을 받는 것이 더 낫다고 생각합니다.
이유 1	Teachers are trained professionals who provide a neutral perspective. 교사들은 중립적인 시각을 제공하는 전문인 교육자들입니다.
예시	This leads to less bias, more balanced solutions, and a positive school environment. 이는 편견을 줄이고, 더 균형 잡힌 해결책을 제공하며, 긍정적인 학교 환경을 조성합니다.
이유 2	Teachers have more conflict-resolution skills and experience. 교사는 갈등을 해결하는 능력과 경험이 더 풍부합니다.
예시	They can solve problems faster, reduce time-wasting, and prevent fights. 교사는 문제를 더 빠르게 해결하고, 시간 낭비를 줄이며, 싸움을 예방할 수 있습니다.

어휘 let 놓아두다 neutral 중립적인 perspective 시각, 관점 bias 편견 prevent 예방하다

- 단점

의견	I think teacher involvement in conflicts has some disadvantages compared to students solving problems on their own. 저는 교사들이 갈등에 개입하는 것은 학생들이 스스로 문제를 해결하는 것에 비해 몇 가지 단점이 있다고 생각합니다.
이유 1	Problem-solving experience is important for students' growth. 문제 해결 경험은 학생들의 성장에 중요합니다.
예시	If teachers solve everything for them, students miss the chance to practice and develop weak skills later. 교사가 학생들을 위해 모든 것을 해결해 주면 학생들은 나중에 문제를 해결하는 연습과 부족한 능력을 키울 기회를 잃게 됩니다.

이유 2	**Students may become dependent on teachers.** 학생들은 교사에게 의존하게 될 수 있습니다.
예시	**Once it becomes a habit, they can't handle conflicts by themselves.** **In middle school, my teachers often got involved, and I became too dependent.** **I regretted it a lot.** 이것이 습관이 되면 학생들은 스스로 갈등을 해결하지 못하게 됩니다. 중학교 때 선생님들은 자주 개입하셨고, 저는 지나치게 의존하게 되었습니다. 저는 그것이 정말 후회스러웠습니다.

어휘 compared to ~와 비교하여 dependent 의존하는 habit 습관 handle 해결하다, 다루다 involved 개입하는, 관여하는

Q 다음 중 대학을 고를 때 가장 중요시 해야 하는 것은 무엇인가요?
• 학교의 명성   • 전공 및 교육 과정   • 위치와 생활 환경

● **학교의 명성 선택**

의견	**I think the reputation of the university is the most important factor.** 저는 대학교의 명성이 가장 중요한 요소라고 생각합니다.
이유 1	**A famous school strengthens one's résumé and creates more job opportunities.** 유명한 학교는 이력서를 더 돋보이게 하고 더 많은 취업 기회를 만들어 줍니다.
예시	**Graduates from top schools are often recruited faster and may receive higher salaries.** 명문대 졸업생들은 종종 더 빨리 채용되며 더 높은 급여를 받을 수 있습니다.
이유 2	**A well-known school has strong brand power that inspires students.** 잘 알려진 학교는 학생들에게 영감을 주는 명성을 지닙니다.
예시	**It makes students feel proud and competitive, so they work harder.** **I graduated from a good school, and it made me feel proud and competitive.** 이는 학생들이 자부심과 경쟁심을 느끼게 하여 더 열심히 공부하도록 만듭니다. 저는 좋은 학교를 졸업했고 이는 자부심과 경쟁심을 느끼게 만들었습니다.

어휘 reputation 명성, 평판 recruit 채용하다 salary 급여 inspire 영감을 주다 competitive 경쟁을 하는

● **전공 및 교육 과정 선택**

의견	**I think the quality of the major and academic programs is the most important factor.** 저는 전공 및 학업 프로그램의 질이 가장 중요한 요소라고 생각합니다.
이유 1	**A good curriculum provides practical skills that help students adapt to real jobs.** 우수한 커리큘럼은 학생들이 실제 직장에 적응하는 데 도움이 되는 실용적인 기술을 제공합니다.

예시	This makes it easier to succeed in future careers. 이는 미래의 직장 생활에서 더 쉽게 성공하게 만듭니다.
이유 2	Strong programs usually mean excellent professors and facilities. 탄탄한 프로그램은 주로 우수한 교수진과 시설을 의미합니다.
예시	Using good facilities gives students a better academic experience, with higher achievement and career benefits. 좋은 시설을 이용하면 학생들은 더 나은 학업 경험을 얻고, 더 높은 성취와 진로상의 이점을 누릴 수 있습니다.

어휘 major 전공 practical 실용적인

● 위치와 생활 환경

의견	I think the location and campus life environment are the most important factors. 저는 위치와 캠퍼스 생활 환경이 가장 중요한 요소라고 생각합니다.
이유 1	If the school is near home or in the city, students can save commuting time and transportation costs. 학교가 집 근처나 도시에 위치해 있다면 학생들은 통학 시간과 교통비를 절약할 수 있습니다.
예시	This allows them to focus more on studying and achieve better grades. 이를 통해 학업에 더 집중하고 더 좋은 성적을 거둘 수 있습니다.
이유 2	A big-city location provides more internships, part-time jobs, and networking opportunities. 대도시에 위치한 학교는 더 많은 인턴십과 아르바이트, 교류할 기회를 제공합니다.
예시	Real-life experience is important and helps students build a good career in the future. 실무 경험은 중요하며 학생들이 미래에 좋은 커리어를 쌓는 데 도움이 됩니다.

어휘 commuting time 통학 시간 achieve 달성하다, 성취하다

Q 학생들이 신문을 통해 뉴스를 아는 게 좋다고 생각하나요?

● 동의

의견	I think it is good for students to read newspapers to get their news. 저는 학생들이 뉴스를 접하기 위해 신문을 읽는 것이 좋다고 생각합니다.
이유 1	Newspapers are edited and checked, so students get more accurate information with less fake news. 신문은 편집과 검토를 거치기 때문에 학생들은 가짜 뉴스를 덜 접하고 더 정확한 정보를 얻을 수 있습니다.

예시	This also helps students better understand social issues. 이는 또한 학생들이 사회 문제를 더 잘 이해하는 데 도움이 됩니다. ⑩ Based on my experience, I used to read newspapers a lot. Thanks to this, I could understand various social issues. And this helped my university entrance interview. 제 경험에 따르면, 저는 예전에 신문을 많이 읽었습니다. 덕분에 다양한 사회 문제를 이해할 수 있었고, 이는 대학 입학 면접에도 도움이 되었습니다.
이유 2	Reading a newspaper has no online distractions like ads or pop-ups. 신문 읽기는 광고나 팝업 같은 온라인 방해 요소가 없습니다.
예시	It builds good reading habits, improves language skills, and leads to better academic achievement. 이는 좋은 독서 습관을 기르고, 언어 능력을 향상시키며, 더 나은 학업 성취로 이어집니다.

어휘 accurate 정확한 entrance 입학, 입장 distraction 방해 요소 achievement 성취

- **비동의**

의견	I don't think it is good for students to rely on newspapers for news. 저는 학생들이 신문을 통해 뉴스를 접하는 것은 좋지 않다고 생각합니다.
이유 1	Newspapers are too slow when it comes to breaking news. 신문은 뉴스 속보에 있어서 너무 느립니다.
예시	Students wouldn't be able to know the latest events right away, and knowing current issues is power. 학생들은 최신 사건을 바로 알 수 없으며, 시사 문제를 아는 것이 힘입니다.
이유 2	Newspapers are inconvenient and costly. 신문은 불편하고 비용이 많이 듭니다.
예시	They are only available in certain places, and paying every time is a financial burden for students. 신문은 특정 장소에서만 구할 수 있으며, 매번 비용을 지불하는 것은 학생들에게 경제적 부담이 됩니다.

어휘 breaking news 뉴스 속보 when it comes to ~에 관해 latest 최신의 inconvenient 불편한 available 구할 수 있는 burden 부담

연습 문제

> Do you agree or disagree with the following statement?
> *The best way for school to motivate students to get better grades is to provide them with individual teachers.*
> Support your opinion with specific reasons and examples.
> 다음 의견에 동의하시나요, 아니면 반대하시나요?
> 학교가 학생들의 성적 향상을 유도하는 가장 좋은 방법은 개인 교사를 제공하는 것이다.
> 당신의 의견을 뒷받침하기 위한 이유나 예시를 제시하세요.

모범 답변 작성

의견		I agree that the best way for schools to motivate students is to provide them with individual teachers. 저는 학교가 학생들을 동기부여하는 가장 좋은 방법은 학생들에게 개인 교사를 배정하는 것에 동의합니다.
이유 1	이유 1	First, personal guidance helps students improve faster. 첫째, 개인 지도는 학생들이 더 빠르게 배울 수 있도록 도와줍니다.
	예시	With one-on-one teaching, a teacher can quickly understand the student's strengths and weaknesses. This means less time is wasted. Students can receive lessons tailored to their needs. As a result, their learning speed and achievement increase. 일대일 수업을 통해 교사는 학생의 강점과 약점을 빠르게 파악할 수 있습니다. 이것은 시간이 덜 낭비된다는 의미입니다. 학생들은 그들의 필요에 맞춘 수업을 받을 수 있습니다. 그 결과, 학생들의 학습 속도와 성취도가 향상됩니다.
이유 2	이유 2	Second, individual teachers give stronger motivation. 둘째, 개인 교사는 더 강한 동기부여를 제공합니다.
	예시	When teachers work closely with students, they can offer personal encouragement and feedback. Then students feel respected and heard. This builds confidence and self-esteem. In the long run, this also helps with character development and academic success. 교사가 학생들과 가까이에서 공부할 때 개인적인 격려와 피드백을 줄 수 있습니다. 그러면 학생들은 존중받고 자신의 이야기를 잘 들어준다고 느낍니다. 이것은 자신감과 자존감을 키워줍니다. 장기적으로 인격 형성과 학업 성취에도 도움이 됩니다.
결론		Therefore, I agree that the best way for schools to motivate students is to provide them with individual teachers. 따라서, 학교가 학생들을 동기부여하는 가장 좋은 방법은 학생들에게 개인 교사를 배정하는 것에 동의합니다.

어휘 motivate 동기를 부여하다 guidance 지도 help with ~을 돕다 tailored 맞춤의 achievement 성취 encouragement 격려, 용기 confidence 자신감 self-esteem 자존감

주제 3 일상

답변 아이디어

Q 영화를 보는 것이 책을 읽는 것보다 더 재미있나요?

- **책 선택**

의견	I think reading books is more enjoyable than watching movies. 저는 책을 읽는 것이 영화를 보는 것보다 더 즐겁다고 생각합니다.
이유 1	Books let me imagine freely and explore more details. 책은 자유롭게 상상하고 더 많은 세부 사항을 탐구할 수 있게 해줍니다.
예시	For example, when I read a fantasy novel, I can picture the scenes and boost my creativity. 예를 들어, 판타지 소설을 읽을 때 장면을 그려보고 창의력을 키울 수 있습니다.
이유 2	Books provide new knowledge and personal growth. 책은 새로운 지식과 개인적인 성장을 제공합니다.
예시	They give deeper understanding, which is good for academic achievement. 책은 더 깊은 이해를 주며 학업 성취에 도움이 됩니다.

어휘 enjoyable 즐거운 imagine 상상하다 explore 탐구하다 creativity 창의력

- **영화 선택**

의견	I think watching movies is more enjoyable than reading books. 저는 영화를 보는 것이 책을 읽는 것보다 더 즐겁다고 생각합니다.
이유 1	Movies use visuals and sounds to make stories vivid. 영화는 시각과 청각을 활용하여 이야기를 생생하게 전달합니다.
예시	They help me concentrate better, and this habit even improves academic achievement. 영화는 집중력을 높여주고 이 습관은 학업 성취도까지 향상시킵니다.
이유 2	Movies are easy to enjoy with friends and family. 영화는 친구나 가족과 함께 즐기기 쉽습니다.
예시	Watching movies with others strengthens bonds, improves relationships, and reduces stress. 다른 사람과 영화를 보는 것은 유대를 강화하고 관계를 개선하며 스트레스를 줄여줍니다.

어휘 vivid 생생한, 선명한 concentrate 집중하다 bond 유대

Q 단기 여행에 비해 장기 여행을 하는 것의 장점/단점은 무엇인가요?

● 장점

의견	I think long trips have more advantages than short trips. 저는 장기 여행이 단기 여행보다 장점이 더 많다고 생각합니다.
이유 1	With more days to travel, there is no rush, and I can travel more slowly. 여행 기간이 길수록 서두를 필요가 없어 더 여유롭게 여행할 수 있습니다.
예시	This reduces stress and helps me escape from everyday life. For example, I traveled abroad for two weeks in Europe and even joined a local festival. 이는 스트레스를 줄여주고 일상에서 벗어나는 데 도움이 됩니다. 예를 들어, 저는 유럽에서 2주간 해외 여행을 하며 현지 축제에도 참여했습니다.
이유 2	Traveling longer with family or friends gives more time for bonding. 가족이나 친구와 함께 오래동안 여행하면 유대감을 쌓을 시간이 더 많아집니다.
예시	The longer the trip, the stronger the relationships and the better the memories. 여행 기간이 길수록 관계는 더 깊어지고 기억은 더 오래 남습니다.

어휘 rush 서두르다 escape 벗어나다 travel abroad 해외 여행을 하다

● 단점

의견	I think long trips have more disadvantages than advantages. 저는 장기 여행이 장점보다 단점이 더 많다고 생각합니다.
이유 1	Traveling for a long time means spending more money on hotels, food, and transportation. 오랜 기간 여행한다는 것은 호텔, 음식, 교통비에 더 많은 돈을 지출한다는 의미입니다.
예시	It is too expensive for people on a tight budget, so they must save a lot. 예산이 빠듯한 사람들에게는 너무 비싸서 많은 돈을 모아야 합니다.
이유 2	Being away too long makes people tired or homesick. 너무 오래 떨어져 있으면 사람들은 지치거나 향수병에 걸릴 수 있습니다.
예시	They may lose motivation and feel unhappy, but trips should be all about happiness. 사람들은 동기를 잃고 행복하지 않을 수 있지만 여행은 행복을 위한 것이어야 합니다. **TIP** 긍정적 경험 예시 When you go on a short trip, you don't get homesick and can stay motivated and happy. As a result, you can fully enjoy the trip. 단기 여행을 할 때는 향수병에 걸리지 않고 동기부여와 행복을 유지할 수 있습니다. 그 결과 여행을 온전히 즐길 수 있습니다.

어휘 tight budget 빠듯한 예산 homesick 향수병을 앓는

Q 다음 중 최고의 스트레스 해소 방법이 뭐라고 생각하시나요?
- 걷기 - 책 읽기 - 페스티벌 가기

● 걷기

의견	I think walking is the best way to relieve stress. 저는 걷기가 스트레스를 해소하는 가장 좋은 방법이라고 생각합니다.
이유 1	Walking is good for the heart, body, and overall fitness. 걷기는 심장과 신체, 전반적인 건강에 좋습니다.
예시	It reduces stress and increases energy levels. After my exams recently, I took a walk in the park, felt more calm, slept well, and focused better the next day. 걷기는 스트레스를 줄이고 에너지 수준을 높입니다. 최근 시험을 마친 후 공원에서 산책을 했는데 더 차분해지고 숙면을 취했으며 다음 날 집중력이 더 향상되었습니다.
이유 2	Nature and fresh air refresh the mind. 자연과 신선한 공기는 마음을 상쾌하게 합니다.
예시	It clears the mind, so I can focus better on study or work. 마음을 맑게 해주어 공부나 업무에 더 잘 집중할 수 있습니다.

어휘 relieve stress 스트레스를 해소하다 refresh 상쾌하게 하다

● 책 읽기

의견	I think reading a book is the best way to relieve stress. 저는 책을 읽는 것이 스트레스를 해소하는 가장 좋은 방법이라고 생각합니다.
이유 1	Reading is a quiet way to reduce stress and lower anxiety. 독서는 조용히 스트레스를 줄이고 불안을 낮추는 방법입니다.
예시	It helps me stay calm and peaceful. For example, before going to bed one night, I read a novel, forgot my worries, and slept better. 독서는 제가 차분하고 평화로운 마음을 유지하도록 도와줍니다. 예를 들어, 어느 날 밤 잠들기 전에 소설을 읽으며 걱정을 잊고 더 잘 잤습니다.
이유 2	Stories take my mind off stress and boost imagination. 이야기는 스트레스를 잊게 하고 상상력을 자극합니다.
예시	This brings inspiration and creativity, which are helpful in life. 이는 삶에 도움이 되는 영감과 창의력을 가져다 줍니다.

어휘 anxiety 불안 peaceful 평화로운 take one's mind off ~을 잊다 inspiration 영감

- 페스티벌 가기 선택

의견	I think going to a festival is the best way to relieve stress. 저는 축제에 가는 것이 스트레스를 해소하는 가장 좋은 방법이라고 생각합니다.
이유 1	Loud music and dancing release energy and boost my mood instantly. 시끄러운 음악과 춤은 에너지를 발산하고 기분을 금세 좋게 만들어 줍니다.
예시	It helps me forget my hardships and sorrow. 축제는 힘든 일과 슬픔을 잊게 해줍니다.
이유 2	Going to festivals with friends means laughing and sharing many fun moments. 친구들과 함께 축제에 가는 것은 웃음과 즐거운 순간들을 나누는 것을 의미합니다.
예시	It strengthens friendships and makes me feel less lonely. For example, I went to a summer music festival recently, danced with my friends, and made an unforgettable memory. 축제는 우정을 다지고 외로움을 덜 느끼게 해줍니다. 예를 들어, 최근에 여름 음악 축제에 가서 친구들과 춤을 추며 잊지 못할 추억을 만들었습니다.

어휘 hardships 힘든 일, 고난 unforgettable 잊을 수 없는

Q 자유시간이 많은 게 행복한 삶인가요?

- 동의

의견	I think having a lot of free time means living a happy life. 저는 자유 시간이 많은 것이 행복한 삶이라고 생각합니다.
이유 1	More leisure time for walking, reading, or hobbies reduces stress and improves mental health. 산책, 독서, 취미 활동을 위한 여가 시간이 늘어나면 스트레스가 줄어들고 정신 건강이 개선됩니다.
예시	It makes people feel more relaxed and balanced. 여가 시간은 사람들이 더 편안하고 안정된 기분을 느끼게 합니다.
이유 2	Free time can be used to learn new skills, travel, or volunteer. 여유 시간은 새로운 기술을 배우거나, 여행을 가거나, 자원봉사를 하는 데 활용할 수 있습니다.
예시	These activities give a sense of achievement and happiness. For example, during summer vacation, I had a lot of free time, read books, and found it very helpful in life. 이러한 활동들은 성취와 행복감을 줍니다. 예를 들어, 여름 방학 동안 저는 여유 시간이 많아서 책을 읽었는데, 이것이 삶에 매우 도움이 되었습니다.

어휘 relaxed 편안한 achievement 성취

- **비동의**

의견	I don't think having a lot of free time always means a happy life. 저는 자유 시간이 많은 것이 항상 행복한 삶을 의미하는 건 아니라고 생각합니다.
이유 1	Too much free time can make people feel bored or empty. 지나친 자유 시간은 사람들에게 지루함이나 공허함을 느끼게 할 수 있습니다.
예시	Having a clear purpose is more important for good mental health. 좋은 정신 건강을 위해서는 명확한 목적을 갖는 것이 더 중요합니다.
이유 2	People feel proud when they work hard and achieve goals. 사람들은 열심히 일하고 목표를 달성할 때 자부심을 느낍니다.
예시	Happiness often comes from success, not just free time. For example, one of my friends had no job for months, had plenty of free time, but felt unhappy and unmotivated. 행복은 단순히 자유 시간에서 오는 것이 종종 성공에서 비롯됩니다. 예를 들어, 제 친구 중 한 명은 몇 달 동안 일자리가 없어 여유 시간이 많았지만, 행복하지 않았고 동기 부여가 되지 않았습니다.

어휘 empty 공허한, 빈 proud 자랑스러워 하는 unmotivated 동기 부여가 되지 않는

연습 문제

> When choosing a country to live in, which of the following is the most important factor to consider?
> • language   • traditional customs   • cost of living
> Support your opinion with specific reasons and examples.
>
> 어느 나라에서 살 것인지 선택할 때, 다음 중 가장 중요하게 고려해야 할 요소는 무엇이라고 생각합니까?
> • 언어   • 전통적인 관습   • 생활비
> 자신의 의견을 구체적인 이유와 예를 들어 뒷받침하세요.

모범 답변 작성

의견		When choosing a country to live in, cost of living is the most important factor to consider. 어느 나라에서 살 것인지 선택할 때, 생활비는 가장 중요한 고려 사항입니다.
이유 1	이유 1	First, basic needs must be affordable. 첫째, 기본적인 생활필수품이 저렴해야 합니다.
	예시	If housing, food, and transportation are reasonably priced, people can live with less stress. This helps them feel stable in their daily lives. Without affordable living costs, life can quickly become difficult. 주거비, 음식비, 교통비가 적당한 가격이라면 사람들은 스트레스 없이 살 수 있습니다. 이것은 그들의 일상생활에서 안정감을 느끼는 데 도움이 됩니다. 생활비가 저렴하지 않으면 삶은 곧 힘들어질 수 있습니다.
이유 2	이유 2	Second, cost of living affects long-term plans. 둘째, 생활비는 장기적인 계획에 영향을 줍니다.
	예시	When people can save money, they can spend on education, health care, and their family's future. This gives them financial security and peace of mind. However, if living costs are too high, people may constantly struggle. For example, my cousin moved to a country with very high living costs. She had trouble paying rent and bills. She was very unhappy and returned home. 사람들이 돈을 모을 수 있다면 그들은 교육, 건강 관리, 가족의 미래에 돈을 쓸 수 있습니다. 이것은 재정적인 안정과 마음의 평화를 줍니다. 반면 생활비가 너무 비싸면 사람들은 끊임없이 어려움을 겪을 수 있습니다. 예를 들어, 제 사촌은 생활비가 매우 비싼 나라로 이사했습니다. 그녀는 집세와 공과금을 내는 데 어려움을 겪었습니다. 그녀는 매우 불행했고 결국 집으로 돌아왔습니다.
결론		Therefore, when choosing a country to live in, cost of living is the most important factor to consider. 따라서, 어떤 나라에서 살 것인지 선택할 때, 생활비는 가장 중요한 고려 사항입니다.

어휘 motivate 동기를 부여하다 guidance 지도 tailored 맞춤의 achievement 성취 self-esteem 자존감

정답 및 해설

Questions 1-2

1 방송

Now for tonight's business news,/ we'll take a look at the technology industry.↘// Our special guest is Ms. Chloe Ralph,/ senior analyst/ at Digital Wave Magazine.↘// She writes about real stories/ behind popular innovations.↘// Today,↘/ she'll be talking about the latest smart home accessories,↗/ wearable devices,↗/ and solar-powered tools.↘// So,/ please welcome/ Ms. Ralph/ for an exciting discussion.↗//

이제 오늘 밤의 경제 뉴스에서는 기술 산업에 대해 살펴보겠습니다. 저희의 특별 게스트로는 디지털 웨이브 매거진의 수석 분석가 클로이 랄프 씨를 모셨습니다. 그녀는 인기 있는 혁신 기술들 뒤에 숨겨진 실제 이야기들을 써왔습니다. 오늘 그녀는 최신 스마트 홈 액세서리, 웨어러블 기기, 그리고 태양열로 움직이는 도구들에 대해 이야기할 예정입니다. 그럼 흥미로운 토론을 위해 랄프 씨를 환영해 주시기 바랍니다.

어휘 analyst 분석가 popular 인기 있는 wearable device 웨어러블 기기, 착용 기기 solar-powered 태양열로 움직이는

클레어 쌤 올킬TIP!

실제로 내가 방송 진행자가 된 것처럼 연기하는 느낌으로 읽어주시면 좋습니다!
방송 멘트 중 누군가를 소개하는 경우, 마지막 문장을 경쾌하게 올리면서 끝내주세요.

2 광고문

Do you like fixing furniture/ by yourself?↗/ The Headline Repair Pack/ has all the tools you need/ for any home project.↘// Our handbook also/ comes with a plier,↗/ super glue,↗/ and much more.↘// We promise/ that our repair pack/ will help immensely with any task.↘// Visit your local hardware store/ and purchase/ one today!↗//

직접 가구를 고치는 것을 좋아하나요? 헤드라인 리페어 팩에는 집안 보수에 필요한 모든 도구가 있습니다. 저희 안내서에는 펜치, 초강력 접착제, 그리고 더 많은 것을 포함합니다. 저희 리페어 팩은 어떤 작업에도 매우 도움이 될 것을 약속합니다. 가까운 철물점에 방문하셔서 오늘 하나 구입해 보세요!

어휘 tool 도구 come with ~을 포함하다, ~이 딸려 있다 immensely 매우, 엄청나게 purchase 구입하다

클레어 쌤 올킬TIP!

물음표, 느낌표로 문장이 끝나는 경우 음을 경쾌하게 올리고 쉬어주세요.
주어가 긴 경우에는 동사 앞에서 끊어 읽으세요.

3 공지

🎧 MP3 AT100_A_003

Attention,↗/ guests.↘// Bayshore International Airport/ is planning an overhaul of Terminal 1/ starting next week.↘// Please be advised/ that several gates,↗/ food courts,↗/ and bathrooms/ will be closed for maintenance/ during this time.↘// For more information,↗/ please check the airport's official website. ↘// Thank you for your cooperation.↘//

승객 여러분, 안내 말씀드립니다. 베이쇼어 국제공항은 다음 주부터 제1터미널의 점검을 진행할 예정입니다. 이 기간 동안 일부 탑승구, 푸드 코트, 그리고 화장실이 보수 작업으로 인해 운영이 중단될 예정임을 알려드립니다. 자세한 내용은 공항 공식 웹사이트에서 확인해 주시기 바랍니다. 협조해 주셔서 감사합니다.

어휘 overhaul 점검, 점검하다 maintenance 보수, 정비 cooperation 협조, 협력

클레어 쌤 올킬TIP!

공지문에서 일반적으로 Attention으로 시작되는 경우 음을 올려 읽고 끊어 읽지만 guests처럼 뒷단어가 짧은 경우 억양이나 끊어읽기를 하지 않아도 어색하지 않습니다.
단어의 강세는 모음 a,e,i,o,u 중에 주로 두기때문에 강세를 모르겠을 때는, INformation – inFORmation – inforMAtion – informaTION 이렇게 차근차근 강세를 찾아나가 보세요.

4 자동 응답 메시지

🎧 MP3 AT100_A_004

Thank you for calling/ the customer service center at Jenkins Mobile.↘// All of our agents/ are currently assisting other callers.↘// Please press 1/ to review your phone plan,↗/ data usage,↗/ or recent payments.↘// Press 2/ for help with upgrade options/ or incorrect charges.↘// For all other requests,/ please stay on the line.↘// You will be connected/ to the next available representative shortly.↘//

젠킨스 모바일 고객 서비스 센터로 전화해 주셔서 감사합니다. 현재 모든 상담원이 다른 고객을 응대하고 있습니다. 전화 요금제, 데이터 사용량 또는 최근 지출 내역을 확인하시려면 1번을 눌러주세요. 요금제 업그레이드나 잘못 청구된 요금에 대한 도움을 받으시려면 2번을 눌러주세요. 기타 모든 문의 사항은 전화를 끊지 마시고 잠시만 기다려 주세요. 곧 가능한 상담원에게 순차적으로 연결해 드리겠습니다.

어휘 assist 돕다 usage 사용량 payment 지출, 지불 incorrect 잘못된, 맞지 않는 available 이용 가능한, 이용할 수 있는

클레어 쌤 올킬TIP!

자동 응답 메시지의 경우, 차분하게 읽어주는 게 포인트입니다. 자신감 있고 차분하게 읽어주세요.
please와 같이 모음이 두 개 연달아 있는 경우, 장모음이므로 읽을 때 조금 더 길게 읽어줘야합니다.

5 방송 🎧 MP3 AT100_A_005

Here's your evening traffic update. ↘// Cars in the downtown area/ are currently moving slowly/ due to multiple reasons. ↘// Road work, ↗/ a car accident, ↗/ and a lane closure/ are all causing/ long delays. ↘// The road work/ is expected to finish soon, ↗/ but commuters/ should still take a detour/ if possible. ↘//

다음은 저녁 교통 상황 최신 소식입니다. 현재 도심 지역에는 다양한 이유로 차들이 느리게 움직이고 있습니다. 도로 공사, 자동차 사고, 그리고 차선 통제 때문에 긴 정체가 일어나고 있습니다. 도로 공사는 곧 마무리될 것으로 예상되지만, 그래도 가능하다면 출퇴근하시는 분들은 우회로를 이용하시기 바랍니다.

어휘 update 최신 소식 multiple 다양한, 여러 accident 사고 be expected to do ~할 것으로 예상되다 take a detour 우회로를 이용하다, 돌아서 가다

클레어 쌤 올킬 TIP!

수량 한정사 all, each, every는 다른 단어들보다 조금 더 길게 늘어뜨리며 강세를 주세요. 의미상의 강세를 주며 내용을 강조하면서도 잠깐 쉬었다 가는 시간을 벌 수 있습니다.

ⓔⓧ All (~) students/ should take their time off. ↘//

6 공지 🎧 MP3 AT100_A_006

Good morning, ↗/ Franklin Group employees. ↘// Welcome to our staff meeting. ↘// We will go over/ some new office rules, ↗/ product testing results, ↗/ and updates/ on our ongoing projects./ Let's look at the meeting schedule first. ↘// We'll have time for questions/ at the end of each session. ↘//

좋은 아침입니다, 프랭클린 그룹 직원 여러분. 직원회의에 오신 것을 환영합니다. 오늘은 새로운 회사 규정, 제품 테스트 결과, 그리고 진행 중인 프로젝트들의 최신 소식을 검토하겠습니다. 회의 일정을 먼저 살펴보겠습니다. 각 세션이 끝난 후에는 질의응답 시간을 갖겠습니다.

어휘 go over 검토하다, 살피다 ongoing 진행 중인 look at ~을 살피다

클레어 쌤 올킬 TIP!

내용상 누군가를 맞이하거나 환영하는 상황에서 Welcome to는 경쾌하게 음을 올리며 읽어주세요.
한 문장에서 끊어 읽기가 3-4번도 많이 있다고 느껴질 때는 한 번 정도는 쉬지 않고 넘어가도 괜찮습니다. (나열 구조 제외)

ⓔⓧ The road work/ is expected to finish soon, ↗/ but commuters (/) should still take a detour (/) if possible. ↘//

7 광고문

Are you a talented artist/ looking for affordable supplies?↗// Visit Samantha's Studio/ to find all the materials/ you need.↘// After opening our business/ one decade ago,/ we plan to commemorate/ our tenth anniversary/ this year.↘// This weekend only,↗/ Samantha's Studio/ will be offering exclusive discounts/ on all products.↘//

저렴한 미술용품을 찾고 있는 유능한 예술가이신가요? 사만다 스튜디오에 방문하여 필요한 모든 재료를 찾아보세요. 저희는 10년 전에 사업을 시작한 이후 올해 10주년을 기념할 예정입니다. 이번 주말에만, 사만다 스튜디오는 전 제품에 대한 단독 할인을 제공할 예정입니다.

어휘 talented 유능한, 재능 있는 affordable 저렴한, (가격이) 알맞은 decade 10년 commemorate 기념하다 exclusive 단독의, 독점적인

클레어 쌤 올킬TIP!

be 동사/조동사로 시작하는 의문문의 끝 음을 경쾌하게 올려주세요.

⑩ Are you looking for the right place for your wedding?↗//
당신의 결혼식을 위한 알맞은 장소를 찾고 있나요?

8 광고문

Today's radio program/ is sponsored by/ Vintage Collectors.↘// You can find leather jackets,↗/ denim jeans,↗/ and all kinds of stylish pieces there.↘// Vintage Collectors/ also accepts donations of old/ or unused clothes.↘// To learn more about the store,↗/ visit our homepage.↘//

오늘의 라디오 프로그램은 빈티지 컬렉터스가 후원합니다. 이곳에서는 가죽 재킷, 청바지, 그리고 모든 종류의 멋진 물건들을 찾을 수 있습니다. 빈티지 컬렉터스는 오래되거나 입지 않는 옷의 기부도 받고 있습니다. 매장에 대해 더 알아보시려면 저희 홈페이지를 방문해 주세요.

어휘 be sponsored by ~가 후원하다 leather 가죽 accept 받다 unused 사용하지 않는

9 안내문

Welcome to our monthly staff meeting/ at Copperhill Roasters.↘// This quarter,↗/ we proudly introduced new,/ exquisite coffee blends,↗/ fresh pastries,↗/ and a wider selection/ of drinks.↘// We also focused on/ providing good customer service.↘// Thanks to our efforts,↗/ many customers/ have given us good reviews.↘//

코퍼힐 로스터즈의 월간 직원회의에 오신 것을 환영합니다. 이번 분기에 저희는 새롭고 훌륭한 블렌드 커피, 신선한 페이스트리, 그리고 더 다양한 음료들을 자신 있게 선보였습니다. 저희는 좋은 고객 서비스를 제공하는 데에도 집중했습니다. 이러한 노력 덕분에 많은 고객들로부터 좋은 평가를 받을 수 있었습니다.

어휘 monthly 월간의 proudly 자신 있게 exquisite 훌륭한, 최고의 focus on ~에 집중하다

10 공지

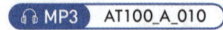

As I'm planning to retire soon,/ I'm pleased to introduce Bella Johnson/ as our new marketing director. ↘// She will be moving to our branch/ within the next month. ↘// Ms. Johnson is well known/ for her outstanding work. ↘// Her knowledge, ↗/ commitment to quality, ↗/ and effective management skills/ will definitely help our team. ↘// Please join me in welcoming her/ to our office. ↗//

제가 곧 은퇴할 예정이라, 새로운 마케팅 감독 벨라 존슨 씨를 소개하게 되어 기쁩니다. 그녀는 다음 달 내로 저희 지점으로 옮길 예정입니다. 존슨 씨는 뛰어난 업무 능력으로 잘 알려져 있습니다. 그녀의 지식, 품질에 대한 헌신, 그리고 유능한 관리 능력은 저희 팀에 큰 도움이 될 것입니다. 저와 함께 그녀를 환영해 주시기 바랍니다.

어휘 retire 은퇴하다 be known for ~으로 알려져 있다 outstanding 뛰어난 commitment 헌신, 전념 effective 유능한, 효과적인

 클레어 쌤 올킬TIP!

join me in welcoming + 사람은 누군가를 환영하는 데 함께해달라, 즉, 박수를 부탁드린다는 뜻입니다.
따라서 Join me in welcoming으로 시작하는 문장의 경우, 문장의 끝을 가볍게 올려서 마무리해 주세요.
join me in welcoming + 사람은 Let's/Please welcome + 사람과 동일한 뜻을 가진 표현입니다.
누군가의 성과 이름을 모두 부를 땐, 대체로 이름보다는 성에 강세를 더 세게 둡니다.

🔊 Claire Su, Blaire Waldorf

11 방송

For today's weather forecast,/ there's a high chance of strong winds ↗/ and sudden showers. ↘// Although skies/ will remain clear/ in the morning, ↗/ expect stormy conditions with heavy rainfall at night/ and into Sunday. ↘// Temperatures will remain chilly. ↘// We suggest staying indoors, ↗/ keeping your windows closed, ↗/ and wearing thick clothes. ↘//

오늘의 날씨 예보입니다. 강한 바람과 갑작스러운 소나기가 내릴 가능성이 높습니다. 아침에는 하늘이 맑겠지만, 밤부터 일요일까지 폭우와 함께 폭풍우가 몰아칠 것으로 예상됩니다. 기온은 여전히 쌀쌀할 것입니다. 실내에 머물고, 창문을 닫아 두며, 두꺼운 옷을 입을 것을 권장합니다.

어휘 shower 소나기 stormy 폭풍우 몰아치는 heavy rainfall 폭우 chilly 쌀쌀한

 클레어 쌤 올킬TIP!

평소에 단수 형태로 익숙한 단어를 복수로 써놓을 경우, 틀릴 확률이 상당히 높습니다. 유의해서 읽어주세요.

🔊 skies, conditions, temperatures

12 공지

MP3 AT100_A_012

I have an exciting announcement to make.↗// Our recording studio has signed a contract/ with the famous music producer/ Devon Knight.↘// Mr. Knight/ will use our professional software,↗/ audio equipment↗/, and collection of instruments/ to make the next big hit.↘// With his help,/ we hope to promote our services/ to more audiences/ around the world.↘//

전해드릴 흥미로운 소식이 있습니다. 저희 녹음실은 유명한 음악 프로듀서인 데본 나이트와 계약을 맺었습니다. 나이트 씨는 다음 큰 히트를 치기 위해 저희의 전문적인 소프트웨어, 오디오 장비, 그리고 다양한 악기들을 활용할 예정입니다. 그의 도움으로 저희 서비스가 전 세계 더 많은 사람들에게 알려지기 바랍니다.

어휘 sign a contract 계약을 맺다 professional 전문적인 equipment 장비 promote 알리다, 홍보하다

클레어 쌤 올킬TIP!

I have an exciting announcement to make. 문장과 같이 무언가를 공표하는 문장은 실제로 외치는 걸 상상하며 문장 끝 음을 올려줘도 자연스럽습니다.
producer Devon Knight.→ Mr. Knight will use와 같이 이름에서 ~씨와 같이 호칭으로 전환하는 경우, 순간적으로 헷갈릴 수 있습니다. 준비 시간에 미리 확인해서 꼼꼼하게 끊어 읽는 걸 연습해 두세요!

13 기타

MP3 AT100_A_013

We're thrilled to introduce our next guest,↗/ a promising filmmaker,↗/ Neil Young.↘// His stunning work/ has earned praise/ both at festivals/ and online.↘// Interestingly,/ his love for movies ignited later in life,/ after he entered adulthood.↘// Let's now welcome/ Mr. Young up to the stage.↗//

저희는 다음 게스트로 유망한 영화감독 닐 영 씨를 소개하게 되어 매우 기쁩니다. 그의 굉장히 멋진 작품은 영화제와 온라인에서 모두 찬사를 받았습니다. 흥미롭게도, 영화에 대한 그의 애정은 성인이 된 이후에 불타올랐습니다. 이제 닐 영 씨를 무대 위로 모시겠습니다.

어휘 thrilled 매우 기쁜, 몹시 신이 난 promising 유망한, 촉망되는 stunning 굉장히 멋진 praise 찬사, 칭찬하다 ignite 타오르게 하다, 불을 붙이다 adulthood 성인

클레어 쌤 올킬TIP!

해당 지문처럼 어렵고 처음 보는 단어가 꽤 포함되어 있는 경우, 준비시간을 더 부지런히 사용하셔서 처음 본 단어의 강세를 찾아주셔야 합니다. 절대음감 게임처럼 단어의 모음에 강세를 바꾸어가며 강세를 찾아보세요.
예 마돈나 - 마돈나 - 마돈나

14 기타

MP3 AT100_A_014

Welcome to the retirement celebration of Terry Alvarez.↘// I'm delighted to talk about Terry's remarkable career with us.↘// Throughout his time here,/ he has shown strong leadership,↗/ creative thinking,↗/ and true dedication.↘// Thanks to his hard work,/ our company has expanded internationally.↘// He will always be a part of the Summit Builders family!↘//

테리 알바레즈의 은퇴 기념식에 오신 것을 환영합니다. 저는 테리의 뛰어난 경력에 대해 함께 이야기하게 되어 기쁩니다. 그가 이곳에 있는 동안, 그는 강한 리더십, 창의적인 사고, 그리고 진정한 헌신을 보여 주었습니다. 그의 노력 덕분에, 저희 회사는 국제적으로 사업을 확장했습니다. 그는 항상 서밋 빌더스 가족의 일원으로 남을 것입니다.

어휘 retirement 은퇴 delight 기쁘게 하다 remarkable 뛰어난, 주목할 만한 creative 창의적인 dedication 헌신 expand 확장하다

클레어 쌤 올킬TIP!

한 번에 이어서 읽어야 하지만 다음 줄로 넘어가 버린 단어들이 지문에 나올 때가 있습니다.
평소에 연습할 때, 다음 단어를 미리 봐두는 습관을 들여보세요.

15 방송

MP3 AT100_A_015

Thank you for tuning in/ to another episode/ of the Cooking Club podcast.↘// Tonight,/ we'll talk about Chef Maya Klein,/ who operates a popular restaurant/ in New York.↘// She has influenced the dining scene/ through her special demonstrations,↗/ rich flavors,↗/ and fusion dishes.↘// Let's begin by talking about her professional journey.↘//

쿠킹 클럽 팟캐스트의 또 다른 에피소드를 청취해 주셔서 감사합니다. 오늘 밤에는 뉴욕에서 인기 있는 레스토랑을 운영하는 셰프 마야 클라인에 대해 이야기하겠습니다. 그녀는 특별한 요리 시연, 풍미가 가득한 맛, 그리고 퓨전 요리를 통해 외식 문화에 영향을 주었습니다. 이제 그녀의 전문적인 여정에 대한 이야기를 시작하겠습니다.

어휘 tune in 청취하다 operate 운영하다 popular 인기 있는 influence 영향을 주다 demonstration 시연 professional 전문적인

클레어 쌤 올킬TIP!

마지막 문장은 토크쇼를 진행하기에 앞서 소개하는 문장이므로 음을 경쾌하게 올리면서 끝맺어 주세요.

16 안내문

Welcome to the productivity workshop.↘// As you take on more tasks,↗/ it is important to manage your time wisely.↘// You can start off/ by prioritizing your assignments,↗/ setting specific targets,↗/ and using daily checklists.↘// With these strategies,↗/ you can plan your day efficiently/ and stay focused/ at work.↘//

생산성 향상 워크숍에 오신 것을 환영합니다. 여러분이 더 많은 업무를 맡게 될수록 현명하게 시간을 관리하는 것이 중요합니다. 일의 우선순위를 정하고 구체적인 목표를 세우며 일일 체크 리스트를 사용하는 것부터 시작할 수 있습니다. 이러한 방법들로 하루를 효율적으로 계획하고 업무에 집중할 수 있습니다.

어휘 productivity 생산성 take on 떠맡다 manage 관리하다 wisely 현명하게 start off 시작하다 prioritize 우선순위를 정하다
assignment 일, 과제 strategy 방법, 전략 efficiently 효율적으로

클레어 쌤 올킬TIP!

준비시간에 내용을 읽어보며 발음을 연습해 주세요. 지문이 어떤 내용인지를 대략적으로 파악한 후에 지문의 주제에 알맞은 목소리의 톤으로 읽어주세요.

17 공지

As this year wraps up,↗/ I want to recognize our team for your commitment.↘// Your hard work has improved our brand image,↗/ attracted more clients,↗/ and built valuable partnerships.↘// To show our appreciation,↗/ we will hold a dinner party for the entire team/ this Friday at 6 P.M.↘//

한 해를 마무리 지으면서, 저희 팀의 헌신을 인정하고 싶습니다. 여러분의 노력이 브랜드 이미지를 향상시키고, 더 많은 고객을 유치했으며, 소중한 파트너십을 구축할 수 있었습니다. 감사의 의미로 이번 주 금요일 오후 6시에 팀 전체를 위한 저녁 파티를 열 예정입니다.

어휘 wrap up 마무리 짓다 recognize 인정하다 commitment 헌신, 약속 improve 향상시키다, 개선하다 attract 유치하다, 끌어들이다
valuable 소중한, 귀중한 appreciation 감사

클레어 쌤 올킬TIP!

숫자는 보기에는 간단해 보이지만 잘못 읽을 확률이 높습니다. 틀리지 않도록 준비시간에 미리 연습해 보고 답변 시간에는 반드시 천천히 읽어주세요.

18 방송

Thanks for tuning into Global Wonders, ↗/ the podcast for travelers/ who love discovering new places. ↘//Today, ↗/ we're going to talk about/ the hidden attractions/ of Scotland. ↘// These include lively markets, ↗/ old churches, ↗/ and peaceful lakes. ↘// If you prefer a relaxed schedule, ↗/ I'll also talk about/ how to plan a trip/ that matches your style. ↘//

새로운 장소를 발견하는 것을 좋아하는 여행자들을 위한 팟캐스트 글로벌 원더스를 청취해 주셔서 감사합니다. 오늘은 스코틀랜드의 숨겨진 명소들에 대해 이야기하겠습니다. 여기에는 활기 넘치는 시장, 오래된 교회, 그리고 평화로운 호수가 있습니다. 여유로운 일정을 선호하신다면, 여러분의 스타일에 맞는 여행을 계획하는 방법에 대해서도 말씀드리겠습니다.

어휘 discover 발견하다 hidden 숨겨진 attraction 명소 lively 활기 넘치는 peaceful 평화로운 relaxed 여유로운, 느긋한

 클레어 쌤 올킬TIP!

위 방송 내용은 새로운 장소를 소개하는 신나는 내용이기 때문에 밝고 생동감 넘치는 톤으로 읽어주세요.

19 기타

I'm deeply honored to receive/ the Remarkable Service Award/ this year. ↘// I'm profoundly grateful to have such amazing colleagues, ↗/ friends, ↗/ and loved ones/ always supporting me. ↘// I would also like to express/ my sincere appreciation/ to the board/ for believing in my work. ↘// To anyone/ that wants to make a meaningful impact/ in their community, ↗/ I encourage you/ to chase your dreams. ↘//

올해 우수 서비스 상을 받게 되어 매우 영광입니다. 항상 저를 응원해 주는 멋진 동료들, 친구들, 그리고 사랑하는 사람들에게 매우 감사드립니다. 또한 제가 하는 일을 믿어 주신 이사회에도 진심으로 감사의 뜻을 표하고 싶습니다. 지역 사회에 의미 있는 영향을 주고자 하는 분들께, 여러분의 꿈을 좇으시길 응원합니다.

어휘 profoundly 매우, 깊이 express 표현하다 sincere 진심의, 진실된 appreciation 감사 board 이사회 meaningful 의미 있는 encourage 격려하다, 장려하다 chase 좇다, 뒤쫓다

 클레어 쌤 올킬TIP!

소감문의 경우, 의미상의 강세가 많이 들어가는 지문입니다.

예 such amazing
my sincere appreciation
to anyone that

20 안내문

Attention,↗/ students.↘// On Tuesday night,↗/ our medical center/ will be holding a seminar/ on healthy eating.↘// Students will get to learn/ how eating balanced meals improves focus,↗/ supports the immune system,↗/ and leads to better sleep.↘// The event is free to attend,↗/ and everyone/ that joins will get a complimentary T-shirt!↗//

학생 여러분, 주목해 주세요. 화요일 밤에 저희 병원에서 건강한 식습관에 관한 세미나를 개최할 예정입니다. 학생들은 균형 잡힌 식사가 집중력을 높이고, 면역 체계를 도우며, 더 나은 수면으로 이어지는 방법에 대해 배울 것입니다. 이 행사는 무료로 참석할 수 있으며 참가자 전원에게는 무료 티셔츠가 무료로 제공됩니다!

어휘 balanced 균형 잡힌 immune system 면역 체계 attend 참석하다 complimentary 무료의

클레어 쌤 올킬TIP!

▶ 위 지문처럼 나열 구조의 덩어리가 길 경우, 지문의 난이도가 특히 더 높게 느껴질 수 있습니다. 준비시간에 반드시 나열 구조 부분을 두 번 이상 연습해 주세요.

Questions 3-4

21 2인 중심

장소	I think this picture was taken in a lab. 이 사진은 실험실에서 찍힌 것 같습니다.
인물 1	On the left side of the picture, a man wearing a white lab coat and protection goggles is holding a flask. It's filled with red liquid. 사진의 왼쪽에는 흰색 실험 가운과 보안경을 착용한 남자가 플라스크를 들고 있습니다. 플라스크는 빨간색 액체로 채워져 있습니다.
인물 2	On the right side of the picture, the other man with dark brown hair is sitting down and looking into a microscope. I think he is conducting an experiment. 사진의 오른쪽에는 어두운 갈색 머리의 또 다른 남자가 앉아 현미경을 들여다보고 있습니다. 그는 실험을 하고 있는 것 같습니다.
사물/배경	On the table, there is a rack with a test tube in it. 테이블 위에는 시험관이 들어있는 시험관 거치대가 있습니다.
마무리	Overall, it seems to be a typical scene of scientists working. 전체적으로 이 사진은 과학자들이 일하는 일반적인 모습처럼 보입니다.

어휘 lab coat 실험 가운 protection goggles 보안경 flask 플라스크, 병 be filled ~으로 가득찬 microscope 현미경 experiment 실험 test tube 시험관

클레어 쌤 올킬TIP!

알아두면 도움이 되는 실험실 관련 고난도 어휘들

white lab coat 흰색 실험 가운 chemical splash goggles / protection goggles 화학 약품 보호 고글 / 보안경
beaker 비커 microscope 현미경 test tube 시험관 test tube rack 시험관 거치대

22 2인 중심

🎧 MP3 AT100_A_022

장소	I think this picture was taken in a living room. 이 사진은 거실에서 찍힌 것 같습니다.
인물 1	In the foreground of the picture, a man wearing jeans and an orange t-shirt is holding a ladder and helping a friend. He is showing his back to the camera. 사진의 앞쪽에는 청바지와 주황색 티셔츠를 입은 남자가 사다리를 붙잡고 있고 친구를 도와주고 있습니다. 그는 카메라 쪽에 등을 보이고 있습니다.
인물 2	In front of him, there is the other man. He is wearing a checked shirt and a dark red T-shirt. He is up on the ladder and changing a light bulb. I think he has just used a paint roller. 그의 앞에는 또 다른 남자가 있습니다. 그는 체크 무늬 셔츠와 어두운 빨간색 티셔츠를 입고 있습니다. 그는 사다리에 올라가 있고 전구를 교체하고 있습니다. 그는 방금 막 페인트 롤러를 사용한 것 같습니다.
사물/배경	In the background, there are many cardboard boxes. 배경에는 많은 종이 상자들이 있습니다.
마무리	Overall, the picture seems to be a typical scene of a moving day. 전체적으로 이 사진은 이사하는 날의 일반적인 모습처럼 보입니다.

어휘 ladder 사다리 checked 체크 무늬의 light bulb 전구 cardboard box 종이 상자

 클레어 쌤 올킬TIP!

사진에 사다리가 나오는 경우, 사다리가 주요 인물의 행동에 포함이 되어 있거나 사진에서 아주 잘 보이는 곳에 위치해 있는 경우가 많습니다. 사다리와 같이 사진의 주요 사물은 꼭 설명해 주고 넘어가는 게 좋습니다. 주요 사물을 설명 없이 넘어가면 자칫 사물의 가리키는 단어를 모른다는 인상을 줄 수 있기 때문입니다.

23 3인 이상

🎧 MP3 AT100_A_023

장소	I think this picture was taken at a construction site. 이 사진은 건설 현장에서 찍힌 것 같습니다.
인물 1	In the middle of the picture, a woman wearing a safety vest is standing with her colleagues and having a conversation. She is holding a paper bag in her hands. 사진의 가운데에는 안전 조끼를 입은 여자가 서서 그녀의 동료와 대화를 나누고 있습니다. 그녀는 손에 종이 봉투를 들고 있습니다.
인물 2	Behind her, a man wearing black pants is standing by a construction vehicle. He is holding onto the handle of the vehicle. 그녀의 뒤에는 검정색 바지를 입은 남자가 건설 차량 옆에 서있습니다. 그는 차량의 손잡이를 잡고 있습니다.
인물 3	On the right, the other man is sitting inside the vehicle. I think he is taking a break with his colleagues. 오른쪽에는 또 다른 남자가 차량 안에 앉아있습니다. 그는 그의 동료들과 휴식을 취하고 있는 것 같습니다.
사물/배경	In the foreground of the picture, there is an orange and white fence. 사진의 앞쪽에는 주황색과 흰색 울타리가 있습니다.

어휘 construction site 건설 현장 safety vest 안전 조끼 paper bag 종이 봉투 vehicle 차량, 탈 것 handle 손잡이 take a break 휴식을 취하다 fence 울타리

 클레어 쌤 올킬TIP!

3인 이상 유형의 사진은 마무리 문장을 할 시간이 부족할 수 있습니다. 그럴 때는 과감하게 마무리 문장을 생략하셔도 됩니다. 시간이 부족할 것 같아도 마무리 문장을 말하고 싶다면, That's all과 같은 마무리 문장을 활용해 보세요.

24 2인 중심

🎧 MP3 AT100_A_024

장소	I think this picture was taken in a barber shop. 이 사진은 이발소에서 찍힌 것 같습니다.
인물 1	On the right side of the picture, a man wearing a black shirt is giving the other man a haircut. He is holding a pair of scissors in his hand. Also, he is showing his back to the camera. 사진의 오른쪽에는 검정색 셔츠를 입은 남자가 다른 남자의 머리를 자르고 있습니다. 그는 손에 가위를 들고 있습니다. 또한, 그는 카메라 쪽에 등을 보이고 있습니다.
인물 2	In front of him, there is the other man. He is wearing a black beauty salon gown. He is sitting in a chair and glancing at the mirror. He is getting his hair done. 그의 앞에는 또 다른 남자가 있습니다. 그는 검정색 미용실 가운을 입고 있습니다. 그는 의자에 앉아 거울을 힐끗 바라보고 있습니다. 그는 머리를 손질 받고 있습니다.
사물/배경	In the background, there is a wooden shelf filled with hair products and hairdressing tools. 배경에는 헤어 제품과 미용 도구들로 가득 찬 나무 선반이 있습니다.
마무리	Overall, the picture seems very quiet. 전체적으로 이 사진은 매우 조용해 보입니다.

어휘 barber shop 이발소 beauty salon 미용실 glance at ~을 힐끗 보다 shelf 선반 hairdressing 미용

25 2인 중심

🎧 MP3 AT100_A_025

장소	**I think this picture was taken at** a repair shop. 이 사진은 정비소에서 찍힌 것 같습니다.
인물 1	**On the left side of the picture, a man wearing** gray overalls **is** holding a laptop in his hand. **He is** standing in front of a car with its hood open. **He is** pointing at something and directing his coworker. 사진의 왼쪽에는 회색 작업복을 입은 남자가 손에 노트북을 들고 있습니다. 그는 보닛이 열린 자동차 앞에 서 있습니다. 그는 무언가를 가리키며 동료에게 지시하고 있습니다.
인물 2	**In the middle of the photo, there is** the other man. **He is wearing** black gloves and listening to his colleague. **He is** looking into the hood and trying to fix the car. 사진의 가운데에는 또 다른 남자가 있습니다. 그는 검정색 장갑을 끼고 동료의 말을 듣고 있습니다. 그는 자동차 보닛 안을 들여다보며 자동차를 고치려고 하고 있습니다.
사물/배경	**In the background, there are** several tires stacked on the side. 배경에는 한 쪽에 여러 개의 타이어들이 쌓여 있습니다.
마무리	**Overall, the picture seems to be a typical scene of** people repairing a car. 전체적으로 이 사진은 사람들이 자동차를 수리하는 일반적인 모습처럼 보입니다.

어휘   overall 작업복   point at ~을 가리키다   direct 지시하다, 감독하다   try to ~하려고 하다   stack 쌓다   repair 수리하다

 클레어 쌤 올킬TIP!

사물을 묘사할 때 사물이 쌓여 있는 경우, stacked를 사용할 수 있습니다.

비슷한 표현들

▶ **piled up** 포개져 있는 느낌

▶ **arranged in a pile** 하나의 더미로 정리된 느낌

▶ **heaped up** 어수선하게 무더기처럼 쌓여있는 느낌

26 3인 이상

🎧 MP3 AT100_A_026

장소	I think this picture was taken by a bridge. 이 사진은 다리에서 찍힌 것 같습니다.
인물 1	In the middle of the picture, a woman wearing a yellow top is leaning against the railing. She is glancing at the water and resting her chin in her hands. 사진의 가운데에는 노란색 상의를 입은 여자가 난간에 기대어 있습니다. 그녀는 물을 힐끗 바라보며 손으로 턱을 괴고 있습니다.
인물 2	On the right, there is a couple. They are both wearing denim jackets. One of them is taking a photo with a mobile phone and the other is posing for the photo. They look like tourists. 오른쪽에는 커플이 있습니다. 그들은 둘 다 청재킷을 입고 있습니다. 그들 중 한 명은 휴대폰으로 사진을 찍고 있고 다른 사람은 포즈를 취하고 있습니다. 그들은 여행객들처럼 보입니다.
사물/배경	On the left, there are many old and historical buildings along the riverside. They are all different colors. 왼쪽에는 강가를 따라 오래되고 역사적인 건물들이 많이 있습니다. 그 건물들은 모두 색깔이 다릅니다.
마무리	Overall, the picture seems to be a typical scene of tourists enjoying a tourist spot. 전체적으로 이 사진은 관광객들이 관광지를 즐기고 있는 일반적인 모습처럼 보입니다.

어휘 lean against ~에 기대다 railing 난간 glance at ~을 힐끗 보다 rest one's chin 턱을 괴다 take a photo 사진을 찍다 pose 포즈를 취하다 tourist 여행객 historical 역사적인 riverside 강가 tourist spot 관광지

 클레어 쌤 올킬TIP!

장소가 어디인지 애매한 경우, '~근처에서'라고 설명해도 됩니다.

by + 장소   near + 장소   around + 장소   somewhere around + 장소

27 1인 중심

🎧 MP3 AT100_A_027

장소	**I think this picture was taken in** a garden. 이 사진은 정원에서 찍힌 것 같습니다.
인물	**In the middle of the picture, there is** a woman. **She is wearing** a long green vest and a white beanie. **She is** pushing an old garden cart, while smiling. **It seems like** she is gardening and enjoying the moment. **She is** going through a wooden arch. 사진의 가운데에는 여자가 있습니다. 그녀는 긴 초록색 조끼와 흰색 비니를 착용하고 있습니다. 그녀는 미소를 지으며 오래된 정원 카트를 밀고 있습니다. 그녀는 정원을 가꾸며 그 순간을 즐기고 있는 것처럼 보입니다. 그녀는 나무로 된 아치형 구조물 아래를 지나가고 있습니다.
사물	**On the right, I can see** a cabin with a window. And by the window, **there is** a wooden table and a chair. 오른쪽에는 창문이 있는 오두막이 보입니다. 그리고 창문 옆에는 나무로 된 테이블과 의자가 있습니다.
배경/분위기	Looking at the woods, **the picture seems to be taken in** the countryside. 숲을 보니 이 사진은 시골에서 찍힌 것 같습니다.
마무리	**Overall, this picture seems** peaceful and quiet. 전체적으로 이 사진은 평화롭고 조용한 것처럼 보입니다.

어휘 arch 아치형 구조물 cabin 오두막 countryside 시골 peaceful 평화로운

 클레어 쌤 올킬TIP!

시골에서 찍은 것 같은 사진을 설명할 때 사용하면 좋은 표현들

- in the countryside 시골에서   in a rural area 농촌 지역에서   in a rustic place 소박하고 전원적인 장소에서
- away from the city 도시에서 벗어나   in a remote area 외진 지역에서

28 3인 이상

🎧 MP3 AT100_A_028

장소	I think this picture was taken on a street. 이 사진은 거리에서 찍힌 것 같습니다.
인물 1	On the left side of the picture, a man wearing a patterned shirt is performing with his band. He is playing the clarinet under a yellow beach umbrella. 사진의 왼쪽에는 무늬가 있는 셔츠를 입은 남자가 그의 밴드와 함께 공연하고 있습니다. 그는 노란색 비치 파라솔 아래에서 클라리넷을 연주하고 있습니다.
인물 2	Behind him, another man wearing a striped shirt is standing under the shade. He is leaning forward while playing the trumpet. 그의 뒤에는 줄무늬 셔츠를 입은 또 다른 남자가 그늘 아래에 서 있습니다. 그는 몸을 앞으로 숙인 채 트럼펫을 연주하고 있습니다.
인물 3	On the right, the other man is sitting on the stool and looking at his team. He is holding a guitar on his lap. 오른쪽에는 또 다른 남자가 의자 위에 앉아 팀원들을 바라보고 있습니다. 그는 무릎 위에 기타를 들고 있습니다.
사물/배경	In the background of the picture, there is an orange building. The building has very old door frames, and it has a beautiful balcony on the second floor. 사진의 배경에는 주황색 건물이 있습니다. 그 건물은 매우 오래된 문틀이 있고 2층에는 아름다운 발코니가 있습니다.

어휘 patterned 무늬가 있는 shade 그늘 lean forward 앞으로 숙이다 stool 의자 lap 무릎

 클레어 쌤 올킬TIP!

악기명을 모르겠을 때는 instrument / musical instrument를 사용하면 됩니다. 하지만 되도록이면 여러 악기 명도 미리 봐두는 것을 추천합니다.

29 3인 이상

🎧 MP3 AT100_A_029

장소	I think this picture was taken in a garden. 이 사진은 정원에서 찍힌 것 같습니다.
인물 1	On the left side of the picture, a boy wearing a beanie and a blue puffer vest is holding a shovel in his hand. It seems like he is helping his dad. 사진의 왼쪽에는 비니와 파란색 패딩 조끼를 입은 소년이 손에 삽을 들고 있습니다. 그는 아빠를 도와주고 있는 것처럼 보입니다.
인물 2	Next to him, a man wearing a red top is leaning forward, trying to plant a tree. He is scooping up some soil for the tree. 그의 옆에는 빨간색 상의를 입은 남자가 몸을 앞으로 숙여 나무를 심으려고 하고 있습니다. 그는 나무에 줄 흙을 퍼 올리고 있습니다.
인물 3	On the right, the other boy is wearing blue rubber boots. He is bending down and trying to scoop up some soil. It seems that he is trying his best. 오른쪽에는 또 다른 소년이 파란색 고무장화를 신고 있습니다. 그는 몸을 구부려 흙을 퍼 올리려고 하고 있습니다. 그는 최선을 다하는 것처럼 보입니다.
사물/배경	In the background of the picture, there are some plants, and behind them, there is a tall white fence. 사진의 배경에는 몇몇 식물들이 있고 식물들 뒤에는 키가 큰 흰색 울타리가 있습니다.

어휘 puffer 패딩 shovel 삽 lean forward 앞으로 숙이다 scoop up 퍼 올리다 fence 울타리

클레어 쌤 올킬TIP!

익숙하지 않은 상황의 사진들도 많이 나옵니다. 다양한 상황의 사진들을 놓고 연습해 주세요.

30 3인 이상

🎧 MP3 AT100_A_030

장소	**I think this picture was taken on** a bridge. 이 사진은 다리 위에서 찍힌 것 같습니다.
인물 1	**On the right side of the picture, there is** a couple. **They are** both **wearing** safety helmets and holding onto their bicycles. **They are** looking out from the bridge and admiring the view. 사진의 오른쪽에는 커플이 있습니다. 그들은 둘 다 안전모를 쓰고 있고 자전거를 잡고 있습니다. 그들은 다리에서 경치를 감상하며 바라보고 있습니다.
인물 2	**Next to them, there is a girl wearing** jeans. **She is** standing on top of a blue platform and looking through a viewer. 그들 옆에는 청바지를 입은 소녀가 있습니다. 그녀는 파란색 발판 위에 서서 망원경으로 무언가를 보고 있습니다.
인물 3	**On the left, there is** the other girl. **She is wearing** a green and white jacket. **She is wearing** a backpack and staring at something. **I think she is** waiting for her sister. 왼쪽에는 또 다른 소녀가 있습니다. 그녀는 초록색과 흰색 재킷을 입고 있습니다. 그녀는 배낭을 메고 무언가를 빤히 쳐다보고 있습니다. 그녀는 그녀의 언니를 기다리고 있는 것 같습니다.
사물/배경	**In the background of the picture, I can see** many tall buildings in the distance. 사진의 배경에는 저 멀리 고층 건물들이 많이 보입니다.

어휘 safety helmet 안전모 admire 감상하다 stare 빤히 쳐다보다 wait for ~을 기다리다 in the distance 저 멀리

 클레어 쌤 올킬TIP!

먼 거리에 무언가 있을 때는, I can see 대상 in the distance.를 활용하면 됩니다. 이와 비슷한 표현도 익혀두세요.

▶ in the far distance 예 There are some tall buildings in the far distance. 저 멀리에 몇몇의 높은 건물들이 있다.

▶ off in the distance 예 I can see a lighthouse off in the distance. 저 멀리에서 등대가 보입니다.

31 1인 중심

🎧 MP3   AT100_A_031

장소	I think this picture was taken at a dock. 이 사진은 부두에서 찍힌 것 같습니다.
인물	On the right side of the picture, there is a man in a yellow top and jeans. He seems to be in his 60s. He is slightly bent forward and winding up a cable. He is looking at the cable while doing it. I think that he has just put air into a boat. 사진의 오른쪽에는 노란색 상의와 청바지를 입은 남자가 있습니다. 그는 60대처럼 보입니다. 그는 몸을 약간 앞으로 구부린 채 밧줄을 감고 있습니다. 그는 밧줄을 감으면서 보고 있습니다. 그가 방금 막 보트에 공기를 넣은 것 같습니다.
사물	On the left, there is a white boat with gray handles on the sides. The boat seems new and clean. 사진의 왼쪽에는 양쪽에 회색 손잡이가 달린 흰색 보트가 있습니다. 그 보트는 새것 같고 깨끗해 보입니다.
배경/분위기	In the background, there are two bicycles parked by the fence. And in the distance, there are countless yachts docked. All the yachts are white. 배경에는 울타리 옆에 세워져 있는 자전거 두 대가 있습니다. 그리고 저 멀리에는, 셀 수 없이 많은 흰색 배들이 정박해 있습니다. 모든 요트들은 하얗습니다.
마무리	Overall, this picture seems like a typical photo of an early morning scene. 전체적으로 이 사진은 이른 아침의 일반적인 모습처럼 보입니다.

어휘 dock 부두 slightly 약간 bend forward 앞으로 구부리다 wind up 감다 countless 셀 수 없이 많은 dock 정박하다

 클레어 쌤 올킬TIP!

장소 설명을 할 때 대부분 port를 많이 활용하지만 port와 dock은 다릅니다.

  port = 큰 개념 (항구 도시 전체, 국제 무역·여객선 오가는 거대한 지역)
  dock = 작은 개념 (배를 묶는 실제 부두, 배가 닿는 장소)

32 2인 중심

🎧 MP3 AT100_A_032

장소	I think this picture was taken in the woods. 이 사진은 숲속에서 찍힌 것 같습니다.	
인물 1	On the right side of the picture, a woman wearing a patterned shirt and sunglasses is kneeling down and opening up a backpack. She is trying hard to open the bag. 사진의 오른쪽에는 무늬가 있는 셔츠와 선글라스를 착용한 여자가 무릎을 꿇고 앉아 배낭을 열고 있습니다. 그녀는 가방을 열기 위해 열심히 애쓰고 있습니다.	
인물 2	In the middle of the photo, there is the other woman. She is wearing a checked shirt with short pants. She is reaching for something inside a trunk. I think she is unloading her luggage from the trunk. 사진의 가운데에는 또 다른 여자가 있습니다. 그녀는 체크무늬 셔츠와 짧은 바지를 입고 있습니다. 그녀는 트렁크 안에서 무언가를 꺼내려고 손을 뻗고 있습니다. 그녀의 짐을 트렁크에서 내리고 있는 것 같습니다.	
사물/배경	In the background, there is a white camping table with an orange cooler by it. And on the table, there is a lantern, a water bottle, and a looking device. 배경에는 흰색 캠핑 테이블과 그 옆에 주황색 아이스 박스가 있습니다. 그리고 테이블 위에는 랜턴, 물병, 그리고 관측 기기가 있습니다.	
마무리	Overall, the picture seems to be a typical scene of people setting up a campsite. 전체적으로 이 사진은 사람들이 캠핑장을 준비하는 일반적인 모습처럼 보입니다.	

어휘 patterned 무늬가 있는 kneel down 꿇어 앉다 unload (짐을) 내리다 cooler 냉장 박스, 냉장고 set up 준비하다 campsite 캠핑장

 클레어 쌤 올킬TIP!

기기나 도구의 이름을 모르겠을 때는 ~하는 기기라고 답해주면 됩니다.
  binoculars 망원경 – looking device 관측 기기

33 1인 중심

🎧 MP3 AT100_A_033

장소	I think this picture was taken on the street. 이 사진은 거리에서 찍힌 것 같습니다.
인물	In the middle of the picture, there is a man. He is wearing sunglasses and an orange backpack. He is looking down at a bicycle and holding onto its handlebars. I think he is trying to borrow a public bicycle. 사진의 가운데에는 남자가 있습니다. 그는 선글라스를 쓰고 있고 주황색 배낭을 메고 있습니다. 그는 자전거를 내려다보면서 핸들을 잡고 있습니다. 그는 공용 자전거를 빌리려고 하는 것 같습니다.
사물	In the foreground of the picture, there are many bikes parked along the bike rack. All the bikes are red and have stickers that say, capital bikeshare. The bikes seem new. 사진의 앞쪽에는 자전거 거치대를 따라 주차된 여러 대의 자전거가 있습니다. 모든 자전거는 빨간색이며 캐피털 바이크쉐어라는 스티커가 붙어 있습니다. 자전거들은 새것처럼 보입니다.
배경/분위기	In the background, I can see many cars moving along the street. And behind them, there is a big building with many windows. 배경에는 거리를 따라 움직이고 있는 많은 차들이 보입니다. 그리고 그 뒤로는 창문이 많은 큰 건물이 있습니다.
마무리	Overall, this picture seems like a typical photo of people during commuting hours. 전체적으로 이 사진은 출퇴근 시간대 사람들의 일반적인 모습처럼 보입니다.

어휘 look down 내려다보다 handlebar 핸들 along the street 거리를 따라 commuting 출퇴근, 통근

 클레어 쌤 올킬TIP!

간판에 어떤 문구가 있을 땐, 대상 has/have a sign that says ~ 라고 하면 됩니다. 비슷한 표현으로는 a sign reading ~ (~라고 쓰여 있는 간판), a sign with the words ~ (~라는 문구가 적힌 간판)가 있습니다.

34 3인 이상

🎧 MP3 AT100_A_034

장소	**I think this picture was taken in** a food factory. 이 사진은 식품 공장에서 찍힌 것 같습니다.
인물 1	**On the right side of the picture, there is** a worker. **She is wearing** a white uniform, a hair net, and a mask. **She is** holding snack packs and checking them carefully. 사진의 오른쪽에는 작업자가 있습니다. 그녀는 흰색 작업복에 머리망과 마스크를 착용하고 있습니다. 그녀는 과자 봉지를 들고 꼼꼼히 확인하고 있습니다.
인물 2	**Next to her, another worker is** standing by a box. **She is wearing** the same white uniform. **I think she is** packing the products into the box. 그녀 옆에는 또 다른 작업자가 박스 옆에 서 있습니다. 그녀는 같은 흰색 작업복을 입고 있습니다. 그녀는 박스 안에 제품을 집어넣는 중인 것 같습니다.
인물 3	**In the background,** a few other **workers** in white coats and hair nets **are** also busy organizing boxes and working around the machines. 배경에는 흰색 작업복과 머리망을 착용한 다른 작업자들도 박스를 정리하거나 기계 주변에서 바쁘게 일하고 있습니다.
사물/배경	**In the foreground, I can see** many snack packs in blue bags on a conveyor belt. **That's all.** 앞쪽에는 컨베이어 벨트 위에 파란색 봉지에 담긴 많은 과자 봉지들이 놓여 있습니다. 이상입니다.

어휘 hair net 머리망 carefully 꼼꼼히, 조심스럽게 pack into ~안에 집어넣다 organize 정리하다

클레어 쌤 올킬TIP!

factory 대신 쓸 수 있는 고득점 표현
food factory 식품 공장   snack packaging factory 과자 포장 공장   production line 생산 라인 / 조립 라인

35 3인 이상

장소	I think this picture was taken at an airport. 이 사진은 공항에서 찍힌 것 같습니다.
인물 1	On the right side of the picture, there is a woman sitting in a chair. She is wearing a patterned blouse and looking at her phone. Beside her, there is a luggage cart filled with bags. 사진의 오른쪽에는 의자에 앉아 있는 여자가 있습니다. 그녀는 무늬가 있는 블라우스를 입고 휴대폰을 보고 있습니다. 그녀의 옆에는 가방으로 가득찬 수하물 카트가 있습니다.
인물 2	In the middle of the picture, there are several travelers. They are carrying backpacks and holding suitcases. One man is looking down to check something inside his bag. 사진의 가운데에는 여러 명의 여행객들이 있습니다. 그들은 배낭을 메고 여행 가방을 들고 있습니다. 한 남자는 가방 안에서 무언가를 확인하기위해 내려다보고 있습니다.
인물 3	On the left side of the picture, there is a man sitting in a chair. He is wearing a cap and crossing his legs. He seems very tired. 사진의 왼쪽에는 의자에 앉아 있는 남자가 있습니다. 그는 모자를 쓰고 다리를 꼬고 있습니다. 그는 매우 피곤해 보입니다.
사물/배경	In the background of the picture, there is an information board. Next to it, I can see signs that say, "Shopping & Dining." That's all. 사진의 배경에는 안내판이 있습니다. 그 옆에는 "쇼핑 & 식사"라는 표지판이 보입니다. 이상입니다.

어휘 patterned 무늬가 있는 filled with ~으로 가득찬 carry 들고 있다 suitcase 여행 가방 look down 내려다보다

 클레어 쌤 올킬TIP!

공항 사진이 나오면 waiting, checking, carrying, pulling, sitting 같이 현재진행형 동사를 다양하게 써주세요!

36 3인 이상

🎧 MP3 AT100_A_036

장소	I think this picture was taken in a warehouse. 이 사진은 창고에서 찍힌 것 같습니다.
인물 1	On the left side of the picture, there is a woman in a black suit. She is holding a tablet and discussing something with her colleague. 사진의 왼쪽에는 검은색 정장을 입은 여자가 있습니다. 그녀는 태블릿을 들고 있고 동료와 함께 무언가를 상의하고 있습니다.
인물 2	Next to her, there is a man wearing a dark sweater. He is also looking at the tablet and listening carefully. 그녀 옆에는 어두운 스웨터를 입은 남자가 있습니다. 그도 태블릿을 보면서 주의 깊게 듣고 있습니다.
인물 3	In the middle of the picture, there are two workers wearing yellow safety vests. One of them is bending over to check some packages, and the others are handling the outer packaging. 사진의 가운데에는 노란색 안전 조끼를 입은 작업자 두 명이 있습니다. 그들 중 한 명은 몸을 앞으로 숙여서 상자를 확인하고, 다른 한 명은 바깥쪽의 포장을 만지고 있습니다.
사물/배경	In the background of the picture, I can see tall shelves stacked with goods. There are also several pallets and boxes on the warehouse floor. 사진의 배경에는 물품이 쌓인 높은 선반들이 보입니다. 창고 바닥에는 여러 화물 운반대와 상자들도 놓여 있습니다.

어휘 warehouse 창고 safety vest 안전 조끼 bend over 몸을 앞으로 숙이다 handle 만지다, 다루다 outer 바깥쪽의 stack 쌓다 goods 물품, 상품 pallet 화물 운반대

클레어 쌤 올킬TIP!

warehouse의 고득점 표현
logistics center 물류센터 distribution center 유통센터 storage facility 저장 시설

37 배경 중심

🎧 MP3   AT100_A_037

장소	**I think this picture was taken at** a traditional outdoor market. 이 사진은 전통 야외 시장에서 찍힌 것 같습니다.
인물 1	**In the middle, there are** several people walking along the path while shopping for fresh produce. **One of them is** carrying plastic bags. **I think** they bought something. 가운데에는 신선한 농작물을 사면서 길을 따라 걷고 있는 여러 사람들이 있습니다. 그들 중 한 사람은 비닐봉지를 들고 있습니다. 그들은 무언가를 구입한 것 같습니다.
인물 2	**On the left, a woman is** sitting on a stool behind her products. **She is** selling fruits such as mangos and dragon fruits. 왼쪽에는 여자가 그녀의 물건 뒤에 있는 의자에 앉아 있습니다. 그녀는 망고와 용과 같은 과일을 팔고 있습니다.
사물/배경	**In the background, I can see** more vendors, colorful umbrellas, and people moving through the narrow walkway. 배경에는 더 많은 상인들과 알록달록한 우산들, 그리고 좁은 골목길을 지나가는 사람들이 보입니다.
마무리	**Overall, it looks like** a lively and crowded local market. 전체적으로 활기차고 사람이 붐비는 지역 시장의 모습처럼 보입니다.

어휘 traditional market 전통 시장 path 길 produce 농작물 plastic bag 비닐봉지 stool 의자 vendor 상인 narrow 좁은 walkway 골목길, 통로 lively 활기찬 crowded 붐비는

38 2인 중심

🎧 MP3 AT100_A_038

장소	I think this picture was taken at a train station. 이 사진은 기차역에서 찍힌 것 같습니다.
인물 1	On the right side of the picture, there is a worker wearing a yellow helmet and safety belt. He is sitting on top of the train and checking the electric cables. 사진의 오른쪽에는 노란색 헬멧과 안전 벨트를 착용한 작업자가 있습니다. 그는 기차 위에 앉아 전선을 점검하고 있습니다.
인물 2	In the middle of the picture, there is the other worker. He is also wearing a helmet and holding a wire while standing on the roof of the train. 사진 가운데에는 또 다른 작업자가 있습니다. 그 또한 헬멧을 쓰고 기차 지붕 위에 서서 전선을 잡고 있습니다.
사물/배경	In the foreground of the picture, there is a red ladder leaning against the train. 사진의 앞쪽에는 빨간색 사다리가 기차에 기대어 있습니다.
마무리	Overall, the picture seems to be a typical scene of workers repairing and maintaining a train at the station. 전체적으로 이 사진은 기차역에서 작업자들이 기차를 수리하고 정비하는 일반적인 모습처럼 보입니다.

어휘 safety belt 안전 벨트 on top of ~의 위에 wire 전선 ladder 사다리 lean against ~에 기대다 maintain 정비하다, 유지하다

 클레어 쌤 올킬TIP!

사진 속 사물이 낯설거나 생소하다면, 내가 알고 있는 쉬운 어휘를 사용해 묘사하세요.
a yellow helmet and safety harness → yellow helmet and safety wire

39 2인 중심

🎧 MP3　AT100_A_039

장소	I think this picture was taken in a kitchen. 이 사진은 주방에서 찍힌 것 같습니다.
인물 1	On the left side of the picture, there is a woman wearing an apron. She is stirring food in a yellow pot on the stove. She is concentrating quite hard. 사진의 왼쪽에는 앞치마를 입은 여자가 있습니다. 그녀는 가스레인지 위에 놓인 노란색 냄비에 있는 음식을 젓고 있습니다. 그녀는 꽤 집중하고 있습니다.
인물 2	On the right side of the picture, there is a man in a white shirt. He is chopping vegetables on the counter. I think he is also preparing a meal. 사진의 오른쪽에는 흰색 셔츠를 입은 남자가 있습니다. 그는 조리대 위에서 채소들을 썰고 있습니다. 그 또한 식사를 준비하는 중인 것 같습니다.
사물/배경	In the foreground of the picture, there are spice jars, cups, and other kitchen utensils placed neatly on the counter. 사진의 앞쪽에는 양념 병, 컵, 그리고 다른 조리용 기구들이 조리대 위에 가지런히 놓여 있습니다.
마무리	Overall, the picture seems to be a typical scene of people cooking together. 전체적으로 이 사진은 함께 요리를 하고 있는 사람들의 일반적인 모습처럼 보입니다.

어휘　apron 앞치마　stir 젓다　concentrate 집중하다　chop 썰다　meal 식사　spice 양념　kitchen utensil 조리용 기구　neatly 가지런히

 클레어 쌤 올킬TIP!

주방 사진에서 자주 나오는 동사
　is stirring a pot 냄비를 젓고 있다　　is chopping vegetables 야채를 썰고 있다
　is preparing a meal 음식을 준비하고 있다

40 2인 중심

🎧 MP3 AT100_A_040

장소	I think this picture was taken at a flower shop. 이 사진은 꽃집에서 찍힌 것 같습니다.
인물 1	On the right side of the picture, there is a woman wearing a red cardigan. She is smiling and holding a bouquet of flowers. I think she is handing it over to a customer. 사진의 오른쪽에는 빨간색 카디건을 입은 여자가 있습니다. 그녀는 미소를 지으며 꽃다발을 들고 있습니다. 그녀는 손님에게 꽃다발을 건네주는 중인 것 같습니다.
인물 2	In the middle of the picture, there is a man in a yellow jacket. He is receiving the bouquet from the woman across the counter. He seems to be the customer. 사진의 가운데에는 노란색 재킷을 입은 남자가 있습니다. 그는 계산대 건너편의 여자에게 꽃다발을 받고 있습니다. 그는 손님인 것 같습니다.
사물/배경	In the foreground of the picture, there are jars filled with green plants and some rolls of tape on the wooden table. 사진의 앞쪽에는 초록색 식물로 채워진 병들과 나무 테이블 위에 테이프 롤 몇 개가 있습니다.
마무리	Overall, the picture seems to be a typical scene of someone buying flowers at a shop. 전체적으로 이 사진은 가게에서 꽃을 사는 일반적인 모습처럼 보입니다.

어휘 bouquet 꽃다발 hand over 건네다, 넘기다 filled with ~으로 가득찬

 클레어 쌤 올킬TIP!

arrange는 정리하다라는 뜻을 가지고 있습니다.

▸ He is arranging the chairs in a circle. 그는 의자들을 원형으로 정리 중이다.

▸ They are arranging a trip. 그들은 여행을 준비 중이다.

Questions 5-7

41 일상

> Imagine that a charity organization is doing research in your country. You have agreed to participate in a telephone interview about donations.
> 한 기부 단체가 당신의 나라에서 연구를 진행하고 있다고 가정해 보세요. 당신은 기부에 대한 전화 인터뷰에 참여하기로 동의했습니다.

🎧 MP3 AT100_A_041_5

Q5	Where do you usually get information about donations, and how often do you donate money? 당신은 어디서 기부에 대한 정보를 얻고, 얼마나 자주 돈을 기부하나요?
A5	**I usually get information about donations from** social media. **I donate money** every month. 저는 주로 소셜 미디어에서 기부에 관한 정보를 얻습니다. 저는 매달 돈을 기부합니다.

🎧 MP3 AT100_A_041_6

Q6	Would you be willing to donate on a regular basis? Why or why not? 당신은 정기적으로 기부를 할 의향이 있나요? 그 이유는 무엇인가요?
A6	**I would be willing to donate on a regular basis.** **It's because** I hope everyone can have equal education. 저는 정기적으로 기부할 의향이 있습니다. 왜냐하면 모든 사람들이 동등한 교육을 받을 수 있기를 바라기 때문입니다.

어휘 be willing to 흔쾌히 ~하다 on a regular basis 정기적으로 equal 동등한, 평등한

클레어 쌤 올킬TIP!

donation – donate 와 같이 명사형, 동사형의 강세가 다른 경우 발음을 더 크게 또박또박 해주세요. 맞는 문법의 단어를 사용하고도 강세를 잘못 두면 틀린 것처럼 들릴 수 있습니다.

	Q7	If you were to donate money, which of the following would you choose to support? Why? • An animal shelter • A children's hospital • An environmental group 기부를 한다면, 다음 중 어느 곳에 기부할 건가요? 그 이유는 무엇인가요? • 동물 보호소 • 어린이 병원 • 환경 보호 단체
A7	의견	**If I were to donate money, I would choose to support** a children's hospital. 제가 돈을 기부한다면, 어린이 병원에 후원하고 싶습니다.
	이유 1	**First,** children are the most important part of our society. 첫째, 어린이들은 우리 사회에서 가장 중요한 일원입니다.
	추가 문장	Helping children means helping the future of our country. 어린이들을 돕는다는 것은 우리나라의 미래를 돕는 것을 의미합니다.
	이유 2	**Second,** hospitals are trustworthy. 둘째, 병원은 신뢰할 수 있습니다.
	추가 문장	Compared to an animal shelter or environmental group, I think hospitals will manage donations better. 동물 보호소와 환경 보호 단체를 비교했을 때, 병원이 기부금을 더 잘 관리할 것이라고 생각합니다.

어휘 shelter 보호소 environmental 환경의 trustworthy 신뢰할 수 있는 compare to ~와 비교하다 manage 관리하다

클레어 쌤 올킬TIP!

고른 선택지의 이유 2 답변 아이디어가 떠오르지 않는다면, 내가 고르지 않은 선택지가 왜 싫은지에 대해 말해도 좋습니다.

42 취미/여가

> Imagine that a landscaping supplies company is conducting a survey in your area. You have agreed to participate in a telephone interview about gardens.
> 한 조경 용품 회사가 당신이 사는 지역에서 설문 조사를 진행하고 있다고 가정해 보세요. 당신은 정원에 대한 전화 인터뷰에 참여하기로 동의했습니다.

🎧 MP3 AT100_A_042_5

Q5 Have you ever thought about having your own garden? Why or why not?
당신은 정원을 가지고 싶다고 생각해 본 적 있나요? 그 이유는 무엇인가요?

A5 I have thought about having my own garden. It's because I love nature.
저만의 정원을 갖는 것에 대해 생각해 본 적이 있습니다. 왜냐하면 자연을 좋아하기 때문입니다.

🎧 MP3 AT100_A_042_6

Q6 Would you consider buying plants online? Why or why not?
식물을 구입할 때 온라인으로 구입할 의향이 있나요? 그 이유는 무엇인가요?

A6 I would consider buying plants online.
It's because it's usually more time-efficient and cheap.
저는 온라인에서 식물을 구입할 의향이 있습니다.
왜냐하면 보통 시간상 더 효율적이고 저렴하기 때문입니다.

어휘 time-efficient 시간상 효율적인　cheap 저렴한, 값싼

클레어 쌤 올킬TIP!

5-7번은 한 가지 주제로 문제가 출제됩니다. 따라서 5-6번에서 부정적인 답변을 할 경우, 7번에서 답변이 막힐 수 있습니다. 부정적인 답변은 되도록이면 피해주세요.

　예) 부정적인 답변 I have never thought about having my own garden.

▶ online 관련 문제가 나왔을 땐 시간&돈 절약으로 가면 크게 고민 없이 답변할 수 있습니다.

Q7		What do you think would be some advantages of growing plants in a garden? 정원에서 식물을 키우는 것의 장점은 무엇이라고 생각하나요?
A7	의견	There are some advantages of growing plants in a garden. 정원에서 식물을 키우는 데는 몇 가지 장점이 있습니다.
	이유 1	First, it relieves stress. 첫째, 스트레스를 해소할 수 있습니다.
	추가 문장	Being close to nature can be soothing. 자연과 가까이 있으면 마음이 편안해질 수 있습니다.
	이유 2	Second, it provides fresh vegetables and herbs. 둘째, 신선한 채소와 허브를 공급합니다.
	추가 문장	Growing your own food can be healthier than eating store-bought products. 직접 재배한 식재료는 가게에서 구입한 상품보다 건강에 더 좋을 수 있습니다.

어휘 relieve stress 스트레스를 해소하다　sooth 마음이 편안해지는, 마음을 누그러뜨리는　store-bought 가게에서 구입한

 클레어 쌤 올킬TIP!

장/단점 문제의 경우 의견 문장이 크게 중요하지 않습니다. 따라서 의견 문장을 건너뛰고 답변을 구성해도 괜찮습니다.

43 일상

> Imagine that a local media company is conducting a survey in your country. You have agreed to participate in a telephone interview about meeting friends.
> 한 지역 언론사가 당신의 나라에서 설문조사를 진행하고 있다고 가정해 보세요. 당신은 친구 만나기에 대한 전화 인터뷰에 참여하기로 동의했습니다.

🎧 MP3 AT100_A_043_5

Q5	How often do you meet your friends, and what do you usually talk about? 당신은 얼마나 자주 친구들을 만나고, 주로 무슨 이야기를 하나요?
A5	I meet my friends twice a month. I usually talk about my daily life. 저는 한 달에 두 번 친구들을 만납니다. 주로 일상생활에 대해 이야기합니다.

🎧 MP3 AT100_A_043_6

Q6	Would you rather meet your friends during the day or at night? Why? 친구를 낮에 만나는 것과 밤에 만나는 것 중 어느 것을 더 선호하나요? 그 이유는 무엇인가요?
A6	I would rather meet my friends during the day. It's because I don't enjoy drinking at night. 저는 낮에 친구들을 만나고 싶습니다. 왜냐하면 밤에 술을 마시는 것을 즐기지 않기 때문입니다.

어휘 daily life 일상생활 during the day 낮에

클레어 쌤 올킬TIP!

6번에서 밤을 선택했다면 반대로 It's because I enjoy drinking. 과 같은 문장을 답변으로 사용할 수 있습니다. 위 문장처럼 한 가지의 템플릿 문장의 긍정/부정을 다 숙지해 두고 있으면 활용 범위가 더 넓어집니다.

Q7		Do you prefer spending time with a large group of friends or a small group? Why? 많은 친구들을 만나는 것과 적은 친구들을 만나는 것 중 무엇을 선호하나요? 그 이유는 무엇인가요?
A7	의견	I prefer spending time with a small group of friends. Here are some reasons. 저는 소수의 친구들과 시간을 보내는 것을 선호합니다. 몇 가지 이유가 있습니다.
	이유 1	First, I can have deeper conversations. 첫째, 더 깊은 대화를 할 수 있습니다.
	추가 문장	In a small group, it's easier to share personal thoughts. 사람이 적은 모임에서는 개인적인 생각을 공유하기 더 쉽습니다.
	이유 2	Second, it feels more comfortable and less stressful. 둘째, 더 편안하고 스트레스를 덜 받습니다.
	추가 문장	With a larger group, it can be noisy and overwhelming. 사람이 많은 모임은 시끄럽고 견디기 어려울 수 있습니다.

어휘 personal 개인적인 comfortable 편안한 overwhelming 견디기 어려운, 압도적인

44 쇼핑

> Imagine that an art institute is conducting market research. You have agreed to participate in a telephone interview about buying art.
> 한 미술 협회에서 시장조사를 진행하고 있다고 가정해 보세요. 당신은 미술 작품 구매에 대한 전화 인터뷰에 참여하기로 동의했습니다.

🎧 MP3 AT100_A_044_5

Q5	How many times a year do you usually purchase artwork, and where do you usually buy them? 당신은 일 년에 몇 번 미술 작품을 구입하고, 주로 어디서 구입하나요?
A5	I usually purchase artwork once a year. I usually buy them online. 저는 주로 일 년에 한 번 미술 작품을 구입합니다. 주로 온라인에서 구입합니다.

🎧 MP3 AT100_A_044_6

Q6	What is your favorite artwork at home, and why do you like it? 집에서 가장 좋아하는 미술 작품은 무엇이며, 좋아하는 이유는 무엇인가요?
A6	My favorite artwork at home is a sculpture. It's because it's a great piece of home décor. 제가 집에서 가장 좋아하는 미술 작품은 조각품입니다. 왜냐하면 그것은 훌륭한 실내 장식이기 때문입니다.

어휘 sculpture 조각품 home décor 실내 장식

 클레어 쌤 올킬TIP!

쇼핑에서도 다양한 분야를 활용해 문제가 출제되기에, 예술 분야 용어도 추가로 알아두면 도움이 됩니다.

- sculpture 조각품
- painting 그림, 회화
- landscape 풍경화
- portrait 초상화

Q7		When you buy artwork, do you prefer shopping in person or online? Why? 미술 작품을 구입할 때, 직접 매장에 가는 것과 온라인으로 쇼핑하는 것 중 무엇을 선호하나요? 그 이유는 무엇인가요?
A7	의견	When I buy artwork, I prefer shopping in person. Here are some reasons. 미술 작품을 구입할 때, 저는 직접 쇼핑하는 것을 선호합니다. 몇 가지 이유가 있습니다.
	이유 1	First, I can see the artwork directly. 첫째, 직접 미술 작품을 감상할 수 있습니다.
	추가 문장	This helps me check the details, colors, and quality more clearly. 이것은 작품의 세부 사항과 색상, 그리고 품질을 더 명확히 확인하는 데 도움을 줍니다.
	이유 2	Second, I can talk with the seller or artist in person. 둘째, 판매원이나 아티스트와 직접 이야기할 수 있습니다.
	추가 문장	This allows me to ask questions and learn more about the artwork. 이로 인해 질문도 할 수 있고 작품에 대해 더 많이 배울 수 있게 해줍니다.

어휘 in person 직접 detail 세부 사항

45 취미/여가

> Imagine that you are talking on the telephone with a friend. You are having a conversation about streaming services.
> 친구와 전화 통화 중이라고 가정해 보세요. 당신은 스트리밍 서비스에 관한 이야기를 나누고 있습니다.

🎧 MP3 AT100_A_045_5

Q5	What was the last TV show you watched, and which streaming service did you use? 네가 가장 최근에 본 TV 프로그램은 무엇이며, 무슨 스트리밍 서비스를 이용했어?
A5	The last TV show I watched was *Love is Blind*. I used Netflix. 가장 최근에 본 TV 프로그램은 블라인드 러브야. 나는 넷플릭스를 이용했어.

🎧 MP3 AT100_A_045_6

Q6	Do you think it is better to use a streaming service than go to a theater to watch a movie? Why or why not? 영화를 볼 때, 영화관에 가는 것보다 스트리밍 서비스를 이용하는 것이 더 낫다고 생각해? 그 이유는 뭐야?
A6	I think it is better to use a streaming service than go to a theater to watch a movie. It's because it's more convenient and affordable. 영화를 보기 위해 영화관에 가는 것보다 스트리밍 서비스를 이용하는 게 더 낫다고 생각해. 왜냐하면 더 편리하고 가격이 적당하기 때문이야.

어휘 convenient 편리한 affordable 가격이 적당한

 클레어 쌤 올킬TIP!

영화나 TV쇼에 관한 질문이 나왔을 때 실제 프로그램/영화명이 떠오르지 않는다면 국가명을 사용해서 답변해 보세요.

예 The last TV show I watched was a Korean reality show. I used Netflix.
  – an American action film
  – a British documentary
  – a Japanese animation

Q7		When choosing a program on a streaming service, which of the following do you think is the most important factor to you? Why? • Its popularity ranking • The audience reviews • The featured actor 다음 중 스트리밍 서비스에서 프로그램을 선택할 때 가장 중요한 요소는 뭐야? 그 이유는 뭐야? • 인기 순위 • 시청자 평가 • 출연 배우
A7	의견	When choosing a program on a streaming service, I think the audience reviews are the most important factor to me. 스트리밍 서비스에서 프로그램을 선택할 때, 나는 시청자 평가가 가장 중요한 요소라고 생각해.
	이유 1	First, it's a safe indicator that I can rely on. 첫째, 시청자 평가는 신뢰할 수 있는 확실한 기준이야.
	추가 문장	If many people give positive reviews, it means the program is likely to be interesting and worth watching. 많은 사람이 긍정적인 평가를 준다면, 그 프로그램은 흥미롭고 시청할 가치가 있다는 것을 의미해.
	이유 2	Second, reviews provide useful details. 둘째, 평가들은 유용한 세부 정보를 줘.
	추가 문장	It's because they often explain the strengths and weaknesses of a program. 왜냐하면 평가들은 주로 프로그램의 장단점을 설명해 주기 때문이야.

어휘 popularity 인기 indicator 기준, 척도 rely on ~을 신뢰하다 worth ~의 가치가 있는 strengths and weaknesses 장단점

클레어 쌤 올킬TIP!

보기의 선택지를 고를 때, 단수/복수를 주의하세요. reviews는 복수이므로 동사도 복수형 are을 사용해서 reviews are 으로 써줘야 합니다.

46 취미/여가

> Imagine that a radio station is conducting a survey in your country. You have agreed to participate in a telephone interview about listening to the radio.
> 한 라디오 방송국이 당신의 나라에서 설문조사를 하고 있다고 가정해 보세요. 당신은 라디오에 대한 전화 인터뷰에 참여하기로 동의했습니다.

🎧 MP3 AT100_A_046_5

Q5 How often do you listen to the radio, and where do you usually listen to it?
당신은 얼마나 자주 라디오를 듣고, 주로 어디서 듣나요?

A5 I listen to the radio once a week. I usually listen to it in the car.
저는 일주일에 한 번 라디오를 듣습니다. 주로 차 안에서 듣습니다.

🎧 MP3 AT100_A_046_6

Q6 What kind of programs do you usually listen to on the radio?
라디오를 들을 때 주로 어떤 종류의 프로그램을 듣나요?

A6 I usually listen to the news and traffic reports.
저는 주로 뉴스와 교통 정보를 듣습니다.

어휘 traffic report 교통 정보

클레어 쌤 올킬TIP!

6번과 같이 답변 문장이 너무 짧을 때는, 추가 문장을 넣어주세요.
- ▶ It's informative. 유익합니다.
- ▶ It's helpful. 도움이 됩니다.

🎧 MP3 AT100_A_046_7

Q7		Do you think radio advertisements are effective? Why or why not? 당신은 라디오 광고가 효과적이라고 생각하나요? 그 이유는 무엇인가요?
A7	의견	I think radio advertisements are effective. Here are some reasons. 저는 라디오 광고가 효과적이라고 생각합니다. 몇 가지 이유가 있습니다.
	이유 1	First, they can reach a wide audience. 첫째, 광고는 많은 시청자에게 닿을 수 있습니다.
	추가 문장	Many people listen to the radio while driving or working, so the ads can easily catch their attention. 많은 사람들은 운전하거나 일하면서 라디오를 듣기 때문에 광고는 그들의 관심을 쉽게 끌 수 있습니다.
	이유 2	Second, they are cost-efficient. 둘째, 광고는 비용 효율적입니다.
	추가 문장	Radio ads are usually cheaper to produce and broadcast than TV or online ones. 라디오 광고는 TV나 온라인 광고보다 제작하거나 방송하는 데 비용이 더 저렴합니다.

어휘 effective 효과적인 cost-efficient 비용 효율적인

클레어 쌤 올킬TIP!

advertisement와 같이 일반적으로 줄여서 많이 사용하는 단어의 경우 줄여서 말하면 답변 시간을 더 벌어줄 수 있습니다.

- advertisement = ad 광고
- application = app 어플
- laboratory = lab 실험실

47 인터넷/기술

> Imagine that a computer firm is conducting market research in your country. You have agreed to participate in a telephone interview about buying a computer.
> 한 컴퓨터 회사가 당신의 나라에서 시장 조사를 진행하고 있다고 가정해 보세요. 당신은 컴퓨터 구매에 대한 전화 인터뷰에 참여하기로 동의했습니다.

🎧 MP3 AT100_A_047_5

Q5	When was the last time you did online shopping on a computer, and what did you buy? 가장 최근에 컴퓨터로 온라인 쇼핑을 언제 했으며, 무엇을 구입했나요?
A5	The last time I did online shopping on a computer was last week. I bought a skirt. 가장 최근에 컴퓨터로 온라인 쇼핑을 한 건 지난주입니다. 저는 치마를 구입했습니다.

🎧 MP3 AT100_A_047_6

Q6	When you are taking an online class, do you prefer using a mobile phone or a computer? Why? 온라인 강의를 수강할 때, 휴대폰과 컴퓨터 중 무엇을 더 선호하나요? 그 이유는 무엇인가요?
A6	When I am taking an online class, I prefer using my mobile phone. It's because I always have it with me. 온라인 강의를 수강할 때, 저는 휴대폰을 사용하는 것을 선호합니다. 왜냐하면 저는 항상 휴대폰을 가지고 다니기 때문입니다.

어휘 take a class 수강하다 prefer 선호하다

클레어 쌤 올킬TIP!

문제를 그대로 활용해서 답변을 만들 때, be 동사도 반드시 신경 써서 바꿔주세요! 현장 강의에서 학생들이 가장 많이 실수하는 부분이 바로 이 부분입니다!

When you **are** taking an online class, ~ → When I **am** taking an online class, ~ (O)

Q7		If you were to buy a computer, which of the following would be the most important factor in your decision? Why? • Brand reputation • Price • Durability 컴퓨터를 구입한다면, 어떤 요소가 결정에 가장 큰 영향을 미치나요? 그 이유는 무엇인가요? • 브랜드 평판 • 가격 • 내구성
A7	의견	**If I were to buy a computer, price would be the most important factor in my decision.** 컴퓨터를 구입한다면, 가격이 제 결정에 가장 중요한 요소가 될 것입니다.
	이유 1	**First,** it helps me stay within my budget. 첫째, 예산 내에서 돈을 쓸 수 있도록 도와줍니다.
	추가 문장	Computers are expensive, so I want to find one at a good price. 컴퓨터는 비싸기 때문에 좋은 가격의 제품을 찾고 싶습니다.
	이유 2	**Second,** prices are easy to compare. 둘째, 가격을 비교하기 쉽습니다.
	추가 문장	By looking at the price, I can choose a model that is affordable. 가격을 살펴보면서 가격이 적당한 모델을 선택할 수 있습니다.

어휘   durability 내구성   budget 예산   affordable 가격이 적당한

클레어 쌤 올킬TIP!

어려운 어휘를 사용하는 것이 부담된다면, 굳이 어려운 단어를 쓸 필요 없이
save money, good price, easy to compare 같은 쉬운 표현이 더 자연스럽고 유창하게 들리도록 연습해 주세요!

48 쇼핑

> Imagine that a candy store is conducting market research to open a new store. You have agreed to participate in a telephone interview about buying candy.
> 한 사탕 가게가 새로운 가게를 열기 위해 시장 조사를 하고 있다고 상상해 보세요. 당신은 사탕 구매에 대한 전화 인터뷰에 참여하기로 동의했습니다.

🎧 MP3 AT100_A_048_5

Q5 Where is the closest candy store to your home, and how long does it take to get there?
당신의 집에서 가장 가까운 사탕 가게는 어디이며, 거기까지 가는 데 얼마나 걸리나요?

A5 The closest candy store to my home is at the shopping mall. It takes about ten minutes on foot.
저희 집에서 가장 가까운 사탕 가게는 쇼핑몰에 있습니다. 걸어서 10분 정도 걸립니다.

🎧 MP3 AT100_A_048_6

Q6 Where is a good place to buy candy, and is it easy to get there?
사탕을 구입하기에 좋은 장소는 어디이며, 그곳에 쉽게 갈 수 있나요?

A6 A good place to buy candy is a convenience store. It is easy to get to for me because there is one right across the street from my house.
사탕을 구입하기에 좋은 장소는 편의점입니다. 집 바로 맞은편에 있기 때문에 쉽게 갈 수 있습니다.

어휘 on foot 걸어서, 도보로 convenience store 편의점

🎧 MP3 AT100_A_048_7

Q7	Do you eat more candy now than you did in the past, or less? Why? 과거보다 지금 사탕을 더 많이 먹나요, 덜 먹나요? 그 이유는 무엇인가요?	
A7	의견	I eat less candy now than I did in the past. Here are some reasons. 저는 과거보다 지금 사탕을 덜 먹습니다. 몇 가지 이유가 있습니다.
	이유 1	First, I care more about my health. 첫째, 건강에 더 신경을 씁니다.
	추가 문장	Eating too much candy is not good for my teeth and weight. 과도한 사탕 섭취는 제 치아와 체중에 좋지 않습니다.
	이유 2	Second, I prefer healthier snacks these days. 둘째, 요즘엔 더 건강한 간식을 선호합니다.
	추가 문장	I often eat fruit or nuts instead of candy. They are healthier and still taste good. 저는 사탕 대신에 과일이나 견과류를 자주 먹습니다. 그것들은 더 건강하고 맛도 좋습니다.

어휘 weight 체중 nut 견과류 instead of ~대신에

 클레어 쌤 올킬TIP!

답변 시 비교 구문을 주의하세요.
I eat less candy now than in the past.와 같이 did를 제외해도 의미 전달은 가능하지만
I eat less candy now than I **did** in the past. 처럼 뒤에 did를 넣으면 문장이 더욱 완전해집니다.

49 취미/여가

> Imagine that a camping equipment store is conducting a survey in your area. You have agreed to participate in a telephone interview about camping.
> 한 캠핑 용품 가게가 당신의 지역에서 설문조사를 하고 있다고 가정해 보세요. 당신은 캠핑에 대한 전화 인터뷰에 참여하기로 동의했습니다.

🎧 MP3 AT100_A_049_5

Q5	How often do you go camping, and which season do you prefer to go camping in? 당신은 얼마나 자주 캠핑을 가며, 무슨 계절에 캠핑 가는 것을 좋아하나요?
A5	I go camping once or twice a year. I prefer to go camping in the fall. 저는 일 년에 한두 번 캠핑을 갑니다. 가을에 캠핑 가는 것을 선호합니다.

🎧 MP3 AT100_A_049_6

Q6	If there were a campsite near your home, would you go there often? Why or why not? 집 근처에 캠핑장이 있다면 자주 갈 건가요? 그 이유는 무엇인가요?
A6	If there were a campsite near my home, I would go there often. It's because it would help me relax on weekends. 집 근처에 캠핑장이 있다면 저는 자주 갈 것입니다. 왜냐하면 주말에 휴식을 취하는 데 도움이 되기 때문입니다.

어휘 campsite 캠핑장 relax 휴식을 취하다

 클레어 쌤 올킬TIP!

계절을 표현할 때도 표현 방식은 여러 가지입니다.

- in the spring / in the summer / in the fall / in the winter 봄에 / 여름에 / 가을에 / 겨울에
- during the hot summer months 더운 여름철 동안
- when the weather is cool 날씨가 선선할 때

🎧 MP3 AT100_A_049_7

Q7		If you were going on vacation, would you prefer camping or staying at a hotel? Why? 휴가를 간다면, 캠핑과 호텔 숙박 중 무엇을 선호하시겠습니까? 그 이유는 무엇인가요?
A7	의견	**If I were going on vacation, I would prefer camping.** 휴가를 간다면, 저는 캠핑을 선호합니다.
	이유 1	**First,** I can enjoy nature more closely. 첫째, 자연을 더 가까이에서 즐길 수 있습니다.
	추가 문장	Camping gives me a chance to escape from city life. 캠핑은 도시의 일상으로부터 벗어나게 해줍니다.
	이유 2	**Second,** it is cheaper than staying at a hotel. 둘째, 호텔 숙박보다 가격이 더 저렴합니다.
	추가 문장	I can save money and still have fun with family or friends. 돈을 절약할 수 있고 가족이나 친구들과 즐거운 시간을 보낼 수 있습니다.

어휘   closely 가까이   escape 벗어나다, 탈출하다

 클레어 쌤 올킬TIP!

긴 문장은 과감히 줄여주세요. 문장을 길게 만들다가 문법 실수를 하기 쉽습니다.

▶ I don't need to spend a lot of money, and I can still have a fun experience with family or friends.
많은 돈을 쓸 필요는 없지만, 가족이나 친구들과 함께 즐거운 경험을 할 수 있습니다.

→ I can save money and still have fun with family or friends.
돈을 절약하면서도 가족이나 친구들과 즐거운 시간을 보낼 수 있습니다.

50 일상

> Imagine that a taxi company is conducting a survey in your area. You have agreed to participate in a telephone interview about taxis.
> 한 택시 회사가 당신이 사는 지역에서 설문조사를 하고 있다고 가정해 보세요. 당신은 택시에 대한 전화 인터뷰에 참여하기로 동의했습니다.

🎧 MP3 AT100_A_050_5

Q5	How many times a week do you take a taxi, and where do you usually go? 당신은 일주일에 몇 번 택시를 이용하며, 주로 어디를 가나요?
A5	**I take a taxi** once a week. **I usually go** to the train station. 저는 일주일에 한 번 택시를 이용합니다. 주로 기차역에 갑니다.

🎧 MP3 AT100_A_050_6

Q6	Do you prefer taking a taxi instead of using public transportation? Why or why not? 대중교통 대신 택시를 이용하는 것을 선호하나요? 그 이유는 무엇인가요?
A6	**I prefer taking a taxi instead of using public transportation.** **It's because** I can go directly to my destination without changing buses or trains. 저는 대중교통 대신에 택시를 이용하는 것을 선호합니다. 왜냐하면 버스나 기차로 갈아탈 필요 없이 목적지까지 바로 갈 수 있기 때문입니다.

어휘 public transportation 대중교통 destination 목적지

클레어 쌤 올킬TIP!

It's because I can go directly to my destination without changing buses or trains.의 경우 평소 말하던 문장보다 조금 더 길다고 느껴질 수 있습니다.
그럴 땐, 더 짧은 버전인 It's because I can go directly to my destination.을 활용해 보세요!

택시 vs 대중교통
- 택시 장점: convenient 편리함 time-saving 시간 절약 comfortable 편안함 direct 직행
- 대중교통 장점: cheap 저렴함 eco-friendly 환경친화적 no parking needed 주차 필요 없음 reliable 신뢰성

Q7		What do you think is the biggest advantage of taking a taxi instead of driving yourself? 직접 운전하는 것보다 택시를 이용하는 것의 가장 큰 장점은 무엇이라고 생각하나요?
A7	의견	There are some advantages of taking a taxi instead of driving myself. 직접 운전하는 것보다 택시를 이용하는 것의 몇 가지 장점이 있습니다.
	이유 1	First, I don't need to worry about parking. 첫째, 주차 걱정을 할 필요가 없습니다.
	추가 문장	Finding a parking space can be difficult and expensive in Seoul. 서울에서 주차 공간을 찾는 것은 어렵고 요금이 비쌀 수 있습니다.
	이유 2	Second, I can relax during the ride. 둘째, 이동하는 동안 쉴 수 있습니다.
	추가 문장	I don't have to focus on the road. I can listen to music or check my phone while traveling. 저는 운전에 집중하지 않아도 됩니다. 여행하는 동안 음악을 듣거나 휴대폰을 확인할 수 있습니다.

어휘 driving 운전 difficult 어려운 focus on ~에 집중하다

클레어 쌤 올킬TIP!

운전 관련 질문이 나오면 꼭 parking을 기억하세요. 비용, 공간, 시간, 운전 실력 등 답변 확장이 가능한 포인트입니다.

51 취미/여가

Imagine that you are talking on the telephone with a friend. You are having a conversation about sports games.
친구와 전화 통화 중이라고 가정해 보세요. 당신은 스포츠 경기에 관한 이야기를 나누고 있습니다.

🎧 MP3 AT100_A_051_5

Q5	What was the most recent sports game you watched on TV? Who did you watch it with? 네가 가장 최근에 TV로 관람한 스포츠 경기는 뭐야? 누구와 함께 관람했어?
A5	**The most recent sports game I watched on TV was** a soccer match. **I watched it with** my family. And we really enjoyed it. 내가 가장 최근에 TV로 관람한 스포츠 경기는 축구 경기야. 가족과 함께 봤고 정말 즐거웠어.

🎧 MP3 AT100_A_051_6

Q6	Do you prefer watching sports games in person or on TV? Why? 직접 경기를 관람하는 것과 TV로 보는 것 중 어떤 것을 더 선호해? 그 이유는 뭐야?
A6	**I prefer watching sports games on TV. It's because** I can enjoy the game at home. 나는 TV로 스포츠 경기를 관람하는 것을 선호해. 왜냐하면 집에서 경기를 즐길 수 있기 때문이야.

어휘 enjoy 즐기다 in person 직접

클레어 쌤 올킬TIP!

스포츠 경기 이름이 생각 안 날 때는 종목 이름 + match/game을 활용해 보세요.
- a soccer match 축구 경기
- a baseball game 야구 경기
- a basketball game 농구 경기
- a tennis match 테니스 경기

Q7		Which of the following do you think is the most important when watching a game in person? • The stadium's atmosphere • The seat location • The ticket price 다음 중 직접 경기 관람 시 가장 중요한 요소는 무엇이라고 생각해? • 경기장의 분위기 • 좌석의 위치 • 티켓 가격
A7	의견	I think the seat location is the most important when watching a game in person. 나는 직접 경기를 관람할 때 좌석의 위치가 가장 중요하다고 생각해.
	이유 1	First, a good seat gives me a clear view of the players. 첫째, 좋은 좌석은 선수들이 잘 보이게 해줘.
	추가 문장	I can enjoy the details of the game better. 나는 경기를 더 잘 즐길 수 있어.
	이유 2	Second, it makes me feel closer to the action. 둘째, 좋은 좌석은 경기의 열기를 더 잘 느끼게 해줘.
	추가 문장	Sitting near the field or court is definitely more fun and exciting. 경기장이나 코트 근처에 앉는 것은 확실히 더 재미있고 흥미진진해.

어휘 atmosphere 분위기   definitely 확실히

클레어 쌤 올킬TIP!

준비된 답변에 부사를 추가해서 답변의 퀄리티를 높여보세요! 자신감 있는 태도와 강조 효과를 줄 수 있어요.

▶ **definitely** 확실히   **actually** 사실은   **probably** 아마도   **certainly** 틀림없이   **personally** 개인적으로

52 인터넷/기술

> Imagine that a marketing firm is conducting market research in your country. You have agreed to participate in a telephone interview about mobile apps.
> 한 마케팅 회사가 당신의 나라에서 시장 조사를 하고 있다고 가정해 보세요. 당신은 모바일 앱에 대한 전화 인터뷰에 참여하기로 동의했습니다.

🎧 MP3　AT100_A_052_5

Q5	What mobile app do you use most often in your daily life, and what do you usually use it for? 당신이 일상생활에서 가장 자주 사용하는 모바일 앱은 무엇이며, 어떤 용도로 주로 사용하나요?
A5	The mobile app I use most often is YouTube. I usually use it to watch videos. 제가 가장 자주 사용하는 모바일 앱은 유튜브입니다. 주로 영상을 시청할 때 사용합니다.

🎧 MP3　AT100_A_052_6

Q6	Are you willing to pay for a mobile app? Why or why not? 유료 앱을 사용하기 위해 비용을 지불할 의향이 있나요? 그 이유는 무엇인가요?
A6	I am willing to pay for a mobile app. It's because paid apps are often higher quality and have no ads. 저는 유료 앱을 사용하기 위해 비용을 지불할 의향이 있습니다. 왜냐하면 유료 앱은 보통 품질이 더 좋고 광고가 없기 때문입니다.

어휘　pay 지불하다　be willing to 흔쾌히 ~하다

클레어 쌤 올킬TIP!

모바일 앱 관련 답변에 사용하기 유용한 단어/표현

▸ free version 무료 버전
▸ paid version / premium app 유료 앱
▸ worth paying for 돈을 낼 가치가 있다
▸ useful features 유용한 기능들

Q7		What do you think is the biggest reason for choosing a paid app? Why? • No advertisements • Access to premium functions • Trust in the developer 다음 중 유료 앱을 선택하는 가장 큰 이유는 무엇이라고 생각하나요? 그 이유는 무엇인가요? • 광고 없음　• 고급 기능 접근　• 개발자에 대한 신뢰
A7	의견	I think the biggest reason for choosing a paid app is no advertisements. 유료 앱을 선택하는 가장 큰 이유는 광고가 없는 것이라고 생각합니다.
	이유 1	First, ads are a waste of time. 첫째, 광고는 시간 낭비입니다.
	추가 문장	When using free apps, I have to wait for ads before every page, song or video. 무료 앱을 사용할 때, 모든 화면이나 노래, 영상 전에 광고를 기다려야 합니다.
	이유 2	Second, no ads make the app more enjoyable. 둘째, 광고가 없으면 앱을 더 즐겁게 사용할 수 있습니다.
	추가 문장	I can focus only on the content without interruptions. 방해 없이 콘텐츠에만 집중할 수 있습니다.

어휘　access 접근　waste of time 시간 낭비　enjoyable 즐거운　interruption 방해

 클레어 쌤 올킬TIP!

단어를 다양하게 사용하면 답변의 완성도가 더 올라갈 수 있습니다.

▸ **No ads** make the app more enjoyable.
▸ **Having no ads** makes the app more enjoyable.
▸ **Without annoying ads**, the app becomes more enjoyable.

53 일상

Imagine that you are talking on the telephone with a friend. You are having a conversation about studying.
친구와 전화 통화 중이라고 가정해 보세요. 당신은 공부에 관한 이야기를 나누고 있습니다.

MP3 AT100_A_053_5

Q5 Where do you usually study, and why do you prefer that place?
너는 공부할 때 주로 어떤 장소에서 공부해? 그 장소를 선호하는 이유는 뭐야?

A5 I usually study at the library near my home.
I prefer that place because it is quiet and has fewer distractions.
나는 주로 집 근처에 있는 도서관에서 공부해. 그곳은 조용하고 방해 요소가 적기 때문에 선호해.

MP3 AT100_A_053_6

Q6 How many hours do you usually study each day? Do you think that is enough?
하루에 보통 몇 시간 정도 공부해? 그 시간은 충분하다고 생각해?

A6 I usually study for about three hours a day.
I think it is enough because it helps me review what I learned.
나는 주로 하루에 세 시간 정도 공부해. 배운 것을 복습할 수 있기 때문에 충분하다고 생각해.

어휘 distraction 방해 요소, 집중을 방해하는 것 enough 충분한

Q7		If you could change one of your study habits, what would it be? Why? 공부 습관 중 한 가지를 바꿀 수 있다면 무엇을 바꾸고 싶어? 그 이유는 뭐야?
A7	의견	**If I could change one of my study habits, I would** stop using my phone while studying. 공부 습관 중 한 가지를 바꿀 수 있다면, 공부할 때 휴대폰을 사용하는 것을 멈추고 싶어.
	이유 1	**First,** it distracts me a lot. 첫째, 휴대폰은 나를 많이 산만하게 만들어.
	추가 문장	Sometimes I check social media or my messages, and it makes me lose focus. 가끔 소셜 미디어나 메시지를 확인하는데 그건 집중력을 잃게 만들어.
	이유 2	**Second,** if I use my phone less, I can save more time. 둘째, 휴대폰을 덜 사용하면 더 많은 시간을 아낄 수 있어.
	추가 문장	This would help me finish my work faster and study more effectively. 그러면 일을 더 빨리 끝내고 더 효과적으로 공부할 수 있을 거야.

어휘 habit 습관 distract 산만하게 하다 effectively 효과적으로

클레어 쌤 꿀팁TIP!

토익스피킹의 모든 답변을 꼭 사실대로 대답해야 하는 것은 아닙니다. 반드시 기억하세요!

54 취미/여가

> Imagine that you are talking on the telephone with a colleague. You are having a conversation about plants.
> 직장 동료와 전화 통화 중이라고 가정해 보세요. 당신은 식물에 관한 이야기를 나누고 있습니다.

🎧 MP3 AT100_A_054_5

Q5	Does anyone in your family grow plants? What kind of plants do they grow? 가족 중에 식물을 키우는 사람이 있나요? 어떤 종류의 식물을 키우나요?
A5	My mother grows some plants at home. She grows flowers and small herbs. 저의 어머니께서는 집에서 몇 가지 식물을 키우십니다. 꽃과 작은 허브를 키우십니다.

🎧 MP3 AT100_A_054_6

Q6	What is one advantage of growing plants indoors rather than outdoors? 야외보다 집 안에서 식물을 키우는 것의 한 가지 장점은 무엇인가요?
A6	One advantage of growing plants indoors is that the plants are easier to manage. It's because they are safe from bad weather. 집 안에서 식물을 키우는 것의 한 가지 장점은 관리하기 더 쉽다는 것입니다. 왜냐하면 좋지 않은 날씨로부터 안전하기 때문입니다.

어휘 indoor 집 안에서, 실내에서 manage 관리하다 safe 안전한

 클레어 쌤 올킬TIP!

식물 관련 유용 표현
- take care of plants 식물을 돌보다
- safe from bad weather 나쁜 날씨로부터 안전하다
- easier to manage 관리하기 더 쉽다
- grow in pots 화분에 키우다

Q7		What do you think is the most important thing to consider when starting to grow a plant? • The type of plant • The plant's fragrance • How much care the plant needs 식물을 키우기 시작할 때, 고려해야 할 가장 중요한 것은 무엇이라고 생각하나요? • 식물의 종류　• 식물의 향기　• 식물의 관리 필요 정도
A7	의견	I think the type of plant is the most important thing to consider when starting to grow a plant. 식물을 키우기 시작할 때 고려해야 할 가장 중요한 것은 식물의 종류라고 생각합니다.
	이유 1	First, some plants are easy to grow. 첫째, 어떤 식물은 키우기 쉽습니다.
	추가 문장	Choosing the right type makes the experience more successful. 올바른 종류를 선택하면 더 성공적인 경험을 할 수 있습니다.
	이유 2	Second, different plants need different conditions. 둘째, 다른 식물마다 다른 환경이 필요합니다.
	추가 문장	Some plants need a lot of sunlight, while others grow well in the shade. 어떤 식물은 많은 햇빛이 필요하지만, 어떤 식물은 그늘에서 잘 자랍니다.

어휘　fragrance 향기　successful 성공적인　condition 환경, 조건　shade 그늘

55 취미/여가

> Imagine that you are talking on the telephone with a friend. You are having a conversation about travel.
> 친구와 전화 통화 중이라고 가정해 보세요. 당신은 여행에 관한 이야기를 나누고 있습니다.

🎧 MP3 AT100_A_055_5

Q5	Where did you go on your most recent trip, and how was the weather? 가장 최근에 어디로 여행을 갔었어? 그곳의 날씨는 어땠어?
A5	I went to Busan on my most recent trip. The weather was sunny and warm. 나는 가장 최근에 부산으로 여행을 갔어. 날씨는 화창하고 따뜻했어.

🎧 MP3 AT100_A_055_6

Q6	Do you enjoy planning trips? Why or why not? 여행 계획을 세우는 것을 즐기니? 그 이유는 뭐야?
A6	I enjoy planning trips. It's because it makes me feel excited before the trip. 나는 여행 계획을 세우는 것을 즐겨. 왜냐하면 여행 전에 신나는 기분이 들게 해주기 때문이야.

어휘 plan a trip 여행을 계획하다   excited 신이 난

 클레어 쌤 올킬TIP!

질문의 시작이 how was 명사?일 경우, 평소처럼 문제의 일부를 사용해 답변을 만들지 않는다는 걸 기억해 주세요.

Q7		When you travel, do you prefer a well-planned trip or a spontaneous one? Why? 여행할 때, 계획적인 여행과 즉흥적인 여행 중 무엇을 선호해? 그 이유는 뭐야?
A7	의견	When I travel, I prefer a well-planned trip. Here are some reasons. 나는 여행할 때, 계획적인 여행을 선호해. 몇 가지 이유가 있어.
	이유 1	First, it saves time and money. 첫째, 시간을 절약하고 돈을 아낄 수 있어.
	추가 문장	When I plan ahead, I can book cheaper tickets and find good hotels more easily. 미리 계획하면, 더 저렴한 항공권을 예약하고 좋은 호텔을 더 쉽게 찾을 수 있어.
	이유 2	Second, I feel less stressed during the trip. 둘째, 여행 동안 스트레스를 덜 받아.
	추가 문장	Since I already know what to do, I can just relax and enjoy myself. 이미 무엇을 할지 알고 있어서 편하게 쉬고 즐길 수 있어.

어휘 spontaneous 즉흥적인 ahead 미리 book 예약하다

클레어 쌤 올킬TIP!

답변 문장들의 연결어 사용으로 같은 답변도 더 유창하게 들리게 만들 수 있습니다.

- First of all, ··· / Second, ··· 첫째~ / 둘째~
- One reason is that ··· / Another reason is that ··· 한 가지 이유는~ / 다른 이유는~
- Also, ··· / In addition, ··· / Plus, ··· 또한 / 게다가 / 추가로

56 일상

> Imagine that a travel agency is conducting a survey in your country. You have agreed to participate in a telephone interview about transportation.
> 한 관광사가 당신의 나라에서 설문조사를 진행한다고 가정해 보세요. 당신은 교통수단에 대한 전화 인터뷰에 참여하기로 동의했습니다.

🎧 MP3 AT100_A_056_5

Q5	When was the last time you took a flight, and where did you go? 당신은 마지막으로 비행기를 탔던 적이 언제이고, 어디로 여행을 갔었나요?
A5	The last time I took a flight was two months ago. I went to Jeju Island for a short vacation, and the trip was very enjoyable. 마지막으로 비행기를 탔던 건 두 달 전입니다. 저는 짧은 휴가로 제주도에 다녀왔는데, 여행은 정말 즐거웠습니다.

🎧 MP3 AT100_A_056_6

Q6	If you had to go to the airport, what kind of public transportation would you choose, and why? 공항까지 가야 했다면, 어떤 종류의 대중교통을 선택할 것이고, 그 이유는 무엇인가요?
A6	If I had to go to the airport, I would choose to take the airport bus. It's because it goes directly to the terminal. 공항까지 가야 했다면, 공항버스를 선택할 겁니다. 왜냐하면 터미널까지 바로 가기 때문입니다.

어휘 enjoyable 즐거운 directly 바로, 곧장

🎧 MP3 AT100_A_056_7

	Q7	If you were going on a long-distance trip within your country, would you choose to take a plane or a train? Why? 당신의 도시 내에서 장거리 여행을 간다면, 비행기와 기차 중 무엇을 선택할 것인가요? 그 이유는 무엇인가요?
A7	의견	If I were going on a long-distance trip within my country, I would choose to take a plane. 저희 도시에서 장거리 여행을 간다면 비행기를 선택할 겁니다.
	이유 1	First, it is much faster than a train. 첫째, 비행기가 기차보다 훨씬 더 빠릅니다.
	추가 문장	I can save a lot of travel time and spend more time at my destination. 이동 시간을 많이 절약할 수 있고 목적지에서 더 많은 시간을 보낼 수 있습니다.
	이유 2	Second, it is more convenient for long distances. 둘째, 장거리 여행에 더 편리합니다.
	추가 문장	Planes usually have better services, such as meals and comfortable seating. 비행기는 보통 기내식이나 편안한 좌석 같은 더 나은 서비스가 있습니다.

어휘 long-distance 장거리 destination 목적지

클레어 쌤 올킬TIP!

비교 구문을 활용해 주면 자연스러운 답변을 만들 수 있습니다.

▶ faster than 더 빠른
▶ more comfortable than 더 편안한
▶ cheaper than 더 저렴한

57 인터넷/기술

> Imagine that an American media company is doing research in your country. You have agreed to participate in a telephone interview about online news.
> 한 미국 언론사가 당신의 나라에서 연구를 진행하고 있다고 가정해 보세요. 당신은 온라인 뉴스에 대한 전화 인터뷰에 참여하기로 동의했습니다.

🎧 MP3 AT100_A_057_5

Q5	What kind of news do you read most on the internet, and how often do you read it? 인터넷에서 가장 자주 보는 온라인 뉴스 주제는 무엇이며, 얼마나 자주 보나요?
A5	I usually read world news on the internet. I read it every morning. 저는 주로 인터넷에서 세계 뉴스를 봅니다. 매일 아침에 읽습니다.

🎧 MP3 AT100_A_057_6

Q6	Do you prefer reading online news in the morning or at night? Why? 아침에 온라인 뉴스를 읽는 것을 좋아하나요, 밤에 읽는 것을 좋아하나요? 그 이유는 무엇인가요?
A6	I prefer reading online news in the morning. It helps me start the day with useful information. 저는 아침에 온라인 뉴스를 읽는 것을 선호합니다. 유익한 정보로 하루를 시작하는 데 도움이 됩니다.

어휘 start the day 하루를 시작하다 useful 유익한, 유용한

Q7		If you were looking for an online news site, which of the following would be the most important to you? Why? • Whether it covers a wide variety of topics • Whether it provides accurate information • Whether it releases the latest news updates quickly 만약 당신이 온라인 뉴스 사이트를 찾는다면, 어떤 것이 가장 중요한가요? 그 이유는 무엇인가요? • 다양한 주제의 기사를 제공하는지 • 정확한 정보를 제공하는지 • 최신 정보를 빠르게 업데이트하는지
A7	의견	If I were looking for an online news site, whether it provides accurate information would be the most important to me. 온라인 뉴스 사이트를 찾는다면, 정확한 정보를 제공하는지가 가장 중요합니다.
	이유 1	First, wrong information can be very misleading. 첫째, 잘못된 정보는 오해의 소지가 있을 수 있습니다.
	추가 문장	Knowing wrong information can cause problems in conversations. 잘못된 정보를 알게 되면 대화할 때 문제가 생길 수 있습니다.
	이유 2	Second, I need to trust the news I read. 둘째, 읽는 뉴스는 믿을 수 있어야 합니다.
	추가 문장	When the information is reliable, I feel more confident sharing it with others. 정보가 믿을 만하면, 다른 사람과 정보를 공유할 때 더 자신감이 생깁니다.

어휘 a wide variety of 매우 다양한 accurate 정확한 misleading 오해의 소지가 있는 reliable 믿을 수 있는 confident 자신감 있는

 클레어 쌤 올킬TIP!

먼저 의견에 대한 두 가지 이유를 세운 뒤, 각각의 이유에 맞는 추가 문장을 생각해 보세요.

58 쇼핑

> Imagine that a clothing brand is conducting a survey in your country. You have agreed to participate in a telephone interview about buying clothes.
> 한 의류 브랜드가 당신의 나라에서 설문조사를 진행하고 있다고 가정해 보세요. 당신은 옷 구매에 대한 전화 인터뷰에 참여하기로 동의했습니다.

🎧 MP3 AT100_A_058_5

Q5	How often do you go shopping, and where do you usually go? 당신은 얼마나 자주 쇼핑을 가며, 주로 어디로 가나요?
A5	I usually go shopping once or twice a month. I usually go to a department store. 저는 주로 한 달에 한두 번 쇼핑을 갑니다. 주로 백화점으로 갑니다.

🎧 MP3 AT100_A_058_6

Q6	When you buy clothes, do you care about the brand name? Why or why not? 옷을 구입할 때, 브랜드 이름을 중요하게 생각하나요? 그 이유는 무엇인가요?
A6	When I buy clothes, I care about the brand name. It's because good brands provide good-quality products. 옷을 구입할 때, 브랜드 이름을 중요하게 생각합니다. 왜냐하면 좋은 브랜드는 품질이 좋은 제품을 제공하기 때문입니다.

어휘 provide 제공하다 good-quality 품질이 좋은, 양질의

Q7		If you were to purchase clothes, do you prefer to buy one expensive item or several cheaper ones? Why? 옷을 구입한다면, 한 벌의 비싼 제품을 사는 것과 여러 벌의 저렴한 제품을 사는 것 중 무엇을 선호하나요? 그 이유는 무엇인가요?
A7	의견	If I were to purchase clothes, I prefer to buy one expensive item. 옷을 구입한다면, 저는 한 벌의 비싼 옷을 구입하는 것을 선호합니다.
	이유 1	First, high-quality products last longer. 첫째, 품질이 높은 제품은 오래갑니다.
	추가 문장	So, I don't need to replace them often. 그래서 제품을 자주 교체할 필요가 없습니다.
	이유 2	Second, premium clothes usually have a better fit and unique design. 둘째, 고급 진 옷은 보통 더 잘 맞고 독특한 디자인을 가지고 있습니다.
	추가 문장	This naturally boosts my confidence. 이것은 자연스럽게 제 자신감을 끌어올려 줍니다.

어휘 last 오래가다, 지속되다 replace 교체하다 naturally 자연스럽게 boost ~을 끌어올리다, 신장시키다

클레어 쌤 올킬TIP!

I believe ~ is all about ~. 문장 패턴은 내 생각을 확실하게 전달할 수 있는 패턴입니다.

- I believe learning English is all about practice.
  영어 공부는 연습이 가장 중요하다고 생각해요.
- I believe success is all about hard work.
  성공은 열심히 하는 것에 달려 있다고 생각해요.

59 일상

> Imagine that you are talking on the telephone with a new neighbor. You are having a conversation about the neighborhood.
> 새로 이사 온 이웃과 전화 통화 중이라고 가정해 보세요. 당신은 거주지에 관한 이야기를 나누고 있습니다.

🎧 MP3 AT100_A_059_5

Q5	How many years have you lived in your current home? Is it an apartment or a house? 현재 살고 있는 집에서 몇 년 동안 살고 있나요? 아파트인가요 주택인가요?
A5	I have lived in my current home for about 5 years. It is an apartment. 저는 현재 살고 있는 집에서 약 5년 정도 살고 있습니다. 그 집은 아파트입니다.

🎧 MP3 AT100_A_059_6

Q6	What is one good thing about living in an apartment instead of a house? 주택 대신에 아파트에 사는 것에 대한 한 가지 좋은 점은 무엇인가요?
A6	One good thing about living in an apartment is convenience. Apartments are usually close to supermarkets. 아파트에서 사는 것의 한 가지 좋은 점은 편리함입니다. 아파트들은 대개 슈퍼마켓과 가까이 있습니다.

어휘 current 현재의 close 가까운

🎧 MP3　AT100_A_059_7

	Q7	If you were planning to move into an apartment, which of the following facilities would be most important to you? Why? • An apartment gym　　• Laundry rooms　　• Parking spaces 만약 당신이 아파트로 이사할 계획이 있다면, 어떤 종류의 시설이 가장 중요한가요? 그 이유는 무엇인가요? • 건물 안 헬스장　　• 세탁실　　• 주차 공간
A7	의견	If I were planning to move into an apartment, an apartment gym would be most important to me. 아파트로 이사 계획이 있다면, 건물 안 헬스장이 가장 중요할 것입니다.
	이유 1	First, it keeps me motivated. 첫째, 헬스장은 계속 동기를 부여합니다.
	추가 문장	Having a gym nearby makes it easier to stick to my workout routine. 헬스장이 가까운 곳에 있으면 운동 루틴을 지키는 게 더 쉽습니다.
	이유 2	Second, it's good for stress relief. 둘째, 스트레스 해소에 좋습니다.
	추가 문장	I can quickly exercise after work to feel refreshed. 퇴근 후에 빠르게 운동하고 상쾌함을 느낄 수 있습니다.

어휘　move into ~로 이사 가다, ~로 이동하다　motivate 동기를 부여하다　stick to ~을 지키다

 클레어 쌤 올킬TIP!

건강 관련된 키워드를 미리 챙겨두면 좋습니다.
- stay fit 건강을 유지하다 / 몸매를 유지하다
- burn calories 칼로리를 소모하다
- less stressful 스트레스를 덜 받는
- boost energy 에너지를 북돋다

I can quickly exercise after work to feel refreshed.라는 문장은 본인 상황에 맞게 after school, after my part-time job 등으로 바꿔서 활용할 수 있습니다.

60 일상

> Imagine that your company is conducting a survey. You have agreed to participate in a telephone interview about work environments.
> 당신의 회사가 설문조사를 진행한다고 가정해 보세요. 당신은 직장 환경에 대한 전화 인터뷰에 참여하기로 동의했습니다.

🎧 MP3 AT100_A_060_5

Q5	Do you prefer starting work early in the morning or late in the afternoon? Why? 아침에 일찍 일을 시작하는 것과 오후 늦게 일이 시작하는 것 중 어떤 것이 더 낫나요? 그 이유는 무엇인가요?
A5	**I prefer starting work early in the morning.** **It's because I can focus better in the morning.** 저는 아침 일찍 일을 시작하는 것을 선호합니다. 왜냐하면 아침에 집중이 더 잘되기 때문입니다.

🎧 MP3 AT100_A_060_6

Q6	Do you concentrate better in a crowded place or a quiet one? Why? 사람이 많은 곳과 사람이 없는 곳 중 어떤 환경에서 집중이 더 잘되나요? 그 이유는 무엇인가요?
A6	**I concentrate better in a quiet place. It's because there are fewer distractions.** 저는 조용한 곳에서 집중이 더 잘됩니다. 왜냐하면 방해 요소가 더 적기 때문입니다.

어휘 crowded 붐비는 concentrate 집중하다 distraction 방해 요소, 집중을 방해하는 것

Q7		Which of the following is the most important to you at work? Why? • Opportunities to learn new skills • Opportunities for promotion to a higher position • Opportunities to participate in various projects 다음 중 직장에서 당신이 가장 중요하게 생각하는 것은 무엇인가요? 그 이유는 무엇인가요? • 새로운 능력을 얻을 기회 • 더 높은 직책으로 승진할 기회 • 다양한 프로젝트에 참여할 기회
A7	의견	Opportunities for promotion to a higher position are the most important to me at work. 직장에서 저에게 가장 중요한 것은 더 높은 직책으로 승진할 수 있는 기회입니다.
	이유 1	First, a higher position usually comes with better pay and benefits. 첫째, 더 높은 직책일수록 보통 급여와 복지가 더 좋습니다.
	추가 문장	Working is all about making more money. 일하는 이유는 결국 더 많은 돈을 벌기 위해서입니다.
	이유 2	Second, it motivates me to work harder. 둘째, 승진 기회는 더 열심히 일할 동기부여를 줍니다.
	추가 문장	Motivation helps me stay committed to the company. 동기부여는 제가 회사에 헌신할 수 있도록 도와줍니다.

어휘 promotion 승진 make money 많은 돈을 벌다 motivate 동기를 부여하다 committed 헌신적인

클레어 쌤 올킬TIP!

Working is all about making more money. 일하는 이유는 결국 돈을 더 버는 것이다. 와 같이 극단적인 상황을 나타내는 문장도 답변을 만드는 데 도움이 된다면 답변으로 활용하셔도 됩니다.

Questions 8-10

61 행사 일정표

	넥스트웨이브 국제 마케팅 컨퍼런스 9월 11일 화요일 마리 골든 호텔
오전 10:00 – 10:30	환영사 (넥스트웨이브 그룹의 CEO, 데이비드 킴)
오전 10:30 – 11:30	발표: 마케팅 캠페인을 시작하는 방법 (레이첼 스콧)
오전 11:30 – 정오	토론: AI 마케팅 트렌드
정오 – 오후 1:00	점심 식사
오후 1:00 – 2:00	기조연설: 글로벌 마케팅의 미래 (소피아 린)
오후 2:00 – 3:00	시상식: 국제 마케팅 혁신상

> Hello, this is Laura Kim. I am scheduled to attend the International Marketing Conference next week, but I have not yet received the schedule. May I ask you a few questions regarding the schedule?
>
> 안녕하세요, 저는 로라 킴입니다. 다음 주에 국제 마케팅 컨퍼런스에 참석할 예정인데 아직 일정표를 받지 못했습니다. 일정 관련하여 몇 가지 질문을 드려도 될까요?

🎧 MP3 AT100_A_061_8

Q8	What time does the first session start, and who will lead it? 첫 번째 세션은 몇 시에 시작하며, 누가 진행하나요?
A8	The first session starts at 10 a.m. It will be led by David Kim, the CEO of NextWave Group. 첫 번째 세션은 오전 10시에 시작합니다. 넥스트웨이브 그룹의 CEO인 데이비드 킴이 진행할 예정입니다.

🎧 MP3 AT100_A_061_9

Q9	I heard that Rachel Scott will present in the afternoon. Is that right? 레이첼 스콧 씨가 오후에 발표한다고 들었습니다. 맞나요?
A9	Oh, I'm afraid you might be mistaken. It's from 10:30 a.m. to 11:30 a.m. 아, 잘못 알고 계신 것 같습니다. 오전 10시 30분부터 11시 30분까지입니다.

🎧 MP3 AT100_A_061_10

Q10	I'm available to attend the conference after lunch. Could you tell me all the details about the sessions scheduled after the lunch break? 저는 점심시간 이후부터 컨퍼런스에 참석 가능합니다. 점심 이후에 예정된 세션과 관련된 모든 세부 사항을 알려주시겠어요?
A10	Of course. The details you requested are as follows: First, from 1 p.m. to 2 p.m., there is a keynote speech on "The Future of Global Marketing" by Sophia Lin. Second, from 2 p.m. to 3 p.m., there is an award ceremony, the "International Marketing Innovation Awards". Please keep that in mind. 물론입니다. 요청하신 세부 사항은 다음과 같습니다. 첫째, 오후 1시부터 2시까지 소피아 린의 "글로벌 마케팅의 미래" 기조연설이 있습니다. 둘째, 오후 2시부터 3시까지 "국제 마케팅 혁신상 시상식"이 있습니다. 이 점 참고해 주시기 바랍니다.

어휘 present 발표하다 be available to do ~하는 것이 가능하다 keynote speech 기조연설 award ceremony 시상식

클레어 쌤 올킬TIP!

정보를 제공할 때 표에 나온 정보의 순서대로 답변해 보세요. 문제를 듣고 답변을 준비할 시간이 적어서 문법을 틀리지 않고 간편하게 답변을 하는 게 틀린 답변을 뱉을 확률이 낮습니다.

62 행사 일정표

솔룬 박물관 경영 컨퍼런스
4월 14일 (수요일)
등록비: 30달러

시간	장소	행사
오전 9:30 – 오전 10:00	로비	개회식
오전 10:00 – 오전 11:00	세미나실 A	가상 전시 시연
오전 11:00 – 오후 12:00	세미나실 C	기술을 활용한 관람 경험 향상
오후 12:00 – 오후 1:00	식당	점심 식사 (첸의 레스토랑 제공)
오후 1:00 – 오후 1:40	세미나실 A	박물관 재정 및 모금 전략
오후 1:40 – 오후 2:30	비전 홀	연설: 박물관 큐레이션의 미래

Hi, my name is Morgan Hanks. I'd like to attend the Museum Management Conference. May I ask you a few questions about the conference?

안녕하세요, 제 이름은 모건 행크스입니다. 저는 박물관 경영 컨퍼런스에 참석하고 싶습니다. 컨퍼런스에 대해 몇 가지 질문을 드려도 될까요?

🎧 MP3 AT100_A_062_8

Q8 What date will the conference be held, and what time does the first session start?

컨퍼런스는 며칠에 열리며, 첫 번째 세션은 몇 시에 시작하나요?

A8 The conference will be held on Wednesday, April, 14th. The first session starts at 9:30 a.m.

컨퍼런스는 4월 14일 수요일에 열립니다. 첫 번째 세션은 오전 9시 30분에 시작합니다.

🎧 MP3 AT100_A_062_9

Q9 I heard there is a lunch break. Do we need to bring our own lunch?

점심 시간이 있다고 들었습니다. 점심은 직접 가져와야 하나요?

A9 I'm afraid you might be mistaken. Lunch will be provided in the dining hall. It's provided by Chen's Restaurant.

잘못 알고 계신 것 같습니다. 점심은 식당에서 제공될 예정입니다. 첸의 레스토랑에서 제공합니다.

Q10	Could you provide me with all the details about the events held in Seminar Room A? 세미나실 A에서 진행하는 행사들에 대한 모든 세부 사항을 알려주실 수 있나요?
A10	Of course. The details you requested are as follows: First, from 10 a.m. to 11 a.m., there is a program on a "Demonstration of Virtual Exhibitions." Second, from 1 p.m. to 1:40 p.m., there is a program on "Museum Finance and Fundraising Strategies." Hope this information is useful. 물론입니다. 요청하신 세부 사항은 다음과 같습니다. 첫째, 오전 10시부터 11시까지 "가상 전시 시연" 프로그램이 있습니다. 둘째, 오후 1시부터 1시 40분까지 "박물관 재정 및 모금 전략" 프로그램이 있습니다. 이 정보가 도움이 되시기 바랍니다.

어휘 provide 제공하다 demonstration 시연 virtual 가상의 fundraising 모금, 자금 조달

 **클레어 쌤 올킬TIP!**

문제를 풀어 볼 때, 실전처럼 필기를 하지 않는 습관을 들여보세요.

63 행사 일정표

지역 예술 커뮤니티 센터
여름 예술 행사 일정

6월 19일, 일요일
로만 공원, 밀턴 가 723번지

시간	활동	장소
오전 9:30	페이스 페인팅	키즈존
오전 10:30	라이브 페인팅 쇼	라이브 무대
오전 11:00	어린이 클레이 체험	키즈존
오후 1:00	야외 플리마켓	아트존
~~오후 2:00~~	~~DIY 카드 및 포스터 캘리그라피 체험~~	~~DIY 존~~ 취소됨
오후 3:00	어린이 미술 대회 및 전시회	패밀리존

* 입장료: 성인 – 50달러 / 어린이 – 30달러

Hi, I saw an advertisement on the internet for the Community Center's Summer Art Event. I'm interested in visiting the event with my family. I would appreciate it if you could answer a few questions.

안녕하세요, 저는 인터넷에서 커뮤니티 센터의 여름 예술 행사에 대한 광고를 봤습니다. 저는 가족과 함께 행사에 참여하고 싶습니다. 몇 가지 질문에 답변해 주시면 감사하겠습니다.

🎧 MP3 AT100_A_063_8

Q8 What date will the Summer Art Event be held on, and what time does it start?
여름 예술 행사는 며칠에 열리며, 몇 시에 시작하나요?

A8 It will be held on Sunday, June 19th. It starts at 9:30 a.m.
여름 예술 행사는 6월 19일 일요일에 열립니다. 행사는 오전 9시 30분에 시작합니다.

🎧 MP3 AT100_A_063_9

Q9	I heard there is a Poster Calligraphy session in the afternoon. Is that correct? 오후에 포스터 캘리그라피 세션이 진행된다고 들었습니다. 맞나요?
A9	Oh, I'm afraid you might be mistaken. It has been canceled. I'm sorry to tell you that. 아, 잘못 알고 계신 것 같습니다. 그 세션은 취소되었습니다. 이런 말씀을 드리게 되어서 죄송합니다.

🎧 MP3 AT100_A_063_10

Q10	I will attend the event with my children. Could you provide me with all the information about activities for children? 저는 아이들과 행사에 참석할 예정입니다. 아이들이 참여할 수 있는 행사에 대한 모든 정보를 알려줄 수 있나요?
A10	Of course. The details you requested are as follows: First, at 9:30 a.m., there is "Face Painting" in the Kids Zone. Second, at 11 a.m., there is an "Kids Clay Modeling" in the Kids Zone. Please keep that in mind. 물론입니다. 요청하신 세부 사항은 다음과 같습니다. 첫째, 오전 9시 30분에 키즈존에서 "페이스 페인팅" 활동이 있습니다. 둘째, 오전 11시에 키즈존에서 "어린이 클레이 체험" 행사가 있습니다. 이 점 참고해 주시기 바랍니다.

어휘 cancel 취소하다   attend 참석하다

클레어 쌤 올킬TIP!

표에 activity라고 적혀 있어도, 답변할 때 굳이 face painting activity라고 말할 필요는 없습니다.
그냥 face painting이라고만 말하는 게 더 자연스럽습니다.
대부분의 경우 activity, event, program과 같은 단어를 아예 빼는 것이 깔끔하고 안전합니다.

64 개인 일정표

메이슨 인사 부장 강연 일정
10월 11일-12일

10월 11일, 월요일

시간	주제	수용 인원
오전 10:00	효과적인 채용 전략	10명
오후 2:00	보상 및 복리후생 전략	15명
오후 4:00	직장 내 건강 및 정신 건강 지원	12명

10월 12일, 화요일

시간	주제	수용 인원
오전 11:00	인력 개발 수립 방법	15명
오후 3:00	직원 교육 및 개발 프로그램	12명
오후 5:00	최신 채용 마케팅 동향	20명

* 장소: 컨퍼런스룸 A (월요일) / 세미나실 B (화요일)

Hello, my name is Mason. I've lost my lecture schedule. I would appreciate it if you could answer a few questions.

안녕하세요, 제 이름은 메이슨입니다. 제가 강연 일정표를 잃어버렸습니다. 몇 가지 질문에 답변해 주시면 감사하겠습니다.

🎧 MP3 AT100_A_064_8

Q8 What is the first lecture on Monday, and how many people can attend it?
월요일에 첫 번째로 진행되는 강연은 무엇이며, 몇 명이 참석할 수 있나요?

A8 The first lecture is "Effective Recruitment Strategies."
The capacity is 10 people.
첫 번째 강연은 "효과적인 채용 전략"입니다. 정원은 10명입니다.

🎧 MP3 AT100_A_064_9

Q9	I heard that the events on Tuesday will be held in Conference Room A. Is that right? 화요일 강연은 컨퍼런스룸 A에서 진행된다고 들었습니다. 맞나요?
A9	Oh, I'm afraid you might be mistaken. Events on Tuesday will be held in Seminar Room B. 아, 잘못 알고 계신 것 같습니다. 화요일 강연들은 세미나실 B에서 진행됩니다.

🎧 MP3 AT100_A_064_10

Q10	Could you provide me with all the details about the lectures related to recruitment? 채용과 관련된 강연에 대한 모든 세부 사항을 제공해 주실 수 있나요?
A10	Of course. The details you requested are as follows: First, on Monday, October 11th, there is a lecture on "Effective Recruitment Strategies." The capacity is 10 people. It will be held in Conference Room A. Second, on Tuesday, October 12th, there is a lecture on "Recent Recruitment Marketing." The capacity is 20 people. It will be held in Seminar Room B. 물론입니다. 요청하신 세부 사항은 다음과 같습니다. 첫째, 10월 11일 월요일에는 "효과적인 채용 전략" 강연이 있습니다. 정원은 10명이며, 컨퍼런스룸 A에서 진행됩니다. 둘째, 10월 12일 화요일에는 "최신 채용 마케팅 동향" 강연이 있습니다. 수용 인원은 20명입니다. 세미나실 B에서 진행될 예정입니다.

어휘 lecture 강연, 강의 capacity 정원, 수용 인원 effective 효과적인 recruitment 채용

 클레어 쌤 올킬 TIP!

lecture on = lecture about
lecture 뒤에 쓰인 on은 about과 같은 의미로 쓰여 ~에 관한 이라는 뜻이 됩니다.

65 수업/프로그램 시간표

피트니스 센터 수업

등록 마감일: 8월 25일
수강료: 수업당 20달러

수업	시간	강사	요일
마음 챙김 요가	오전 9:30 – 오전 10:30	마야 콜린스	매주 월요일
수영	오전 10:30 – 오전 11:30	엘라 퀸	매주 수요일
코어 강화 필라테스	오전 11:30 – 오후 1:00	토비 그렉	매주 화요일
실내 사이클링	오후 1:00 – 오후 2:00	제이든 완	매주 목요일
크로스핏	오후 2:00 – 오후 3:30	벤 쿠퍼	매주 화요일
에어로빅 댄스	오후 3:30 – 오후 4:30	네이트 헬렌	매주 금요일

Hello, I would like to join the fitness center classes, but I'd like to get more information before registering. May I ask you a few questions about the classes?

안녕하세요, 피트니스 센터 수업에 참여하고 싶은데 등록 전에 더 많은 정보를 알고 싶습니다. 수업에 대해 몇 가지 질문을 드려도 될까요?

Q8 What time does the swimming class start, and when is the registration deadline?
수영 수업은 몇 시에 시작하며, 등록 마감일은 언제인가요?

A8 The swimming class starts at 10:30 a.m.
The deadline for registration is August 25th.
수영 수업은 오전 10시 30분에 시작합니다. 등록 마감일은 8월 25일입니다.

Q9 I heard the registration fee is 40 dollars. Is that correct?
수강료는 40달러라고 들었습니다. 맞나요?

A9 I'm afraid you might be mistaken. It's 20 dollars per class.
잘못 알고 계신 것 같습니다. 수업당 20달러입니다.

Q10	I can only attend classes on Tuesdays. Could you give me all the details about the Tuesday classes? 저는 화요일에만 수업에 참석할 수 있습니다. 화요일 수업에 관한 모든 세부 사항을 알려주실 수 있나요?
A10	Of course. The details you requested are as follows: First, there is "Core-Strengthening Pilates" from 11:30 a.m. to 1 p.m. The instructor is Toby Greg. Second, there is "CrossFit" from 2 p.m. to 3:30 p.m. The instructor is Ben Cooper. Please keep that in mind. 물론입니다. 요청하신 세부 사항은 다음과 같습니다. 첫째, "코어 강화 필라테스" 수업이 오전 11시 30분부터 오후 1시까지 진행됩니다. 강사는 토비 그렉입니다. 둘째, "크로스핏" 수업이 오후 2시부터 3시 30분까지 진행됩니다. 강사는 벤 쿠퍼입니다. 이 점 참고해 주시기 바랍니다.

어휘 registration 등록 strengthen 강화되다

클레어 쌤 올킬TIP!

10번 답변에서 First, there is 강의명 from 시간 to 시간 by 강사명을 사용해도 괜찮지만, 문장이 길어지면 실수할 확률이 높아집니다. 문장의 호흡을 짧게 유지해 실수를 줄일 수 있습니다.

66 행사 일정표

노스라이트 출판사
도서 출간 일정
3월-5월 도서 목록

장르	제목	저자	날짜
코미디	웃음으로 살아가기	소피아 킴	3월 15일
공상 과학 소설	시간 여행기	제임스 모건	3월 15일
모험	신비한 땅 탐험	헤일리 조	4월 5일
로맨스	다시 찾은 사랑	이선 브룩스	4월 17일
공상 과학 소설	인공지능 혁명	콜 앤더슨	~~5월 15일~~ 6월 10일
판타지	미지를 향한 탐구	오웬 베넷	5월 28일

Hi, this is Jaden Ryu, the chief editor. Before we upload the publishing schedule to the website, I'd like to discuss a few details.
안녕하세요, 저는 편집장 제이든 류입니다. 웹사이트에 도서 출간 일정을 올리기 전에 몇 가지 세부 사항을 논의하고자 합니다.

MP3 AT100_A_066_8

Q8 What is the title of the book being published in May, and who is the writer?
5월에 출간되는 도서 제목은 무엇이며, 저자는 누구인가요?

A8 It's "Quest for the Unknown," and the writer is Owen Bennett.
도서 제목은 "미지를 향한 탐구"이며, 저자는 오웬 베넷입니다.

MP3 AT100_A_066_9

Q9 Is the science fiction book scheduled to be published in May?
공상 과학 소설 도서는 5월에 출간되는 것이 맞나요?

A9 I'm afraid you might be mistaken. The science fiction book is scheduled to be published in June.
잘못 알고 계신 것 같습니다. 공상 과학 소설 도서는 6월에 출간될 예정입니다.

Q10	Could you give me all the details about the books being published on March 15th? 3월 15일에 출간되는 도서에 대한 모든 세부 사항을 알려줄 수 있나요?
A10	Of course. The details you requested are as follows: First, there's "Laughing Through Life," and the writer is Sophia Kim. The genre is comedy. Second, there's "Time Travel Tales," and the writer is James Morgan. The genre is science fiction. That's all. 물론입니다. 요청하신 세부 사항은 다음과 같습니다. 첫째, "웃음으로 살아가기"이며, 저자는 소피아 킴입니다. 장르는 코미디입니다. 둘째, "시간 여행기"이며, 저자는 제임스 모건입니다. 장르는 공상 과학입니다. 이상입니다.

어휘 publish 출간하다, 출판하다 science fiction 공상 과학

클레어 쌤 올킬TIP!

표의 표기된 순서대로 답변을 만들때 장르와 같이 디테일한 정보를 포함해서 오히려 문장이 더 복잡해집니다. 이럴때 독립된 문장으로 빼는 게 오히려 더 쉬울 수 있습니다.

67 출장/여행 일정표

제인 왓슨의 싱가포르 여행 일정표

보타닉 헤이븐 호텔, 11월 20일-11월 22일 (2박), 체크아웃: 오후 1시

출발 및 도착		
11월 20일	출발 – 방콕 (스카이젯 항공 213편)	오전 11:15
	도착 – 싱가포르	오후 2:50
11월 22일	출발 – 싱가포르 (스카이젯 항공 820편)	오전 8:30
	도착 – 방콕	오후 12:00
여행 일정		
11월 20일	열대우림 탐험 산책	오후 5:30
	도심 강 크루즈	오후 8:00
11월 21일	마리나 베이 샌즈 스카이 파크 투어	오후 1:00
	야간 사파리 모험	오후 8:00

* 예약 변경은 체크인 24시간 전까지 가능합니다.

Hello, I'm Jane Watson. I'm going on a trip to Singapore this month, and I have a few questions about my tour schedule.

안녕하세요, 저는 제인 왓슨입니다. 제가 이번 달에 싱가포르로 여행을 가는 데 제 투어 일정에 대해서 몇 가지 질문이 있습니다.

🎧 MP3 AT100_A_067_8

Q8	What time do I leave Bangkok, and what's the flight I'll be taking? 방콕에서 몇 시에 출발하며, 어떤 항공편을 이용하나요?
A8	You will depart from Bangkok at 11:15 a.m., and you'll be taking Skyjet Airlines Flight 213. 방콕에서 오전 11시 15분에 출발하며, 스카이젯 항공 213편을 이용하실 예정입니다.

🎧 MP3 AT100_A_067_9

Q9
I heard that I can change my reservation up to 12 hours before check-in. Is that correct?
체크인 12시간 전까지 예약 변경이 가능하다고 들었습니다. 맞나요?

A9
I'm afraid you might be mistaken.
Reservation changes are allowed up to 24 hours before check-in.
잘못 알고 계신 것 같습니다. 예약 변경은 체크인 24시간 전까지 가능합니다.

🎧 MP3 AT100_A_067_10

Q10
Could you provide me with all the details regarding my accommodation?
숙소 관련 모든 세부 사항을 알려주실 수 있나요?

A10
Of course. The details you requested are as follows:
Your accommodation is at The Botanic Haven Hotel from November 20th to November 22nd. So it's two nights in total. Check-out is at 1 p.m.
Also, reservation changes are allowed up to 24 hours before check-in. Please remember that.
물론입니다. 요청하신 세부 사항은 다음과 같습니다.
숙소는 보타닉 헤이븐 호텔이며, 11월 20일부터 11월 22일까지 이용하실 예정입니다. 그래서 총 2박입니다. 체크아웃 시간은 오후 1시입니다.
또한, 예약 변경은 체크인 24시간 전까지 가능합니다.
이 점 기억해 주시기 바랍니다.

어휘 leave 출발하다, 떠나다　depart 출발하다, 떠나다　reservation 예약　be allowed 허용되다　up to ~까지　accommodation 숙소

클레어 쌤 올킬 TIP!

위 문제처럼, 2~3가지 정보를 나열하는 형식이 아닌 숙소와 관련된 모든 정보를 찾아서 다 알려줘야 하는 스타일의 답변의 경우, 기존 답변 형식에서 나열을 의미하는 First, ~ / Second, ~만 제외하고 답변을 만들면 됩니다.
First / Second를 추가해서 답변을 만들어도 답변 내용이 어색해지는 않지만, 어디서부터 어떤 정보를 First에 포함할지 헷갈릴 수 있어서 해당 문제에선 First / Second 없이 답변을 만들어 나가는 게 더 편합니다.

68 행사 일정표

직업 정보 세미나
청소년 진로 지원 센터
모든 세션: 컨퍼런스룸 203호

시간	발표자	주제
오전 9:00	제이미 파커	환영사
오전 9:30	테일러 리드	취업 시장 동향
오전 10:00	에린 미첼	매력적인 이력서 작성법
오전 10:30	테리 포스터	성공적인 면접 기술
~~오후 1:00~~	안토니오 존슨	~~구직자를 위한 네트워킹 팁~~ 취소됨
오후 2:00	엘렌 크리스틴	진로 상담가와의 질의응답

* 등록비: 100달러 / 80달러 (11월 9일 이전 등록 시)

Hi, I'm planning to attend the career information seminar, but I haven't received the schedule yet. Could you answer a few questions for me?

안녕하세요, 저는 직업 정보 세미나에 참석할 예정인데 아직 일정표를 받지 못했습니다. 몇 가지 질문에 답변해 주실 수 있나요?

MP3 AT100_A_068_8

Q8 Who will be leading the session at 10:30 a.m., and what is the topic?
오전 10시 30분 세션은 누가 진행하며, 주제는 무엇인가요?

A8 Teri Foster will be leading the session. The topic is "Successful Interview Skills."
테리 포스터가 그 세션을 진행할 예정입니다. 주제는 "성공적인 면접 기술"입니다.

🎧 MP3　AT100_A_068_9

Q9	I'm planning to register on November 10. Is the fee 80 dollars? 저는 11월 10일에 등록할 예정입니다. 비용이 80달러 맞나요?
A9	I'm afraid you might be mistaken. The fee is 100 dollars. It's 80 dollars if you register before November 9th. 잘못 알고 계신 것 같습니다. 비용은 100달러입니다. 11월 9일 이전에 등록하면 80달러입니다.

🎧 MP3　AT100_A_068_10

Q10	Could you tell me all the details about the sessions scheduled before 10 a.m.? 오전 10시 이전에 진행되는 세션들에 대한 모든 세부 사항을 말해줄 수 있나요?
A10	Of course. The details you requested are as follows: First, at 9 a.m., Jamie Parker will give a welcome speech. Second, at 9:30 a.m., Taylor Reed will present a session on "Job Market Trends." That's all. 물론입니다. 요청하신 세부 사항은 다음과 같습니다. 첫째, 오전 9시에 제이미 파커가 환영사를 진행할 예정입니다. 둘째, 오전 9시 30분에 테일러 리드가 "취업 시장 동향"에 관한 세션을 발표할 예정입니다. 이상입니다.

어휘　lead 진행하다, 이끌다　register 등록하다

클레어 쌤 올킬TIP!

Q8의 답변 중 The topic is Successful Interview Skills.가 아닌 기존 우리가 암기한 The session is on 주제를 사용해도 됩니다.

It's 80 dollars if you register before November 9th.

위 문장을 더 세련되게 만들려면 The 80 dollars rate is only available if you register before November 9th. 라고 바꾸어 보세요.

69 수업/프로그램 시간표

메이플우드 도서관
아이들을 위한 겨울방학 프로그램
메이플 스트리트 62번지

시간	요일	프로그램
오전 9:00 – 오전 10:00	매주 화요일	동요와 함께하는 이야기 읽기
오전 10:00 – 오전 11:00	매주 수요일	애니메이션 영화 감상하기: 니모를 찾아서
오전 11:00 – 오후 12:00	매주 목요일	책갈피 만들기
오후 1:00 – 오후 2:00	매주 금요일	독서 및 그룹 토론
오후 2:00 – 오후 3:00	매주 토요일	DIY 캐릭터 인형 만들기
오후 2:30 – 오후 3:30	매주 일요일	보물찾기 활동

* 온라인 예약만 가능합니다.
(www.maplewood.com)

Hi, I would like to ask a few questions about the Winter Vacation Program schedule at Maplewood Library.

안녕하세요, 저는 메이플우드 도서관의 겨울방학 프로그램 일정에 대해 몇 가지 질문을 드리고 싶습니다.

Q8
Can you tell me what day of the week the first session is usually held, and what time it starts at?
첫 번째 세션은 주로 무슨 요일에 열리며, 몇 시에 시작하나요?

A8
The first session is held on Tuesdays, and it starts at 9 a.m.
첫 번째 세션은 매주 화요일에 열리며, 오전 9시에 시작합니다.

Q9 I'd like to register for the bookmark-making program. Is it possible to make a reservation by phone?
책갈피 만들기 프로그램에 등록하고 싶습니다. 전화로 예약할 수 있을까요?

A9 **I'm afraid you might be mistaken.** Only online reservations are accepted.
잘못 알고 계신 것 같습니다. 온라인 예약만 가능합니다.

Q10 I heard there are several programs on the weekend. Could you tell me more about them?
주말에 진행하는 프로그램이 몇 개 있다고 들었습니다. 주말 프로그램에 대해 더 자세히 말씀해 주시겠어요?

A10 Of course. The details you requested are as follows:
First, from 2 p.m. to 3 p.m., on Saturdays, there is "Making DIY Character Puppets."
Second, from 2:30 p.m. to 3:30 p.m., on Sundays, there is a "Treasure Hunt Activity."
Please keep that in mind.
물론입니다. 요청하신 세부 사항은 다음과 같습니다.
첫째, 매주 토요일 오후 2시부터 3시까지 "DIY 캐릭터 인형 만들기"가 있습니다.
둘째, 매주 일요일 오후 2시 30분부터 3시 30분까지 "보물찾기 활동"이 있습니다. 이 점 참고해 주시기 바랍니다.

어휘 day of the week 요일 bookmark 책갈피 puppet 인형, 꼭두각시

70 개인 일정표

지미 왓슨, 브랜드 마케팅 매니저
모바 주식회사의 일일 업무 일정표

시간	활동	장소
오전 10:00 – 10:30	이메일 확인 및 문서 검토	사무실
오전 10:30 – 11:30	제품 출시 아이디어 발표	C 실
오후 12:00 – 1:00	직원들과 점심 식사	카페테리아 A
오후 2:00 – 3:00	고객 미팅 참석	B 실
오후 3:30 – 4:30	소셜 미디어 콘텐츠 발표	A 실
오후 4:30 – 5:30	미디어 에이전시와의 전화 회의	사무실

참고: 점심은 카페테리아 A에서 제공됩니다.

Hello, this is Jimmy Watson, the Brand Marketing Manager. I believe I left my schedule in the meeting room. I would appreciate it if you could answer a few questions about my schedule.

안녕하세요, 저는 브랜드 마케팅 매니저 지미 왓슨입니다. 제가 일정표를 회의실에 두고 온 것 같습니다. 제 일정에 대한 몇 가지 질문에 답변해 주시면 감사하겠습니다.

🎧 MP3 AT100_A_070_8

Q8 What is the last item on the schedule, and when does it end?
일정에서 마지막 항목은 무엇이며, 언제 끝나요?

A8 The last item on the schedule is at 4:30 p.m., and it's a conference call with Media Agency at the office. It ends at 5:30 p.m.
일정의 마지막 항목은 오후 4시 30분이며, 사무실에서 미디어 에이전시와 전화 회의가 예정되어 있습니다. 회의는 오후 5시 30분에 끝납니다.

🎧 MP3 AT100_A_070_9

Q9	I'm planning to visit a manufacturer at 2 p.m. Would that be a problem? 2시에 제조업체를 방문하려고 합니다. 그게 문제가 될까요?
A9	**I'm afraid so.** From 2 p.m. to 3 p.m., **you are scheduled to attend** a client meeting in Room B. 안타깝지만 그렇습니다. 오후 2시부터 3시까지 B 실에서 고객 회의에 참석하실 예정입니다.

🎧 MP3 AT100_A_070_10

Q10	Could you provide me with all the details about any events that involve a presentation? 발표를 포함한 일정들에 대한 모든 세부 사항을 말해줄 수 있나요?
A10	Of course. The details you requested are as follows: **First,** from 10:30 a.m. to 11:30 a.m., there is a "Presentation on product launch ideas" in Room C. **Second,** from 3:30 p.m. to 4:30 p.m., there is a "Presentation on Social Media Content" in Room A. 물론입니다. 요청하신 세부 사항은 다음과 같습니다. 첫째, 오전 10시 30분부터 11시 30분까지 C 실에서 "제품 출시 아이디어 발표"가 있습니다. 둘째, 오후 3시 30분부터 4시 30분까지 A 실에서 "소셜 미디어 콘텐츠 발표"가 있습니다.

어휘 manufacturer 제조업체 involve 포함하다, 수반하다 launch 출시

 클레어 쌤 올킬TIP!

Would that be a problem?으로 끝나는 9번 문제의 경우, 부정적으로 답변해야 할 땐 평소 사용하는 I'm afraid~를 활용해서, I'm afraid so.라는 문장으로 답변해주세요.

▸ I'm afraid that is the case.

여기서 so는 앞에서 말한 내용 전체를 가리키는 지시대명사 역할을 합니다.

▸ Is it going to rain tomorrow? I'm afraid so. 네, 비가 올 것 같아요. 유감이네요.

긍정적인 답변의 경우 No, not at all.로 답변하세요!

71 개인 일정표

로완 이노베이션즈

주간 일정표

7월 1일-7일, 7월 첫째 주
직원명: 잭슨 밀러

요일	시간	활동	업무 종류
월요일	오전 10:00	주간 보고서 작성	보고서
화요일	오후 2:00	향후 행사 관련 마케팅팀 회의 참석	회의
화요일	오후 5:00	프로젝트 세부 계획 수립	개인 업무
수요일	오전 11:00	진행 상황 보고 회의를 위한 발표 준비	발표
목요일	오후 4:00	웨비나 참여: 실용적인 데이터 분석 팁	교육
금요일	오후 2:00	제품 개발 회의 참석	회의

> Hi, I'm Jackson Miller. I accidentally left my schedule sheet in the office. Could you answer some of my questions?
>
> 안녕하세요. 저는 잭슨 밀러입니다. 제가 실수로 사무실에 일정표를 두고 왔어요. 제 질문에 답변해 주실 수 있나요?

🎧 MP3　AT100_A_071_8

Q8　What is the first item on my schedule on Tuesday, and what time does it start?
화요일 일정에서 첫 번째 항목은 무엇이며, 몇 시에 시작하나요?

A8　The first item is at 2 p.m., and you are scheduled to attend a marketing team meeting for upcoming events.
첫 번째 일정은 오후 2시이며, 향후 행사 관련 마케팅 회의에 참석하실 예정입니다.

Q9	I believe there is a webinar scheduled on Wednesday. Could you please confirm if there is a webinar on that day? 수요일에 웨비나가 예정되어 있는 것으로 알고 있습니다. 수요일에 웨비나가 있는지 확인해 줄 수 있나요?
A9	**I'm afraid you might be mistaken.** There is no webinar scheduled on Wednesday. **You have to prepare a presentation for the progress report meeting.** 잘못 알고 계신 것 같습니다. 수요일에는 예정된 웨비나가 없습니다. 진행 상황 보고 회의를 위한 발표를 준비하셔야 합니다.

Q10	Could you give me all the information about the scheduled meetings? 예정된 회의들에 대한 모든 정보를 알려줄 수 있나요?
A10	**Of course.** The details you requested are as follows: **First,** on Tuesday at 2 p.m., you have to attend a marketing team meeting for upcoming events. **Second,** on Friday at 2 p.m., you have to attend a product development meeting. **That's all.** 물론입니다. 요청하신 세부 사항은 다음과 같습니다. 첫째, 화요일 오후 2시에는 향후 행사 관련 마케팅팀 회의에 참석하셔야 합니다. 둘째, 금요일 오후 2시에는 제품 개발 회의에 참석하셔야 합니다. 이상입니다.

어휘 upcoming 향후, 다가오는 confirm 확인하다 progress 진행 development 개발

클레어 쌤 올킬TIP!

You have to attend ~와 같은 의미로 You are scheduled to attend ~를 사용해서 다양한 표현을 사용해 보세요.

72 행사 일정표

선라이즈 레크레이션 센터
지역 주민을 위한 여가 활동
9월 13일 – 9월 14일

9월 13일

시간	프로그램	비용
오후 1:00 – 2:00	볼링 및 탁구	50달러
오후 2:00 – 3:00	아로마테라피 체험	60달러
오후 3:00 – 4:00	단체 보드게임 (개인 게임 준비물 지참)	30달러

9월 14일

시간	프로그램	비용
오전 9:00 – 10:00	명상 및 요가	40달러
오전 10:00 – 11:00	단체 퍼즐 맞추기	35달러
오전 11:00 – 오후 12:00	천연 비누 만들기 체험	65달러

재료와 물품들 제공
*사전 등록 시 10% 할인

Hi, my name is John Miller. I'm calling with a few questions about the leisure activity program scheduled for this week. Could you answer some of my questions?

안녕하세요, 제 이름은 존 밀러입니다. 이번 주에 예정된 여가 활동 프로그램에 대해 몇 가지 질문이 있어 연락드렸습니다. 제 질문에 답변 해주실 수 있나요?

Q8 I heard there is an Aromatherapy Experience program. What is the date of the event, and how much does it cost?

아로마테라피 체험 프로그램이 있다고 들었습니다. 행사는 며칠이며, 비용은 얼마인가요?

A8 It's on September 13th, from 2 p.m. to 3 p.m. It's 60 dollars. You can get 10 percent discount if you pre-register.

프로그램은 9월 13일 오후 2시부터 3시까지 진행됩니다. 비용은 60달러입니다. 사전 등록하시면 10퍼센트 할인을 받으실 수 있습니다.

🎧 MP3 AT100_A_072_9

Q9	I'm interested in the Group Puzzle Solving program. Do I need to bring any materials? 단체 퍼즐 맞추기에 관심이 있는데, 재료를 가져와야 하나요?
A9	**There's no need.** Materials and items are provided. 따로 준비하실 필요 없습니다. 재료와 물품들은 제공됩니다.

🎧 MP3 AT100_A_072_10

Q10	I want to join a program with my friends, but we're only available in the morning. Could you provide me with all the information about programs happening before 11 a.m.? 친구들과 참여하고 싶은데 오전에만 가능합니다. 오전 11시 전에 진행되는 프로그램들에 대한 모든 정보를 제공해 줄 수 있나요?
A10	**Of course.** The details you requested are as follows: **First,** on September 14th, from 9 a.m. to 10 a.m., there is "Meditation and Yoga." It's 40 dollars. **Second,** on September 14th, from 10 a.m. to 11 a.m., there is "Group Puzzle Solving," and it's 35 dollars. Please keep note of that. 물론입니다. 요청하신 세부 사항은 다음과 같습니다. 첫째, 9월 14일 오전 9시부터 10시까지 "명상 및 요가"가 있으며, 비용은 40달러입니다. 둘째, 9월 14일 오전 10시부터 11시까지 "단체 퍼즐 맞추기"가 있으며, 비용은 35달러입니다. 이 점 참고 부탁드립니다.

어휘 pre-register 사전 등록 interested in ~에 관심 있는 material 재료 meditation 명상

클레어 쌤 올킬TIP!

표에 나온 추가 정보 Materials and Items Provided는 불완전한 문장입니다. 따라서 답변에서는 be 동사를 넣어 Materials and items **are** provided.처럼 완전한 문장으로 바꿔야 합니다.
그대로 보이는 대로 읽지 않도록 주의하세요.

▸ ⓔ Registration required → Registration **is** required.
▸ ⓔ Lunch included → Lunch **is** included.

73 행사 일정표

크리에이티브 만화 컨퍼런스
비스트로 컨벤션 센터
7월 8일 목요일

등록 정보: www.cartooncf.com/register

시간	행사	발표자
오전 9:30 – 10:30	창작 워크숍: 나만의 만화 캐릭터 만들기	앤드루 콜핀
오전 10:30 – 11:30	개인 포트폴리오 피드백	캐시 조
오전 11:30 – 오후 12:00	생중계 토크: 스케치에서 스크린으로	실비아 빈스
오후 12:00 – 1:00	컨퍼런스 점심 식사	
오후 1:00 – 2:00	시연: 디지털 만화 플랫폼	실비아 빈스
오후 2:00 – 2:30	만화 퀴즈 및 경품 추첨	

Hello, my name is Kayler. I'm interested in the Creative Cartoon Conference. Before I register, I'd like to check some details. Could you answer some of my questions?

안녕하세요, 제 이름은 카일라입니다. 저는 크리에이티브 만화 컨퍼런스에 관심이 있습니다. 등록하기 전에 몇 가지 정보를 확인하고 싶습니다. 제 질문에 답변해 주실 수 있나요?

🎧 MP3 AT100_A_073_8

Q8
Where is the Creative Cartoon Conference being held, and when does it take place?
크리에이티브 만화 컨퍼런스는 어디에서 열리며, 언제 열리나요?

A8
It will be held at the Bistro Convention Center on Thursday, July 8th. **Please remember that.**
크리에이티브 만화 컨퍼런스는 7월 8일 목요일에 비스트로 컨벤션 센터에서 열립니다. 이 점 기억해 주시기 바랍니다.

Q9	I have another appointment in the afternoon, so I need to leave by 3 p.m. Would that be a problem? 제가 오후에 다른 약속이 있어서, 3시에는 가야 할 것 같습니다. 그게 문제가 될까요?
A9	No, not at all. The conference ends at 2:30 p.m. There's no need to worry. 전혀 문제없습니다. 컨퍼런스는 오후 2시 30분에 끝납니다. 걱정하지 않으셔도 됩니다.
Q10	One of my colleagues recommended the event led by Ms. Sylvia Vince. Could you provide me with all the details about her event? 제 동료 중 한 명이 실비아 빈스 씨가 이끄는 행사를 추천했어요. 그녀의 행사에 대한 모든 세부 사항을 알려주시겠어요?
A10	Of course. The details you requested are as follows: First, from 11:30 a.m. to noon, she will lead the live talk, "From Sketch to Screen." Second, from 1 p.m. to 2 p.m., she will carry out a demonstration on "Digital Comics Platforms." That's all. 물론입니다. 요청하신 세부 사항은 다음과 같습니다. 첫째, 오전 11시 30분부터 오후 12시까지 "스케치에서 스크린으로" 생중계 토크를 진행할 예정입니다. 둘째, 오후 1시부터 2시까지 "디지털 만화 플랫폼"에 대한 시연을 할 예정입니다. 이상입니다.

어휘 take place 열리다, 개최되다 appointment 약속 recommend 추천하다 carry out 진행하다, 실행하다 demonstration 시연

클레어 쌤 올킬TIP!

표의 '행사 종류 : 주제'를 답변에서 언급할 때 on을 사용할 수 있습니다.
First, from 11:30 a.m. to noon, she will lead a live talk on "From Sketch to Screen".

74 수업/프로그램 시간표

박물관 투어 가이드를 위한 오리엔테이션 일정
6월 14일 (목요일), 오전 9:30 – 오후 3:00
마리아나 블루베이 호텔 3층

시간	일정	발표자
오전 9:30	환영 인사 및 개회식	
오전 10:00	박물관 소개	빌리 카디슨
오전 11:00	소통 방법 및 방문객 응대 요령	켈리 로진
오후 12:00	점심시간 (식사는 제공되지 않음)	
오후 1:00	안전 수칙 및 비상 대응 요령	레이 오팔
오후 2:00	투어 가이드 실습	
오후 3:00	질의응답	

* 입장 시 본인의 좌석 번호를 반드시 확인해 주세요.

Hi, this is Brian Joe. A colleague told me there is an orientation for Museum Tour Guides. Could you please answer a few questions for me?

안녕하세요, 저는 브라이언 조입니다. 동료가 박물관 투어 가이드에 관한 오리엔테이션이 있다고 이야기해 줬습니다. 몇 가지 질문에 대답 해주실 수 있나요?

MP3 AT100_A_074_8

Q8 Where will the Museum Tour Guide Orientation be held, and what time does it start?
박물관 투어 가이드 오리엔테이션은 어디에서 열리며, 몇 시에 시작하나요?

A8 It will be held at the Mariana Bluebay Hotel, on the 3rd floor. And it starts at 9:30 a.m.
박물관 투어 가이드 오리엔테이션은 마리아나 블루베이 호텔 3층에서 열립니다. 그리고 오전 9시 30분에 시작합니다.

Q9	I heard that lunch was provided for free last year. Will it be offered again this time? 작년에는 점심을 무료로 제공했다고 들었습니다. 이번에도 제공하나요?
A9	I'm afraid you might be mistaken. Lunch will not be provided. 잘못 알고 계신 것 같습니다. 점심은 제공되지 않습니다.

MP3 AT100_A_074_10

Q10	I plan to attend some events before lunchtime. Could you tell me all the details about the events scheduled between 10 a.m. and 12 p.m.? 저는 점심시간 전에 참석할 예정이에요. 오전 10시부터 오후 12시 사이에 진행되는 행사에 대한 모든 세부 사항을 알려주시겠어요?
A10	Of course. The details you requested are as follows: First, at 10 a.m., there is a program on "Introduction to the Museum" by Billy Kadison. Second, at 11 a.m., there is a program on "Tips for Communication and Guest Interactions" by Kelly Rosin. Hope the information helps. 물론입니다. 요청하신 세부 사항은 다음과 같습니다. 첫째, 오전 10시에는 빌리 카디슨이 진행하는 "박물관 소개" 프로그램이 있습니다. 둘째, 오전 11시에는 켈리 로진이 진행하는 "소통 방법 및 방문객 응대 요령" 프로그램이 있습니다. 이 정보가 도움이 되길 바랍니다.

어휘 offer 제공하다 interaction 소통, 상호 작용

75 수업/프로그램 시간표

해피팬 요리 수업
여름 프로그램 일정
10월 13일 - 14일, 오전 9:30 - 오후 5:00

시간	수업	레벨	강사
오전 9:30 - 10:30	간단한 식사 준비	초급	줄리안 박
오전 10:30 - 11:30	정통 이탈리아 파스타	중급	마르코 로널드
오후 1:00 - 2:00	쿠키와 머핀	초급	브루노 레인
오후 2:00 - 3:00	한국 가정식	고급	리차드 김
오후 3:00 - 4:00	굽지 않는 디저트	초급	안나 조
오후 4:00 - 5:00	멕시코 타코 및 소스	중급	릴리 크리스턴

비용: 강좌당 25달러

Hi, I'm George Max. I'm calling with a few questions about the summer cooking class programs scheduled for next week. Could you answer some of my questions?

안녕하세요, 저는 조지 맥스입니다. 다음 주에 예정된 여름 요리 수업 프로그램에 대해 몇 가지 질문이 있어 연락드렸습니다. 제 질문에 답변해 주실 수 있나요?

MP3 AT100_A_075_8

Q8
What dates are the cooking classes held on, and what time does the first class start?
요리 수업은 며칠에 열리며, 첫 번째 수업은 몇 시에 시작하나요?

A8
The cooking classes will be held from October 13th to the 14th, from 9:30 a.m. to 5 p.m. The first class starts at 9:30 a.m.
요리 수업은 10월 13일부터 14일까지 열리며 오전 9시 30분부터 오후 5시까지 진행됩니다. 첫 수업은 오전 9시 30분에 시작합니다.

> 🎧 MP3 AT100_A_075_9

Q9	I would like to take the Korean Home Cooking class. I heard it's for beginners. Is that right? 저는 한국 가정식 요리 수업을 듣고 싶습니다. 이 수업이 초급 레벨이라고 알고 있습니다. 맞나요?
A9	**I'm afraid you might be mistaken.** It's an advanced class. 잘못 알고 계신 것 같습니다. 이 수업은 고급 레벨 수업입니다.

> 🎧 MP3 AT100_A_075_10

Q10	I'm not very skilled at cooking, but I have some experience, so I want to take intermediate-level classes. Could you provide me with all the information about the classes for intermediate learners? 저는 요리 실력이 부족하지만 경험이 있어서 중급 레벨 수업을 듣고 싶습니다. 중급자를 위한 수업들의 모든 정보를 제공해줄 수 있나요?
A10	**Of course. The details you requested are as follows:** **First,** from 10:30 a.m. to 11:30 a.m., we offer the "Authentic Italian Pasta" class led by Marco Ronald. **Second,** from 4 p.m. to 5 p.m., we offer the "Mexican Tacos and Sauces" class led by Lilly Kriston. **That's it.** 물론입니다. 요청하신 세부 사항은 다음과 같습니다. 첫째, 오전 10시 30분부터 11시 30분까지 마르코 로널드가 진행하는 "정통 이탈리아 파스타" 수업이 있습니다. 둘째, 오후 4시부터 5시까지 릴리 크리스턴이 진행하는 "멕시코 타코 및 소스" 수업이 있습니다. 이상입니다.

어휘 skilled 능숙한, 기술이 좋은 authentic 정통의, 진짜의

76 면접 일정표

컷크래프트 비디오 편집 회사
면접 일정
1월 24일, A 실

시간	이름	이전 근무 경력	희망 직무
오전 9:00 - 9:30	몰리 루카스	픽셀 트랙 미디어	주니어 비디오 편집자
오전 9:30 - 10:00	제니퍼 페즈	비저너리 스튜디오	음향 편집자
오전 10:00 - 10:30	올리비아 고메즈	스냅 컷 프로덕션즈	콘텐츠 크리에이터
오전 10:30 - 11:00	클로이 최	리얼 모션 스튜디오	시니어 비디오 편집자
오전 11:00 - 11:30	메건 할리	픽셀 트랙 미디어	모션 그래픽 디자이너

Hello, this is Bailey. I'll be conducting some job interviews soon, but I need to check a few details before getting started.
안녕하세요, 저는 베일리입니다. 제가 곧 채용 면접을 진행할 예정인데, 시작하기 전에 몇 가지 세부 사항을 확인해야 합니다.

MP3 AT100_A_076_8

Q8
On what date will the interviews be held, and where will they take place?
면접은 며칠에 진행되며, 어디에서 열릴 예정인가요?

A8
It will be held on January 24th. It will take place in Room A.
면접은 1월 24일에 진행되며, A 실에서 열립니다.

MP3 AT100_A_076_9

Q9
No one was scheduled for an interview for the Motion Graphic Designer. Am I right?
모션 그래픽 디자이너에 지원한 사람은 아무도 없죠, 맞나요?

A9
I'm afraid you might be mistaken. Megan Hally is scheduled to interview for motion graphic designer position.
잘못 알고 계신 것 같습니다. 메건 할리는 모션 그래픽 디자이너 직무 면접이 예정되어 있습니다.

Q10	Applicants from Pixel Track Media are always promising. Could you provide me with all the details about their interviews? 픽셀 트랙 미디어에서 온 지원자들은 항상 유망합니다. 픽셀 트랙 미디어에서 온 지원자들의 인터뷰에 대한 모든 세부 사항을 알려줄 수 있나요?
A10	Of course. The details you requested are as follows: First, from 9 a.m. to 9:30 a.m., there is an interview with Moly Lucas. Her desired position is junior video editor. Second, from 11 a.m. to 11:30 a.m., there is an interview with Megan Hally. Her desired position is motion graphic designer. 물론입니다. 요청하신 세부 사항은 다음과 같습니다. 첫째, 오전 9시부터 9시 30분까지 몰리 루카스와의 면접이 있습니다. 그녀의 희망 직무는 주니어 비디오 편집자입니다. 둘째, 오전 11시부터 11시 30분까지 메건 할리와의 면접이 있습니다. 그녀의 희망 직무는 모션 그래픽 디자이너입니다.

어휘   take place 열리다, 개최되다   applicant 지원자, 신청자   promising 유망한, 촉망되는

클레어 쌤 올킬TIP!

9번은 시간이 허락한다면 답변을 더 상세하게 할 수 있습니다.

▶ I'm afraid you might be mistaken. From 11 a.m. to 11:30 a.m., there is an interview with Megan Hally. Her desired position is motion graphic designer.

위와 같이 답변했을 때, 10번 문제의 답변과 중복될 수 있지만 점수에는 영향을 미치지 않습니다.
그러니 당황하지 않도록 하기!

77 면접 일정표

스타라이트 극장 면접 일정
직원 면접
5월 27일, 오전 11:00 – 오후 6:00
장소: 메인 홀 B

시간	이름	지원 직무	이전 직책
11:30 – 정오	에밀리 그랜트	매표소 매니저	매표소 직원
~~1:00 – 1:30~~ 2:00 – 2:30	크리스 밀러	스낵바 직원	매표소 보조
3:00 – 3:30	리암 헤이즈	상영 운영자	음향 기술자
4:00 – 4:30	내털리 로즈	현장 감독자	현장 매니저
5:30 – 6:00	에런 루이스	안내 데스크 보조	표 검표원

Hi, this is Jordan Park, the manager of Starlight Cinema. I'm scheduled to conduct interviews next week, but I've misplaced the interview schedule. Could you please provide me with some details?

안녕하세요, 저는 스타라이트 극장의 점장 조던 박입니다. 다음 주에 면접을 진행해야 하는데, 면접 일정표를 분실했습니다. 몇 가지 세부 사항을 알려주실 수 있을까요?

Q8 Where will the interviews take place, and who is the first applicant?
면접은 어디에서 열리며, 첫 번째 지원자는 누구인가요?

A8 The interviews will take place at **Main Hall B**. The first applicant is **Emily Grant**.
면접은 메인 홀 B에서 열립니다. 첫 번째 지원자는 에밀리 그랜트입니다.

Q9 I have an urgent appointment at 1 p.m. Would it be possible to reschedule the 1 p.m. interview?
저는 오후 1시에 긴급한 약속이 있습니다. 오후 1시 면접 일정을 변경할 수 있을까요?

A9 I'm afraid you might be mistaken. The 1 p.m. interview has been postponed to 2 p.m. There's no need to worry.
잘못 알고 계신 것 같습니다. 오후 1시에 예정된 면접이 오후 2시로 연기되었습니다. 걱정하지 않으셔도 됩니다.

Q10	I heard that we need to fill both the manager and supervisor positions as soon as possible. Could you provide me with all the information about the applicants for these two roles? 저는 매니저와 관리자 직무자를 가능한 한 빨리 채워야 한다고 들었습니다. 두 직무에 지원한 지원자에 대한 모든 정보를 알려줄 수 있나요?
A10	Of course. The details you requested are as follows: First, from 11:30 a.m. to noon., there is an interview with Emily Grant for the Box Office Manager position. Her previous role was Box Office Staff. Second, from 4 p.m. to 4:30 p.m., there is an interview with Natalie Rose for the Floor Supervisor position. Her previous role was Floor Manager. That's all. 물론입니다. 요청하신 세부 사항은 다음과 같습니다. 첫째, 오전 11시 30분부터 오후 12시까지 에밀리 그랜트와 매표소 매니저 직무 면접이 있습니다. 이전 직책은 매표소 직원이었습니다. 둘째, 오후 4시부터 4시 30분까지 내털리 로즈와 현장 감독자 직무 면접이 있습니다. 이전 직책은 현장 매니저였습니다. 이상입니다.

어휘 urgent 긴급한 postpone 연기하다, 미루다 previous 이전의

78 수업/프로그램 시간표

베버린 대학교
영어 수업: 9월 10일 – 10월 12일
장소: 강의실 1

시간	요일	수업 및 강사
오전 9:30 – 10:20	월요일	미국 시 – 소렌 박
오후 1:00 – 1:50	월요일	영어 언어학 – 카이 렌 (강의실 2)
오후 1:30 – 2:20	수요일	비즈니스 영어 커뮤니케이션 – 레나 최
오후 2:30 – 3:20	수요일	영국 시 – 아스트라 도린
오전 10:30 – 11:20	금요일	영어 문법 및 작문 – 엘렌 브라이언
오후 2:00 – 2:50	금요일	학술 작문 능력 – 탈리아 본

Hello, I'm calling with a few questions about the English class offered by Beverlin University. Could you answer some of my questions?

안녕하세요, 이번에 베버린 대학교에서 진행하는 영어 수업에 대해 몇 가지 질문이 있어 전화 드렸습니다. 제 질문 몇 가지에 답변해 주실 수 있나요?

MP3 AT100_A_078_8

Q8 Where will the classes be held, and what time does the first class on Wednesday start?
수업은 어디에서 열리며, 수요일 첫 번째 수업은 몇 시에 시작하나요?

A8 The classes will be held in Classroom 1 and 2. The first class on Wednesday starts at 1:30 p.m.
수업은 1번 및 2번 강의실에서 열립니다. 수요일 첫 번째 수업은 오후 1시 30분에 시작합니다.

Q9	As far as I remember, there was only one class related to poetry. Is that correct? 제가 기억하기로는 시와 관련된 수업은 한 과목이었습니다. 맞나요?
A9	**I'm afraid you might be mistaken.** There are two classes related to poetry. One is on American Poetry, and the other is about British Poetry. 잘못 알고 계신 것 같습니다. 시와 관련된 수업이 두 개 있습니다. 하나는 미국 시 수업이고, 다른 하나는 영국 시 수업입니다.
Q10	I have to work part-time in the afternoon, so I can only attend morning classes. Could you provide me with all the details about the classes that start in the morning? 저는 오후에 아르바이트가 있어서 오전 수업만 참석할 수 있습니다. 오전에 시작하는 수업에 대한 모든 세부 사항을 알려줄 수 있나요?
A10	**Of course. The details you requested are as follows:** **First,** from 9:30 a.m. to 10:20 a.m. on Monday, there is a class on "American Poetry" led by Soren Park. **Second,** from 10:30 a.m. to 11:20 a.m. on Friday, there is a class on "English Grammar and Composition" led by Elen Brian. 물론입니다. 요청하신 세부 사항은 다음과 같습니다. 첫째, 월요일 오전 9시 30분부터 10시 20분까지 소렌 박이 진행하는 "미국 시" 수업이 있습니다. 둘째, 금요일 오전 10시 30분부터 11시 20분까지 엘렌 브라이언이 진행하는 "영어 문법 및 작문" 수업이 있습니다.

어휘 related to ~와 관련 있는   attend 참석하다

클레어 쌤 올킬TIP!

발음이 어려운 이름이나 명사는 답변 준비 시간에 반드시 여러 번 반복해서 읽어 보세요.

79 행사 일정표

시설 재개관 일정
12월 2일 ~ 12월 28일

날짜	시설 명	장소	재개관 시간
12월 2일	에버그린 시니어 센터	엘람 가 79번지	오전 10:00
12월 8일	내슈빌 커뮤니티 홀	오크 가 162번지	오전 11:00
12월 14일	엘렌버그 피트니스 센터	이스턴 가 87번지	오후 1:00
12월 19일	공공 도서관	시더 가 476번지	오후 3:00
~~12월 21일~~	로벨리 시티 아트 센터 지연됨	~~웨스턴 가 340번지~~	~~오후 4:00~~
12월 28일	크레스턴 은행	웨스턴가 가 53번지	오후 5:00

자세한 내용은 www.macity.com를 방문해 주세요.

Hi, this is Taylor Ann from City Hall. I heard that the facility reopening schedule has been finalized, and I'd like to confirm a few details.

안녕하세요, 저는 시청 직원 테일러 앤입니다. 시설 재개관 일정이 확정되었다고 들었는데, 몇 가지 세부 사항을 확인하고 싶습니다.

🎧 MP3 AT100_A_079_8

Q8 Which location opens first, and what time does it open?
첫 번째로 개관하는 곳은 어디이며, 몇 시에 여나요?

A8 The Evergreen Senior Center **opens** first **on** December 2nd. **It opens at** 10 a.m.
에버그린 시니어 센터는 12월 2일에 첫 번째로 개관하며, 오전 10시에 문을 엽니다.

🎧 MP3 AT100_A_079_9

Q9 I heard that Rovelli City Art Center will reopen on December 21st. Could you please confirm if that's correct?
제가 듣기로는 로벨리 시티 아트 센터가 12월 21일에 다시 문을 연다고 들었습니다. 맞는지 확인해 줄 수 있나요?

A9 I'm afraid you might be mistaken. It has been delayed. Please remember that.
잘못 알고 계신 것 같습니다. 일정은 연기되었습니다. 이 점 기억해 주시기 바랍니다.

Q10	Could you provide all the details about the locations that will open in the morning? 오전에 오픈하는 장소에 대한 모든 세부 사항을 알려줄 수 있나요?
A10	Of course. The details you requested are as follows: First, on December 2nd, Evergreen Senior Center located at 79 Elam Street will reopen at 10 a.m. Second, on December 8th, Nashville Community Hall located at 162 Oak Street will reopen at 11 a.m. 물론입니다. 요청하신 세부 사항은 다음과 같습니다. 첫째, 12월 2일에 엘람 가 79번지에 위치한 에버그린 시니어 센터는 오전 10시에 다시 문을 엽니다. 둘째, 12월 8일에 오크 가 162번지에 위치한 내슈빌 커뮤니티 홀은 오전 11시에 다시 문을 엽니다.

어휘 open 개관하다, 열다 delay 연기하다, 미루다 reopen 다시 문을 열다

클레어 쌤 올킬TIP!

주소를 언급할 때는, on + 거리명 (Street/Avenue/Road)을 사용합니다.

- He lives on Main Street. 그는 메인 가에 살아요.
- The school is on Oak Avenue. 그 학교는 오크 가에 있어요.

80 이력서/지원서

그레이스 하퍼

시애틀 리버우드 파인크레스트 레인 45번지
전화: (826) 334-2759
이메일: graceharper12@pmail.com

희망 직책: 수석 생물학 연구원

학력
생물학 학사: 퀸즐랜드 대학교 (2018)
고등학교 졸업: 파인 힐 고등학교 (2012)

경력
생물학 연구원: 코스트 바이오랩스 (2020 – 현재)
연구 보조원: 프리그린 환경 연구소 (2018 – 2020)

기술 및 활동
이탈리아어 유창
헬릭스 연구소 인턴십 수료 (2014 – 2015)

Hi, this is Matthew from the HR department. I'm scheduled to interview Grace Harper this afternoon, but I left her résumé at home. Could you please provide me with some information about her?

안녕하세요, 저는 인사 부서의 매튜입니다. 오늘 오후에 그레이스 하퍼를 인터뷰할 예정인데, 그녀의 이력서를 집에 두고 왔어요. 그녀에 대한 정보를 알려주실 수 있나요?

🎧 MP3 AT100_A_080_8

Q8	At which university did she get her bachelor's degree, and when did she graduate? 그녀는 어느 대학에서 학사 학위를 받았으며, 언제 졸업했나요?
A8	She got her bachelor's degree in Biological Sciences at the University of Queensland. She graduated in 2018. 그녀는 퀸즐랜드 대학교에서 생물학 학사 학위를 취득했습니다. 그녀의 졸업 연도는 2018년입니다.

🎧 MP3 AT100_A_080_9

Q9	I want to hire someone who can speak Italian. Does Ms. Harper's résumé include any information about Italian language skills? 저는 이탈리아어를 할 수 있는 사람을 채용하고 싶습니다. 하퍼 씨의 이력서에 이탈리아어 관련 내용이 있나요?
A9	Yes, it does. She is fluent in Italian. 네, 그렇습니다. 그녀는 이탈리아어에 유창합니다.

🎧 MP3 AT100_A_080_10

Q10	Could you give me more details about her work experience? 그녀의 경력 사항에 대해 자세하게 알려줄 수 있나요?
A10	Of course. The details you requested are as follows: First, she has been working as a Biological Researcher at Coast BioLabs since 2020 until now. Second, she has experience working as a Research Assistant at Pregreen Environmental Institute from 2018 to 2020. 물론입니다. 요청하신 세부 사항은 다음과 같습니다. 첫째, 그녀는 2020년부터 현재까지 코스트 바이오랩스에서 생물학 연구원으로 근무하고 있습니다. 둘째, 2018년부터 2020년까지 프리그린 환경 연구소에서 연구 보조원으로 근무한 경험이 있습니다.

어휘 bachelor's degree 학사 학위 graduate 졸업하다 hire 채용하다, 고용하다 fluent 유창한 institute 연구소

 클레어 쌤 올킬TIP!

질문하는 내용이 이력서에 없을 경우에는 아래처럼 답변하면 됩니다.
Unfortunately not. There is no information regarding that.
안타깝게도 없습니다. 그에 관련된 정보는 없습니다.

Question 11

81 일상

> Do you think reading a book is more relaxing than exercising? Why or why not? Give reasons or examples to support your opinion.
> 책을 읽는 것이 운동하는 것보다 우리를 더 편안하게 해준다고 생각하나요? 그 이유는 무엇인가요?
> 당신의 의견을 뒷받침하기 위한 이유나 예시를 제시하세요.

🎧 MP3 AT100_A_081

	의견	I think reading a book is more relaxing than exercising. 저는 책을 읽는 것이 운동하는 것보다 더 편안하다고 생각합니다.
이유 1	이유 1	First, reading helps calm the mind. When I sit down with a good book, I can escape from my daily stress and focus only on the story. 첫째, 책을 읽는 것은 마음을 진정시키는 데 도움을 줍니다. 좋은 책을 읽을 때 저는 일상의 스트레스에서 벗어나서 이야기에만 집중할 수 있습니다.
	예시	For example, after a long day, reading even for thirty minutes makes me feel at peace. It fully calms my mind, and it allows me to recharge my emotions in a quiet way. 예를 들어, 긴 하루가 끝난 후에 30분만 책을 읽어도 마음이 편안해집니다. 그것은 완전히 제 마음을 진정시키고 조용히 감정을 재충전할 수 있게 해줍니다.
이유 2	이유 2	Second, reading is less physically demanding. Exercise can be refreshing, but sometimes it makes me feel tired or sore. 둘째, 책을 읽는 것은 신체적인 부담이 덜합니다. 운동은 상쾌할 수 있지만 가끔 피곤하거나 몸이 아플 때도 있습니다.
	예시	Also, if I am already exhausted from work or school, exercising can feel like another task. But reading is the opposite. It's an easy activity to do, and I can enjoy it without any preparation or effort. 또한, 이미 직장이나 학교에서 지쳤다면, 운동하는 것은 또 다른 과제처럼 느껴질 수 있습니다. 하지만 책을 읽는 것은 정반대입니다. 하기 쉬운 활동이며 어떠한 준비나 노력 없이 즐길 수 있습니다.
	결론	Therefore, reading a book is more relaxing than exercising. 따라서, 책을 읽는 것이 운동하는 것보다 더 편안합니다.

어휘 calm 진정시키다 escape 벗어나다, 탈출하다 recharge 재충전하다 physically 신체적으로 demanding 부담이 큰 refreshing 상쾌하게 하는 sore 몸이 아픈 exhausted 지친, 기진맥진한 opposite 정반대의 preparation 준비

클레어 쌤 올킬TIP!

- Second, reading is less *physically demanding*.

  physical demanding이라는 표현은 고급 표현입니다. 표현이 너무 어렵고 생소하다면, 비슷한 뜻을 가진 다른 표현들을 활용해 보세요.

  reading doesn't *take much energy*. 독서는 많은 에너지를 필요로 하지 않는다.
  reading is not *very tiring*. 독서는 그렇게 피곤하게 하지 않는다.
  reading is *easier on the body*. 독서는 몸에 덜 부담이 된다.

- 답변 내용이 떠오르지 않을 때는, 내가 고르지 않은 선택지를 언급하며 비교하는 내용을 넣어줘도 좋습니다.

  Exercise can also be refreshing, but sometimes it makes me tired.
  운동은 상쾌할 수도 있지만 가끔은 피곤하게 할 때도 있습니다.

82 학교/교육

> Some people say that learning history is essential, while others believe that science and technology are more important. What do you think is more important?
> Give reasons or examples to support your opinion.
> 어떤 사람들은 역사 교육이 필수라고 하고, 다른 사람들은 과학과 기술이 더 중요하다고 합니다. 당신은 무엇이 더 중요하다고 생각하나요? 당신의 의견을 뒷받침하기 위한 이유나 예시를 제시하세요.

🎧 MP3 AT100_A_082

의견		I think learning about science and technology is more important than studying history. 과학과 기술을 배우는 것이 역사를 배우는 것보다 더 중요하다고 생각합니다.
이유 1		First, science and technology directly improve our daily lives. 첫째, 과학과 기술은 우리의 일상생활을 직접적으로 나아지게 합니다.
이유 1	예시	For example, smartphones, medical devices, and public transportation systems make life safer and more convenient. Without these, our quality of life would be much lower. 예를 들어, 스마트폰, 의료기기, 대중교통 시스템은 삶을 더 안전하고 편리하게 만듭니다. 이러한 것들이 없으면 우리의 삶의 질은 훨씬 낮아질 것입니다.

이유 2	이유 2	Second, science and technology create opportunities for the future. 둘째, 과학과 기술은 미래를 위한 기회를 창출합니다.
	예시	When we study new fields like artificial intelligence, we can solve global problems such as climate change. History can teach us lessons, but technology and science provide us with tools to change the future. 인공 지능 같은 새로운 분야를 연구하면 우리는 기후 변화 같은 전 세계 문제를 해결할 수 있습니다. 역사는 교훈을 줄 수 있지만, 기술과 과학은 미래를 바꿀 수 있는 도구를 제공합니다.
결론		Therefore, I believe science and technology are more important than history. 따라서, 저는 과학과 기술이 역사보다 더 중요하다고 믿습니다.

어휘 improve 나아지다, 향상시키다 convenient 편리한 opportunity 기회 field 분야 artificial intelligence 인공지능

83 직장/업무

Which of the following is the most important quality that an employee should have at work? Choose one of the options below and provide reasons or examples to support your opinion.
- Honesty   • Communication skills   • Creativity

다음 중 직장에서 직원이 가져야 할 가장 중요한 자질이 무엇이라고 생각하나요? 아래 중 한 가지를 선택하고 구체적인 근거와 사례를 들어주세요.
• 정직함   • 의사소통 능력   • 창의성

🎧 MP3 AT100_A_083

의견		I think communication skills are the most important quality that an employee should have at work. 직장에서 직원이 가져야 할 가장 중요한 자질은 의사소통 능력이라고 생각합니다.
이유 1	이유 1	First, good communication prevents misunderstandings. 첫째, 좋은 의사소통은 오해를 방지합니다.
	예시	When employees express their ideas clearly, everyone can understand the goals and tasks better. For example, during a project, clear instructions help the team avoid confusion and allow everyone to finish on time. 직원들이 자신의 생각을 명확히 표현하면 모두가 목표와 업무를 더 잘 이해할 수 있습니다. 예를 들어, 프로젝트를 진행하는 동안 명확한 지시는 팀이 혼란을 피하고 제 시간 안에 마칠 수 있도록 도와줍니다.

이유 2		**Second,** strong communication builds better teamwork. 둘째, 강력한 의사소통은 더 나은 팀워크를 만들어 줍니다.
이유 2	예시	When I was at my previous company, I didn't have strong communication skills. Because of that, my colleagues and I couldn't make any progress during meetings. Looking back, I regret it, but it taught me how important communication really is. 이전 직장에 있을 때, 저는 의사소통 능력이 부족했습니다. 그래서 제 동료들과 저는 회의 중에 진전이 없었습니다. 뒤돌아보면 많이 후회했지만, 그 경험을 통해 의사소통 얼마나 중요한지 깨달을 수 있었습니다.
결론		**Therefore, I believe communication skills are the most important quality that an employee should have at work.** 따라서, 저는 직장에서 직원이 가져야 할 가장 중요한 자질은 의사소통 능력이라고 믿습니다.

어휘 prevent 방지하다, 막다 misunderstanding 오해 express 표현하다 clearly 명확히, 분명히 instruction 지시, 설명 confusion 혼란, 혼동 build 만들다, 짓다 previous 이전의 make progress 진전을 보이다, 진행하다

클레어 쌤 올킬TIP!

▶ 이유 1, 이유 2 모두 근거를 뒷받침해서 답변을 만들어 보세요. 반복된 연습으로 준비가 되었다고 느껴진다면, 이유 2에 대한 근거들을 예시/경험으로 만들어 나가보세요!

▶ 경험으로 답변을 만들 때는 2가지 방식으로 흐름을 잡아보세요.

　방법 1: 과거에 난 OOO하지 못했어. → 힘들었음 → 후회함
　방법 2: 과거에 난 OOO했어. → 승승장구함 → 최고임

84 직장/업무

Do you agree or disagree with the following statement?
It is good to have hobbies or interests unrelated to your job.
Give reasons or examples to support your opinion.

다음 의견에 동의하시나요, 아니면 반대하시나요?
직업과 관련 없는 취미나 관심사를 가지는 것이 좋다.
당신의 의견을 뒷받침하기 위한 이유나 예시를 제시하세요.

🎧 MP3 AT100_A_084

의견		I agree that it is good to have hobbies or interests unrelated to your job. 저는 직업과 관련 없는 취미나 관심사를 가지는 것이 좋다는 것에 동의합니다.
이유 1	이유 1	First, unrelated hobbies help relieve stress. 첫째, 직업과 관련 없는 취미는 스트레스를 해소하는 데 도움이 됩니다.
	예시	If I only focus on work-related activities, I may feel tired or burnt out. For example, when I play basketball on the weekend, I can refresh my mind and return to work with more energy. And I think it's refreshing because basketball is not related to my job. 일과 관련된 활동에만 집중하면 피곤하거나 녹초가 될 수 있습니다. 예를 들어, 주말에 농구를 하면 마음이 상쾌해지고 더 활기차게 업무에 복귀할 수 있습니다. 그리고 농구는 제 일과 관련이 없기 때문에 더 상쾌하다고 생각합니다.
이유 2	이유 2	Second, hobbies bring balance to life. 둘째, 취미는 삶의 균형을 가져다줍니다.
	예시	A person's identity should not be only about their job. For instance, one of my friends enjoys cooking after work. Even though it has nothing to do with her career, it makes her feel happier and more fulfilled. 사람의 정체성은 오직 그들의 직업에만 관련되어서는 안 됩니다. 예를 들어, 제 친구 중 한 명은 퇴근 후 요리하는 것을 즐깁니다. 그 활동이 직업과는 전혀 관련이 없지만 더 행복하고 더 성취감을 느끼게 해줍니다.
결론		Therefore, I agree that it is good to have hobbies or interests unrelated to your job. 따라서, 저는 직업과 관련 없는 취미나 관심사를 가지는 것이 좋다는 것에 동의합니다.

어휘 unrelated 관련 없는 relieve stress 스트레스를 해소하다 work-related 일과 관련된 burnt out 녹초가 된, 번 아웃 refreshing 상쾌하게 하는 related to ~와 관련 있는 identity 정체성 fulfilled 성취감을 느끼는

85 학교/교육

> Some people prefer discussion-based classes, while others prefer lecture-based classes. Which do you prefer? Give reasons or examples to support your opinion.
> 어떤 사람들은 토론 위주의 수업을 선호하는 반면, 다른 사람들은 강의 위주의 수업을 선호합니다. 당신은 어느 쪽을 더 선호하나요? 당신의 의견을 뒷받침하기 위한 이유나 예시를 제시하세요.

🎧 MP3　AT100_A_085

의견		I prefer discussion-based classes rather than lecture-based classes. 저는 강의 중심 수업보다 토론 중심 수업을 선호합니다.
이유 1	이유 1	First, discussion is good for critical thinking. 첫째, 토론은 비판적 사고에 도움이 됩니다.
	예시	Discussions open up different perspectives for people. When I share my opinion and listen to others, I can absorb different viewpoints. For example, when I was in my university debate class, I learned more from my classmates' arguments than from the textbook itself. 토론은 사람들에게 다양한 관점을 열어줍니다. 제 의견을 공유하고 다른 사람들의 의견을 들을 때, 다양한 관점을 받아들일 수 있습니다. 예를 들어, 대학교에서 토론 수업을 들었을 때, 교과서보다 친구들의 주장에서 더 많은 것을 배웠습니다.
이유 2	이유 2	Second, discussions improve communication skills. 둘째, 토론은 의사소통 능력을 향상시켜 줍니다.
	예시	In lectures, students usually just listen passively. But in discussions, students need to explain their thoughts clearly. For instance, when I worked on a group project, regular discussions trained me to express ideas in a logical way. 강의 수업에서는 학생들은 보통 수동적으로 듣기만 합니다. 하지만 토론 수업에서는 학생들은 자신의 생각을 명확하게 설명해야 합니다. 예를 들어, 그룹 과제를 할 때 정기적인 토론은 제 생각을 논리적인 방식으로 표현하도록 훈련시켰습니다.
결론		Therefore, I prefer discussion-based classes rather than lecture-based classes. 따라서, 저는 강의 중심 수업보다 토론 중심 수업을 선호합니다.

어휘 critical thinking 비판적 사고　open up 열다　perspective 관점　absorb 받아들이다　viewpoint 관점　argument 주장, 논쟁　improve 향상시키다　passively 수동적으로　trained 훈련 받은　express 표현하다　logical 논리적인

클레어 쌤 꿀팁TIP!

개인 경험 바탕 답변을 연습할 때, 예시를 모두 경험 바탕으로 구성하는 연습도 해보세요!

86 직장/업무

Do you agree or disagree with the following statement?
Large companies should make donations or provide sponsorships to the local community.
Give reasons or examples to support your opinion.

다음 의견에 동의하시나요, 아니면 반대하시나요?
대기업이 지역 사회에 기부나 후원을 해야 한다.
당신의 의견을 뒷받침하기 위한 이유나 예시를 제시하세요.

🎧 MP3　AT100_A_086

의견		I agree that large companies should make donations or provide sponsorships to the local community. 저는 대기업이 지역 사회에 기부나 후원을 해야 한다는 것에 동의합니다.
이유 1	이유 1	First, supporting the community builds a positive image for the company. 첫째, 지역 사회를 후원하는 것은 회사의 긍정적인 이미지를 만드는 데 도움이 됩니다.
	예시	When a company donates, people see it as responsible and caring. For example, I read about one tech company that funded local education programs. As a result, customers trusted the brand more. 회사가 기부를 하면 사람들은 그 회사를 책임감 있고 친절한 곳으로 봅니다. 예를 들어, 저는 지역 교육 프로그램에 자금을 제공한 한 기술 회사에 관한 글을 읽었습니다. 그 결과, 고객들은 그 브랜드를 더 신뢰하게 되었습니다.
이유 2	이유 2	Second, community support creates long-term benefits for both sides. 둘째, 지역 사회 후원은 양측 모두에게 장기적인 이익을 만듭니다.
	예시	If companies sponsor cultural or environmental projects, the community becomes stronger and healthier. This also provides a better environment for the company's employees and future growth. For instance, companies that invest in local parks or schools make the area more attractive for workers. 기업이 문화나 환경 프로젝트를 후원하면 지역 사회는 더 강하고 건강해집니다. 이것은 회사 직원들과 미래 성장에도 더 나은 환경을 제공합니다. 예를 들어, 지역 공원이나 학교에 투자하는 회사들은 직원들에게 그 지역이 더 매력적이도록 만듭니다.
결론		Therefore, I agree that large companies should make donations or provide sponsorships to the local community. 따라서, 저는 대기업이 지역 사회에 기부나 후원을 해야 한다는 것에 동의합니다.

어휘　**support** 후원하다, 지원하다　**positive** 긍정적인　**fund** ~에 자금을 제공하다　**growth** 성장　**invest** 투자하다　**attractive** 매력적인

87 학교/교육

> Do you agree or disagree with the following statement?
> *For high school students, it is more important to learn teamwork than to get good grades.*
> Give reasons or examples to support your opinion.
>
> 다음 의견에 동의하시나요, 아니면 반대하시나요?
> 고등학생에게 더 중요한 것은 좋은 성적을 받는 것 보다 다른 사람들과 협력하는 방법을 배우는 것이다.
> 당신의 의견을 뒷받침하기 위한 이유나 예시를 제시하세요.

🎧 MP3 AT100_A_087

의견		I agree that for high school students, it is more important to learn teamwork than to get good grades. 고등학생들이 좋은 성적을 받는 것보다 다른 사람들과 협력하는 방법을 배우는 것이 더 중요하다는 것에 동의합니다.
이유 1	이유 1	First, teamwork is an essential skill for the future. 첫째, 팀워크는 미래에 필수적인 능력입니다.
	예시	In almost every job, people have to work with others. For example, when I joined a group project in high school, I learned how to divide tasks and communicate clearly. That experience was more useful later in life than getting good grades. 거의 모든 직장에서 사람들은 다른 사람들과 함께 일해야 합니다. 예를 들어, 제가 고등학교에서 그룹 프로젝트에 참여했을 때 업무를 나누고 명확하게 의사소통하는 방법을 배웠습니다. 그 경험은 좋은 성적을 받는 것보다 나중에 더 유용했습니다.
이유 2	이유 2	Second, teamwork also builds social and leadership skills. 둘째, 팀워크는 사회성과 리더십 능력도 만들어 줍니다.
	예시	When students cooperate, they practice listening, problem solving, and motivating each other. These skills cannot be learned from textbooks. For instance, students who join sports teams or clubs are usually more confident and responsible. 학생들이 협력할 때 그들은 경청, 문제 해결, 서로 동기 부여하는 연습을 합니다. 이러한 기술들은 교과서에서 배울 수 없습니다. 예를 들어, 스포츠팀이나 동아리에 가입하는 학생들은 보통 더 자신감 있고 책임감이 강합니다.
결론		Therefore, I strongly agree that for high school students, it is more important to learn teamwork than to get good grades. 따라서, 저는 고등학생들이 좋은 성적을 받는 것보다 다른 사람들과 협력하는 방법을 배우는 것이 더 중요하다는 것에 강력히 동의합니다.

어휘 essential 필수적인 divide 나누다 cooperate 협력하다 motivate 동기를 부여하다 confident 자신감 있는

클레어 쌤 올킬TIP!

- For instance, students who join sports teams or clubs are usually more confident and responsible.
  예를 들어, 스포츠팀이나 동아리에 가입하는 학생들은 보통 더 자신감 있고 책임감이 강합니다.

  위 문장과 같은 의견을 보면 '너무 일반화하는 거 아닐까?' 하는 생각이 들 수도 있지만 문법이 틀리지 않는 것에만 집중해 주세요.

88 일상

Which of the following do you think is the best way to relieve stress? Choose one of the options below and provide reasons or examples to support your opinion.
- Traveling
- Listening to music
- Playing games

다음 중 최고의 스트레스 해소 방법이 무엇이라고 생각하시나요? 아래 중 한 가지를 선택하고, 당신의 의견을 뒷받침하기 위한 이유나 예시를 제시하세요.
- 여행하기
- 음악 감상하기
- 게임하기

🎧 MP3 AT100_A_088

의견		I think listening to music is the best way to relieve stress. 음악을 듣는 것이 스트레스를 해소하는 가장 좋은 방법이라고 생각합니다.
이유 1	이유 1	First, music has the power to calm the mind and improve my mood. 첫째, 음악은 마음을 진정시키고 기분을 나아지게 하는 힘이 있습니다.
	예시	For example, after a stressful day at school, I usually listen to soft music. It helps me relax quickly and forget about my worries. 예를 들어, 학교에서 스트레스가 많은 날에는 주로 부드러운 음악을 듣습니다. 이것은 제가 빠르게 긴장을 풀고 걱정을 잊는 데 도움을 줍니다.
이유 2	이유 2	Second, music is easy to access at any time. 둘째, 음악은 언제든지 쉽게 접할 수 있습니다.
	예시	Unlike traveling or playing games, you don't need special equipment or a long break to listen to music. For instance, I can just put on my earphones on the bus or before going to sleep, and I instantly feel better. 여행이나 게임과 달리, 음악을 듣기 위해 특별한 장비나 긴 휴식 시간이 필요하지 않습니다. 예를 들어, 저는 버스에서나 잠자기 전에 이어폰을 착용할 수 있고 기분이 바로 나아집니다.

결론	**Therefore, I believe listening to music is the best way to relieve stress.** 따라서, 저는 음악을 듣는 것이 스트레스를 해소하는 가장 좋은 방법이라고 생각합니다.

어휘 relieve stress 스트레스를 해소하다 calm 진정시키다 improve 나아지다, 향상시키다 stressful 스트레스가 많은 access 접근하다 equipment 장비 put on 착용하다

89 학교/교육

> Some people say that strict teachers help students succeed, while others believe kind teachers are more helpful. What is your opinion?
> Give reasons or examples to support your opinion.
> 어떤 사람들은 엄격한 교사가 학생의 성공에 도움이 된다고 하고, 다른 사람들은 친절한 교사가 더 도움이 된다고 합니다. 당신의 생각은 어떠신가요?
> 당신의 의견을 뒷받침하기 위한 이유나 예시를 제시하세요.

🎧 MP3 AT100_A_089

	의견	**I think kind teachers are more helpful for students' success.** 저는 친절한 선생님이 학생들의 성공에 더 도움이 된다고 생각합니다.
이유 1	이유 1	**First,** kind teachers create a comfortable learning environment. 첫째, 친절한 선생님은 편안한 학습 환경을 만듭니다.
	예시	When students feel safe and respected, they are more willing to ask questions and try new things. **For example,** when I was in middle school, my math teacher was very kind. Because of her kindness, I felt confident enough to ask even simple questions, and my grades improved a lot. 학생들은 안전하고 존중받는다고 느낄 때 더 질문을 하거나 새로운 것에 도전하는 경향이 있습니다. 예를 들어, 제가 중학교 때 수학 선생님이 매우 친절하셨습니다. 그녀의 친절 덕분에 저는 간단한 질문도 자신 있게 할 수 있었고 성적도 많이 향상되었습니다.
이유 2	이유 2	**Second,** kindness motivates students to keep learning. 둘째, 친절은 학생들이 계속 배우도록 동기를 부여합니다.
	예시	Strict teachers may push students, but this only creates fear or stress. On the other hand, when teachers show kindness, students feel encouraged and work harder on their own. This motivation leads to long-term success. 엄격한 선생님은 학생들을 밀어붙일 수 있는데 이것은 두려움이나 스트레스를 만들 뿐입니다. 반면에, 선생님이 친절을 보여주면 학생들은 격려를 받고 스스로 더 열심히 노력합니다. 이런 동기 부여는 장기적인 성공으로 이어집니다.

결론	**Therefore, I believe kind teachers are more helpful in supporting students to succeed.** 따라서, 저는 친절한 선생님이 학생들의 성공에 더 도움이 된다고 믿습니다.

어휘 comfortable 편안한 kindness 친절 confident 자신 있는 improved 향상된, 개선된 motivate 동기를 부여하다 fear 두려움 encourage 격려하다

클레어 쌤 올킬TIP!

답변을 자연스럽게 이어가기 위해서는 연결어를 꼭 활용하세요. 연결어를 넣으면 답변이 논리적으로 들리고, 시험관에게도 구조가 명확하게 보여 고득점을 받을 확률이 올라갑니다.

▶ 주장 시작할 때 I think / in my opinion / from my perspective
▶ 예시 들기 for example / for instance / let me give you an example
▶ 대조/비교 넣을 때 on the other hand / however / in contrast

90 직장/업무

What are some advantages of working from home compared to going into the office?
Give reasons or examples to support your opinion.
사무실로 직접 출근하는 것에 비해 재택근무를 하는 것의 장점은 무엇인가요?
당신의 의견을 뒷받침하기 위한 이유나 예시를 제시하세요.

🎧 MP3 AT100_A_090

의견	There are many advantages to working from home compared to going into the office. 재택근무는 사무실로 출근하는 것에 비해 많은 장점이 있습니다.
이유 1	**First,** it saves a lot of commuting time. 첫째, 재택근무는 통근 시간을 많이 절약할 수 있습니다.
이유 1 예시	When people don't need to commute long distances, they can spend that extra time on other things, like exercising or resting. **For example,** one of my friends saves almost two hours a day by working from home. She uses that time to cook healthier meals. I envy her a lot. 사람들은 장거리를 통근하지 않아도 될 때, 남는 시간을 운동이나 휴식 같은 다른 일에 쓸 수 있습니다. 예를 들어, 제 친구 중 한 명은 재택근무를 하면서 하루에 거의 두 시간을 절약합니다. 그녀는 그 시간을 건강한 식사를 만들어 먹는 데 사용합니다. 저는 그녀가 정말 부럽습니다.

	이유 2	**Second,** working from home provides more flexibility. 둘째, 재택근무는 더 유연한 근무 환경을 제공합니다.
이유 2	예시	Employees can manage their own schedules better and create a comfortable work environment. **For instance,** they can take short breaks whenever they need to. This often improves productivity. And I think good productivity leads to a good career. 직원들은 스스로 일정을 더 잘 관리할 수 있고 편안한 근무 환경을 만들 수 있습니다. 예를 들어, 직원들은 필요할 때마다 짧은 휴식을 취할 수 있습니다. 이런 점은 종종 생산성을 높여 줍니다. 그리고 저는 좋은 생산성이 좋은 직장 생활로 이어진다고 생각합니다.
	결론	**That's all.** 이상입니다.

어휘 commute 통근 meal 식사 flexibility 유연성 manage 관리하다 comfortable 편안한 take a break 휴식을 취하다 productivity 생산성 career 직장 생활, 경력

클레어 쌤 올킬TIP!

11번 문제에 대한 답변을 마무리 지을 때, 반드시 주장을 반복해서 말하고 끝내야 하는 건 아닙니다.
마무리 느낌이 나는 that' all. that's it.과 같은 문장으로 마무리 지어도 충분합니다.

91 학교/교육

Do you agree or disagree with the following statement?
It is better to receive an education in your home country than to study abroad.
Give reasons or examples to support your opinion.
다음 의견에 동의하시나요, 아니면 반대하시나요?
유학을 가는 것보다 국내에서 교육을 받는 것이 낫다.
당신의 의견을 뒷받침하기 위한 이유나 예시를 제시하세요.

🎧 MP3 AT100_A_091

의견	I disagree with the statement that it is better to receive an education in your home country than to study abroad. 저는 국내에서 교육을 받는 것이 유학을 가는 것보다 낫다는 의견에 반대합니다.

실전 100 **171**

이유 1		First, studying abroad broadens your perspectives. 첫째, 유학은 관점을 넓혀줍니다.
이유 1	예시	When students live in a foreign country, they can experience different cultures and ideas. For example, one of my friends studied in Canada, and she said learning with classmates from different countries helped her understand global issues better. 학생들은 외국에 살 때, 다양한 문화와 생각을 경험할 수 있습니다. 예를 들어, 제 친구 중 한 명은 캐나다에서 공부했는데, 다른 나라에서 온 친구들과 함께 수업을 들으면서 세계적인 문제를 더 잘 이해하는 데 도움이 되었다고 말했습니다.
이유 2		Second, studying abroad provides more opportunities for self-growth. 둘째, 유학은 자아 성장을 위한 더 많은 기회를 제공합니다.
이유 2	예시	Living and studying in a new environment teaches independence and problem-solving skills. Students often need to manage their own finances, learn how to cook, and go about daily life by themselves, which makes them more responsible. 새로운 환경에서 생활하고 공부하는 것은 자립심과 문제 해결 능력을 길러줍니다. 학생들은 종종 돈을 관리하고 요리하는 방법을 배우고 스스로 일상생활을 해결해야 하기 때문에 더 책임감 있는 사람이 됩니다.
결론		Therefore, I strongly disagree with the statement that it is better to receive an education in your home country than to study abroad. 따라서, 저는 국내에서 교육을 받는 것이 유학을 가는 것보다 낫다는 의견에 강력히 반대합니다.

어휘 study abroad 유학 broaden 넓히다 perspective 관점 growth 성장 independence 자립심, 독립심 manage 관리하다

92 직장/업무

If your company were organizing an event, would you prefer an employee award ceremony or a picnic at a park? Give reasons or examples to support your opinion.
회사에서 행사를 기획하고 있다면, 직원 시상식과 공원에서의 피크닉 중 어느 것을 더 선호하시나요? 당신의 의견을 뒷받침하기 위한 이유나 예시를 제시하세요.

MP3 AT100_A_092

의견	I would prefer a picnic at a park rather than an employee award ceremony. 저는 직원 시상식보다 공원에서의 피크닉을 더 선호합니다.

이유 1	이유 1	**First,** a picnic helps employees relax and build stronger relationships. 첫째, 피크닉은 직원들이 긴장을 풀고 더 강한 유대감을 만드는 데 도움이 됩니다.
	예시	In a casual outdoor setting, coworkers can talk freely and get to know each other better. **For example,** sharing food or playing games together creates a friendly atmosphere. A friendly atmosphere is always helpful for a positive working environment. 편한 야외 환경에서는 동료들이 자유롭게 이야기하며 서로를 더 잘 알 수 있습니다. 예를 들어, 함께 음식을 나누거나 게임을 하면서 친근한 분위기가 만들어집니다. 친근한 분위기는 긍정적인 직장 환경에 항상 도움이 됩니다.
이유 2	이유 2	**Second,** a picnic is more inclusive. 둘째, 피크닉은 더 포용적입니다.
	예시	At an award ceremony, only a few people receive recognition. Others might feel left out. But at a picnic, everyone can participate. This means all employees can enjoy their time together. 시상식에서는 소수의 사람만 인정받습니다. 나머지 직원들은 소외감을 느낄 수 있습니다. 하지만 피크닉에서는 모두가 참여할 수 있습니다. 이것은 모든 직원이 함께 즐길 수 있다는 의미입니다.
결론		**Therefore, I would prefer a picnic at a park rather than an employee award ceremony.** 따라서, 저는 직원 시상식보다 공원에서의 피크닉을 더 선호합니다.

어휘 award ceremony 시상식 build 만들다 casual 편한 freely 자유롭게 atmosphere 분위기 inclusive 포용적인, 포괄적인 recognition 인정 feel left out 소외감을 느끼다 participate 참여하다

93 학교/교육

> Some people think that teaching poetry is an essential part of school education, while others believe it is not that important. Which opinion do you agree with? Why?
> 어떤 사람들은 시를 가르치는 것이 학교의 필수적인 부분이라고 생각하고, 다른 사람들은 시가 그렇게 중요하지 않다고 생각합니다. 어떤 의견에 동의하시나요? 그 이유는 무엇인가요?

MP3 AT100_A_093

의견	**I think teaching poetry is an essential part of school education.** 저는 시를 가르치는 것이 학교 교육의 필수적인 부분이라고 생각합니다.

이유 1	이유 1	**First,** poetry helps students develop creativity. 첫째, 시는 학생들의 창의력을 발달시키는 데 도움이 됩니다.
	예시	Unlike regular essays, poems encourage students to use their imagination and express emotions in unique ways. **For example,** writing a short poem about nature can help students see the world from a new perspective. Having a new perspective is all about potential. 일반적인 에세이와 달리, 시는 학생들이 상상력을 발휘하고 독특한 방식으로 감정을 표현하도록 장려합니다. 예를 들어, 자연에 관한 짧은 시를 쓰는 것은 학생들이 세상을 새로운 관점으로 바라보게 해줍니다. 새로운 관점을 갖는다는 건 잠재력을 발견하는 것입니다.
이유 2	이유 2	**Second,** poetry improves language skills. 둘째, 시는 언어 능력을 향상시킵니다.
	예시	Poems often use rich vocabulary and rhythm. This makes students more sensitive to word choice and expression. **For instance,** reading poems aloud can improve pronunciation and fluency as well. Good pronunciation and fluency are the key to clear communication. 시는 종종 풍부한 어휘와 운율을 사용합니다. 이것은 학생들이 단어 선택과 표현에 더 섬세해지도록 만듭니다. 예를 들어, 시를 소리 내어 읽는 것은 발음과 유창성을 함께 향상시키는 데 도움이 됩니다. 좋은 발음과 유창성은 명확한 의사소통의 핵심입니다.
결론		Therefore, I think teaching poetry is an essential part of school education. 따라서, 저는 시를 가르치는 것이 학교 교육의 필수적인 부분이라고 생각합니다.

어휘 essential 필수적인 develop 발달시키다, 성장하다 creativity 창의력 unlike ~과 달리 encourage 장려하다 perspective 관점 sensitive 섬세한, 민감한 pronunciation 발음 fluency 유창성

클레어 쌤 올킬TIP!

is the key to~, plays an important role in~ 같은 연결어구를 외워두면 여러 주제에 응용할 수 있습니다.

94 인터넷/기술

Some people believe reading eBooks is more convenient, but others think reading printed books is better. Which do you prefer? Give reasons or examples to support your opinion.
어떤 사람들은 책을 읽을 때 전자책으로 읽는 것이 더 좋다고 하고, 다른 사람들은 종이책으로 읽는 것이 더 좋다고 합니다. 당신은 어떤 것을 더 선호하시나요? 당신의 의견을 뒷받침하기 위한 이유나 예시를 제시하세요.

의견		I believe reading printed books is better than reading eBooks. 저는 종이책을 읽는 것이 전자책을 읽는 것보다 더 낫다고 믿습니다.
이유 1	이유 1	First, printed books are better for your eyes. 첫째, 종이책은 눈에 더 좋습니다.
	예시	Looking at screens for a long time can hurt my eyes, but with paper books, I can read comfortably for hours. For example, whenever I prepare for an exam, I always choose to use textbooks in print so I can study longer without feeling tired. I can say that studying with paper books improves productivity, too. 오랜 시간 화면을 보는 것은 눈이 피로해질 수 있지만 종이책으로는 오랜 시간 편안하게 읽을 수 있습니다. 예를 들어, 시험 준비를 할 때마다 저는 항상 종이 교과서를 선택해서 피곤함을 느끼지 않고 더 오래 공부할 수 있습니다. 종이책으로 공부하면 생산성도 높아진다고 말할 수 있습니다.
이유 2	이유 2	Second, printed books feel more real and enjoyable. 둘째, 종이책은 더 현실감 있고 즐겁게 느껴집니다.
	예시	Turning the pages and even smelling the paper give me a special reading experience. For instance, when I read a novel, holding the actual book in my hands makes me feel more connected to the story. 책장을 넘기고 종이 냄새를 맡는 것만으로도 독서가 특별하게 느껴집니다. 예를 들어, 실물 책을 손에 들고 소설을 읽을 때 이야기와 더 연결된 느낌이 듭니다.
결론		Therefore, reading printed books is better than reading eBooks. 따라서, 종이책을 읽는 것이 전자책을 읽는 것보다 더 낫습니다.

어휘 comfortably 편안하게 productivity 생산성 enjoyable 즐거운 connected to ~와 연결되다

95 직장/업무

Do you agree or disagree with the following statement?
It is better not to show a sense of humor during an interview.
Give reasons or examples to support your opinion.
다음 의견에 동의하시나요, 아니면 반대하시나요?
면접에서 유머 감각을 보이지 않는 것이 좋다.
당신의 의견을 뒷받침하기 위한 이유나 예시를 제시하세요.

의견		I disagree that it is better not to show a sense of humor during an interview. 저는 면접에서 유머 감각을 보이지 않는 것이 더 낫다는 의견에 반대합니다.
이유 1	이유 1	First, humor can give a positive impression. 첫째, 유머는 긍정적인 인상을 줄 수 있습니다.
	예시	Interviews are usually very serious. And a light sense of humor can make the atmosphere more comfortable. For example, when I had a part-time job interview, I made a small joke about learning quickly, and the interviewer smiled. It helped me feel more relaxed and confident. And of course, I got the job. 면접은 주로 매우 엄숙한 분위기입니다. 그리고 가벼운 유머 감각은 분위기를 더 편안하게 만들어줍니다. 예를 들어, 제가 아르바이트 면접을 봤을 때, 저는 빠르게 배우겠다는 내용으로 가볍게 농담을 했고 면접관이 웃었습니다. 이것은 저를 더 편안하고 자신감 있게 느끼도록 도움을 주었습니다. 그리고 물론 저는 그 일자리를 얻었습니다.
이유 2	이유 2	Second, humor shows personality and communication skills. 둘째, 유머는 성격과 의사소통 능력을 보여줍니다.
	예시	Employers don't just want technical skills. They also want someone who can get along with colleagues. A good sense of humor means you can talk to people easily. And this gives a positive impression to interviewers. 고용주들은 단지 기술적인 능력만을 원하는 것이 아닙니다. 그들은 동료들과 잘 지낼 수 있는 사람을 원합니다. 좋은 유머 감각은 사람들과 쉽게 대화할 수 있다는 뜻입니다. 그리고 이것은 면접관에게 긍정적인 인상을 줍니다.
결론		Therefore, as long as it is appropriate, I think showing a sense of humor during an interview can be an advantage. 따라서, 상황에 맞기만 한다면 면접에서 유머 감각을 보이는 것은 장점이 될 수 있다고 생각합니다.

어휘 sense of humor 유머 감각 impression 인상 atmosphere 분위기 comfortable 편안한 confident 자신감 있는 personality 성격 technical 기술적인 get along with ~와 잘 지내다 as long as ~하는 한

클레어 쌤 올킬TIP!

문제의 의견이 부정문으로 쓰였을 때, I agree that ~, I disagree that~이라고 답변할 시 결론적으로 의견이 부정이 되는 건지 긍정이 되는 건지 확인해 본 후에 말할 내용을 정리하세요.

96 일상

> Which of the following do you think has the biggest influence on happiness?
> Choose one of the options below and provide reasons or examples to support your opinion.
> • Having enjoyable hobbies
> • Spending time with friends and family
> • Succeeding in one's career
>
> 다음 중 행복에 가장 큰 영향을 미치는 것은 무엇이라고 생각하나요? 아래 중 한 가지를 선택하고 구체적인 근거와 사례를 들어주세요.
> • 즐거운 취미를 가지는 것   • 친구 및 가족과 시간을 보내는 것   • 직업에서 성공하는 것

🎧 MP3 AT100_A_096

의견		I think spending time with friends and family has the biggest influence on happiness. 저는 친구 및 가족과 시간을 보내는 것이 행복에 가장 큰 영향을 준다고 생각합니다.
이유 1	이유 1	First, family and friends provide emotional support. 첫째, 가족과 친구는 정서적인 지지를 제공합니다.
	예시	When life gets difficult, people who listen and care about you make problems feel smaller. For example, whenever I feel stressed about school, talking with my best friend always cheers me up. She's one of my strongest emotional supporters. 삶이 힘들어질 때, 말을 들어주고 나를 걱정해 주는 사람이 있으면 문제들이 더 작게 느껴집니다. 예를 들어, 학교에 관해 스트레스를 받을 때마다 가장 친한 친구와 이야기하면 항상 힘이 납니다. 그녀는 저에게 가장 큰 정서적인 지지자 중 한 명입니다.
이유 2	이유 2	Second, relationships create lasting memories. 둘째, 인간관계는 오래 남는 추억을 만들어 줍니다.
	예시	Career success or hobbies can be important. But memories with loved ones stay with us forever. For instance, simple activities like having dinner with family or going on a short trip with friends often make me happier than buying new things. Lasting memories are something that we cannot buy with money. 직업적인 성공이나 취미도 중요할 수 있습니다. 하지만 사랑하는 사람들과의 추억은 오랫동안 남습니다. 예를 들어, 가족과 저녁 식사를 하거나 친구들과 짧은 여행을 가는 단순한 활동들이 새로운 물건을 사는 것보다 저를 더 행복하게 만들 때가 있습니다. 오래 남는 추억은 돈으로 살 수 없는 소중한 것입니다.
결론		Therefore, I think spending time with friends and family has the biggest influence on happiness. 따라서, 저는 친구 및 가족과 시간을 보내는 것이 행복에 가장 큰 영향을 준다고 생각합니다.

어휘 influence 영향을 주다   emotional 정서적인, 감정적인   supporter 지지자   lasting 오래 남는, 지속적인

클레어 쌤 올킬TIP!

Question 11의 답변을 암기하기보다는, 표현 위주로 문장들을 익히세요. 그래야 주제에 맞게 답변을 구성할 수 있습니다.

97 직장/업무

Do you agree or disagree with the following statement?
The most important quality in a leader is management skills.
Give reasons or examples to support your opinion.
다음 의견에 동의하시나요, 아니면 반대하시나요?
리더의 가장 중요한 자질은 관리 능력이다.
당신의 의견을 뒷받침하기 위한 이유나 예시를 제시하세요.

🎧 MP3 AT100_A_097

의견		I agree that the most important quality in a leader is management skills. 저는 리더의 가장 중요한 자질은 관리 능력이라는 것에 동의합니다.
이유 1	이유 1	First, management skills help organize tasks effectively. 첫째, 관리 능력은 업무를 효과적으로 조직하는 데 도움이 됩니다.
	예시	A leader must divide work fairly and set clear goals. For example, in a group project, a leader with strong management skills makes sure that everyone knows their role. This saves time and avoids confusion. Meaning, there is higher chance to achieve success in a project. 리더는 업무를 공평하게 나누고 명확한 목표를 설정해야 합니다. 예를 들어, 그룹 프로젝트에서 관리 능력이 뛰어난 리더는 모든 팀원이 자신의 역할을 확실히 알도록 합니다. 이것은 시간을 절약하고 혼란을 피할 수 있습니다. 즉, 프로젝트가 성공할 가능성이 더 높아진다는 것입니다.
이유 2	이유 2	Second, management skills improve team performance. 둘째, 관리 능력은 팀의 성과를 향상시킵니다.
	예시	When a leader manages schedules and resources well, the whole team can stay motivated and productive. For instance, my former team leader always planned ahead and solved problems quickly, so our projects were always successful. 리더가 일정을 잘 조율하고 자산을 잘 관리하면, 팀 전체가 동기부여를 유지하며 생산적으로 일할 수 있습니다. 예를 들어, 저의 이전 팀장님은 항상 미리 계획하고 빠르게 문제를 해결했기 때문에 저희 프로젝트는 항상 성공적이었습니다.

결론	Therefore, I strongly agree that the most important quality in a leader is management skills.
	따라서, 저는 리더의 가장 중요한 자질은 관리 능력이라는 것에 강력히 동의합니다.

어휘 management 관리 organize 조직하다, 정리하다 effectively 효과적으로 divide 나누다, 분배하다 fairly 공평하게 set a goal 목표를 설정하다 achieve 달성하다, 성취하다 productive 생산적인 plan ahead 미리 계획하다

98 환경/사회

Do you think strict government policies are necessary to protect the environment?
Or do you believe individual responsibility is more important?
Give reasons or examples to support your opinion.

환경 보호를 위해 엄격한 정부 정책이 필요하다고 생각하시나요? 아니면 개인의 책임이 더 중요하다고 생각하시나요? 당신의 의견을 뒷받침하기 위한 이유나 예시를 제시하세요.

🎧 MP3 AT100_A_098

의견		I think strict government policies are more necessary to protect the environment.
		저는 환경을 보호하기 위해 엄격한 정부 정책이 더 필요하다고 생각합니다.
이유 1	이유 1	First, government policies create stronger impact.
		첫째, 정부 정책은 더 강력한 영향을 만듭니다.
	예시	Individual actions like recycling can be meaningful. But they are often too slow to achieve big goals. For example, people avoid using plastic bags these days. But if the government bans plastic bags altogether, the benefits would be larger and occur more quickly.
		재활용 같은 개인의 행동은 의미가 있을 수 있습니다. 하지만 큰 목표를 달성하기에는 시간이 너무 오래 걸립니다. 예를 들어, 요즘 사람들은 비닐봉지 사용을 피하고 있습니다. 하지만 정부가 비닐봉지 사용을 완전히 금지한다면, 그 효과는 더 크고 더 빠르게 나타날 것입니다.
이유 2	이유 2	Second, government policies can guide individuals to act responsibly.
		둘째, 정부 정책은 개인이 책임감 있게 행동하도록 이끌 수 있습니다.
	예시	People don't always take action on their own. Instead, laws are put in place to encourage them to follow the rules. For instance, when my city introduced fines for littering, people became much more careful about throwing away trash. This led to a cleaner environment.
		사람들은 항상 스스로 행동으로 옮기지는 않습니다. 대신에, 법은 사람들이 규칙을 따르도록 만들어집니다. 예를 들어, 저의 도시에서 쓰레기 투기에 벌금을 도입했을 때, 사람들은 쓰레기를 버릴 때 훨씬 더 조심하게 되었습니다. 이것이 더 깨끗한 환경을 만들게 했습니다.

| 결론 | **Therefore, strict government policies are more necessary to protect the environment.**
따라서, 환경을 보호하기 위해 엄격한 정부 정책이 더 필요합니다. |

어휘 strict 엄격한 policy 정책 necessary 필수적인 impact 영향 avoid 피하다 ban 금지하다 altogether 완전히 occur 나타나다, 발생하다 take action 행동에 옮기다 fine 벌금 litter (쓰레기 등을) 버리다 throw away 버리다

99 일상

> Do you think it is difficult to maintain friendships with people you don't see regularly? Why? Give reasons or examples to support your opinion.
> 친구들이 자주 만나지 않으면 우정을 유지하기 어렵다고 생각하나요? 그 이유는 무엇인가요? 당신의 의견을 뒷받침하기 위한 이유나 예시를 제시하세요.

의견	**I think it is difficult to maintain friendships with people you don't see regularly.** 저는 자주 만나지 않는 친구들과 우정을 유지하는 것이 어렵다고 생각합니다.
이유 1	**First,** friendships require consistent communication. 첫째, 우정은 지속적인 소통이 필요합니다.
이유 1 예시	If we don't meet or talk often, we don't know much about each other's lives. Based on my experience, one of my close friends moved abroad. We text sometimes, but I feel like our friendship is getting weaker. It's because we can't share everything through text. 자주 만나거나 대화하지 않으면 서로의 일상에 대해 알기 어렵습니다. 제 경험으로는, 제 가까운 친구 중 한 명이 해외로 이사 갔습니다. 가끔 문자를 주고받지만, 우리의 우정이 점점 약해지고 있다고 느낍니다. 왜냐하면 문자로는 모든 것을 나눌 수 없기 때문입니다.
이유 2	**Second,** meeting in person builds stronger emotional bonds. 둘째, 직접 만나는 것은 더 강한 정서적인 유대감을 만듭니다.
이유 2 예시	Online messages can be helpful. But they cannot fully replace face-to-face interactions. **For instance,** laughing together or having a meal creates memories that last longer than just chatting on social media. 온라인 메시지도 도움이 될 수 있습니다. 하지만 그런 것들은 직접 만나서 소통하는 것을 완전히 대신할 수는 없습니다. 예를 들어, 함께 웃거나 식사를 하는 것은 단순히 소셜 미디어에서 대화하는 것보다 더 오래가는 추억을 만듭니다.

결론	**Therefore, I think it is difficult to maintain friendships with people you don't see regularly.** 따라서, 자주 만나지 않는 친구들과 우정을 유지하는 것이 어렵다고 생각합니다.

어휘 maintain 유지하다 consistent 지속적인 move 이사하다 in person 직접 bond 유대감 replace 대신하다
face-to-face 대면하는 interaction 소통

100 환경/사회

Do you agree or disagree with the following statement?
The government should prohibit the use of plastic bags in supermarkets.
Give reasons or examples to support your opinion.
다음 의견에 동의하시나요, 아니면 반대하시나요?
정부가 슈퍼마켓에서 비닐봉지 사용을 금지해야 한다.
당신의 의견을 뒷받침하기 위한 이유나 예시를 제시하세요.

MP3 AT100_A_100

의견		**I agree that the government should prohibit the use of plastic bags in supermarkets.** 저는 정부가 슈퍼마켓에서 비닐봉지 사용을 금지해야 한다는 것에 동의합니다.
이유 1	이유 1	**First,** it's better for the environment. 첫째, 환경에 더 좋습니다.
	예시	Plastic waste takes hundreds of years to decompose. And plastic waste often pollutes the ocean. **For example,** many sea animals die after swallowing plastic. So, reducing plastic bags can directly protect wildlife. After all, the ocean is our planet's lifeline. 플라스틱 쓰레기는 분해되는 데 수백 년이 걸립니다. 그리고 플라스틱 쓰레기는 종종 바다를 오염시킵니다. 예를 들어, 많은 해양 동물들이 플라스틱을 삼켜서 죽습니다. 그래서, 비닐봉지를 줄이는 것은 야생동물을 직접 보호할 수 있습니다. 결국, 바다는 우리 지구의 생명줄입니다.

실전 100 Q11

이유 2	이유 2	**Second,** it encourages people to adopt eco-friendly habits. 둘째, 사람들이 친환경적인 습관을 갖도록 장려합니다.
이유 2	예시	If supermarkets don't provide plastic bags, customers will naturally start bringing reusable bags. **For instance,** some cities have already banned plastic bags. In those cities, people quickly adjusted and reduced waste significantly. And those cities are some of the cleanest cities on Earth. 슈퍼마켓에서 비닐봉지를 제공하지 않으면, 고객들은 자연스럽게 재사용할 수 있는 가방을 가져오기 시작할 것입니다. 예를 들어, 몇몇 도시들은 이미 비닐봉지를 금지했습니다. 그 도시에서 사람들이 빠르게 적응했고 쓰레기가 크게 줄었습니다. 그리고 그 도시들은 지구상에서 가장 깨끗한 도시입니다.
결론		**Therefore,** I strongly agree that the government should prohibit the use of plastic bags in supermarkets. 따라서, 저는 정부가 슈퍼마켓에서 비닐봉지 사용을 금지해야 한다는 것에 강력히 동의합니다.

어휘 prohibit 금지하다 decompose 분해되다 pollute 오염시키다 swallow 삼키다 wildlife 야생 동물 lifeline 생명줄 adopt 받아들이다, 채택하다 reusable 재사용할 수 있는 ban 금지하다 adjust 적응하다 significantly 크게

클레어 쌤 올킬TIP!

결론에서 자주 쓰이는 연결어를 사용해 답변의 퀄리티를 높여보세요!

- therefore 따라서
- that's why I strongly believe ~ 그래서 저는 강력히 ~라고 생각합니다
- in conclusion 결론적으로
- this is why I firmly believe ~ 이것이 제가 확고하게 ~라고 생각하는 이유입니다
- all things considered, I would say ~ 모든 것을 고려했을 때, 저는 ~라고 말하고 싶습니다

시원스쿨 LAB